30 ଦିନରେ ହୁଅନ୍ତୁ ଶେୟାର ମାର୍କେଟର ସଫଳ ନିବେଶକ

ଅମୋଲ ଗାନ୍ଧୀ

ଡାଇମଣ୍ଡ ବୁକ୍ସ
www.diamondbook.in

ପ୍ରକାଶକ : **ଡାଇମଣ୍ଡ ପକେଟ ବୁକ୍ସ (ପ୍ରା.) ଲି.**
X-30, ଓଖଲା ଇଣ୍ଡଷ୍ଟ୍ରିଆଲ ଏରିଆ ଫେଜ୍ - II
ନୂଆ ଦିଲ୍ଲୀ - 110020
ଫୋନ : 011-40712200
ଇ-ମେଲ : sales@dpb.in
ୱେବସାଇଟ୍ : www.diamondbook.in
ସଂସ୍କରଣ : 2019
ମୁଦ୍ରକ : ଜୀ.ଏସ. ଏଣ୍ଟରପ୍ରାଇଜର୍ସ

---

30 Dinare Huantu Share Marketra Safal Niveshak (Odia)
30 ଦିନରେ ହୁଅନ୍ତୁ ଶେୟାର ମାର୍କେଟର ସଫଳ ନିବେଶକ
by: Amol Gandhi

ଲେଖକଙ୍କ କଲମରୁ...

ଆଜି ଦୁନିଆରେ ସବୁଠାରୁ ଅଧିକ ପଇସା କମାଇବା ବାଲା ବ୍ୟକ୍ତିର ଯଦି କୌଣସି କ୍ଷେତ୍ର ଅଛି ତେବେ ତାହା ହେଉଛି ଶେୟାର ମାର୍କେଟ । କିନ୍ତୁ କୁହାଯାଏ ଯେ ଯେଉଁଠାରେ ଲାଭ ଯେତେ ଅଧିକ ସେଠାରେ ରିସ୍କ ସେତେ ଅଧିକ । ଏହା ବି କେହି ଠିକ୍ କହିଛନ୍ତି ଯେ ଯିଏ ଯେତେ ବଡ଼ ରିସ୍କ ନିଏ, ସେ ସଫଳ ନିବେଶକ ହୋଇଯାଏ ।

ଭାରତର ଆଜି ଦେଶର ପ୍ରାୟ ବହୁତ ବଡ଼ ପୁଞ୍ଜି ଶେୟାର ମାର୍କେଟରେ ଲାଗିଛି ଓ ଭାରତର ପ୍ରାୟ ୫ ଲକ୍ଷ ଲୋକ ଏହି କ୍ଷେତ୍ରରେ ପ୍ରତ୍ୟେକ୍ଷ ଓ ପରୋକ୍ଷ ରୂପେ ଜଡ଼ିତ ଅଛନ୍ତି । ସବୁଠାରୁ ଚମକାଇ ଦେବା ଭଳି ତଥ୍ୟ ମଧ୍ୟ ଆମ ସାମ୍ନାରେ ଅଛି ଯେ ଆଜି ଏହି ୫ଲକ୍ଷ ଲୋକଙ୍କର ସମୁଦାୟ ପୁଞ୍ଜି ଦେଶର ୬୫ ପ୍ରତିଶତ ଲୋକଙ୍କର ସମୁଦାୟ ପୁଞ୍ଜି ସହିତ ବରାବର ଅଟେ ।

ଶେୟାର ମାର୍କେଟରେ ଅର୍ଜନ କରାଯାଉଥିବା ଲାଭ ସମସ୍ତଙ୍କୁ ଆକର୍ଷଣ କରେ । କିଛି ଲୋକ ଏହି ଆକର୍ଷଣରେ ଆସି ନିଜ ପଇସା ମଧ୍ୟ ଲଗାଇ ଦିଅନ୍ତି କିନ୍ତୁ କୌଣସି ଅନୁଭବ ନ ହେବାରୁ ସେହି ଲୋକ ଜଲ୍‌ଦି ନିଜର ପୁଞ୍ଜି ହରାଇ ବସନ୍ତି ।

ଏହି କଥାକୁ ଧ୍ୟାନରେ ରଖି ମୁଁ ନିଜର ବ୍ୟକ୍ତିଗତ ଅନୁଭବର ଆଧାର ଉପରେ ଏହି ପୁସ୍ତକ ଲେଖିଲି, ଯାହା ଫଳରେ କି ଶେୟାର ମାର୍କେଟରେ ଆସିବାକୁ ଥିବା ସେ ସମସ୍ତ ଲୋକ ଯିଏ ନିଜର ପଇସା ଲଗାଇବାକୁ ଚାହାନ୍ତି, ସେମାନଙ୍କୁ ପ୍ରାରମ୍ଭିକ ସାହାଯ୍ୟ କରି ପାରିବି । ଯାହା ଫଳରେ କି ଲୋକ ଅତି କମ୍‌ରେ ବିପଦ ନେଇ ନିଜ ପୁଞ୍ଜିକୁ ବୁଡିବାରୁ ବଞ୍ଚାଇ ଦେବେ ଓ ଅଧିକରୁ ଅଧିକ ଲାଭ ପାଇ ପାରିବେ ।

ଆପଣଙ୍କୁ ଏହି ପୁସ୍ତକ ଶେୟାର ବଜାରର ସମସ୍ତ ଅସୁବିଧାକୁ ସମାଧାନ କରିବାରେ ସାହାଯ୍ୟ କରିବ । ମୋତେ ଏପରି ବିଶ୍ୱାସ ଅଛି । ମୋତେ ଆପଣଙ୍କ ଅମୂଲ୍ୟ ବିଚାରଗୁଡ଼ିକର ପ୍ରତିକ୍ଷା ରହିବ ।

– ଅମୋଲ ଗାନ୍ଧୀ

ସୂଚୀପତ୍ର

୧- ନିବେଶ କ'ଣ ?

ମୁଁ ଏକଥା ମାନିବାକୁ ହେବ ଯେ ଯେଉଁ ଜିନିଷ ଆପଣ ଚାହାଁନ୍ତି ନାହିଁ ସେଥିରେ ସଫଳ ହେବା ଠାରୁ ଯେଉଁ ଜିନିଷ ଆପଣ ଚାହାଁନ୍ତି ସେଥିରେ ଅସଫଳ ହେବା ଶ୍ରେୟଷ୍କର ଅଟେ । **- ଜର୍ଜ ବର୍ଣ୍ଣସ ।**

ସଫଳ ନିବେଶକ ହେବା ପାଇଁ ସର୍ବ ପ୍ରଥମେ ଆମକୁ ନିବେଶ କଣ ବୁଝିବାକୁ ହେବ । କାରଣ ନିବେଶ ଶବ୍ଦକୁ ନେଇ ଲୋକମାନେ ସର୍ବଦା କନଫ୍ୟୁଜ ହୋଇଯାନ୍ତି । ନିବେଶକୁ ଇଂରାଜୀରେ investment କୁହନ୍ତି ଓ ଅର୍ଥଶାସ୍ତ୍ରୀ ଏହାକୁ ବିନିଯୋଗ ମଧ୍ୟ କୁହନ୍ତି । କୌଣସି ବ୍ୟକ୍ତି ବା ସଂସ୍ଥା ନିଜ ଧନ ଦ୍ୱାରା ଧନ କମାଇବା ବା ଟଙ୍କାକୁ କାର୍ଯ୍ୟରେ ଲଗାଇବା ବା ଟଙ୍କା ଦ୍ୱାରା ଟଙ୍କା ଉପାର୍ଜନ କରିବାକୁ ନିବେଶ କୁହନ୍ତି ।

ଅଧିକ ଲୋକ କେବଳ ଚାକିରୀ ବା କାର୍ଯ୍ୟ କରି ଉପାର୍ଜନ କରି ପାରନ୍ତି । ବୟସ ବଢ଼ିବା ସହ ଖର୍ଚ୍ଚ ମଧ୍ୟ ବଢ଼େ । ବୟସ ବଢ଼ିବା ସହିତ କାର୍ଯ୍ୟ କ୍ଷମତା ମଧ୍ୟ କମିବାକୁ ଲାଗେ ।

ଦୁନିଆରେ କିଛି ପ୍ରତିଶତ ଲୋକ ଅଛନ୍ତି, ଯେଉଁମାନେ ଚାକିରୀ ବା କାର୍ଯ୍ୟ ବିନା ମଧ୍ୟ ଉପାର୍ଜନ କରି ପାରନ୍ତି, ସେମାନଙ୍କୁ ନିବେଶକ କୁହନ୍ତି ।

ନିବେଶକ ସେଇ ଲୋକମାନେ ହୋଇ ପାରନ୍ତି ଯେଉଁମାନେ ରୋଜଗାରରୁ ସଞ୍ଚୟ କରି, କିଛି ଟଙ୍କାକୁ ନିବେଶ କରି ସେଥିରୁ ଉପାର୍ଜନ କରନ୍ତି । ନିବେଶକମାନଙ୍କର ବୟସ ବଢ଼ିବା ସହିତ ସେମାନଙ୍କର ନିବେଶରୁ ଆୟ ମଧ୍ୟ ବଢ଼େ । ନିବେଶକମାନଙ୍କୁ ପୂରା ଜୀବନ କାର୍ଯ୍ୟ କରିବାର ଆବଶ୍ୟକତା ନାହିଁ ।

ଆପଣ ନିଜର ରୋଜଗାର ବଢ଼ାଇବା ପାଇଁ ନିଜର ନକଲ ପ୍ରସ୍ତୁତ କରି କାର୍ଯ୍ୟରେ ଲଗାଇ ପାରିବେ ନାହିଁ; ଅଧିକରୁ ଅଧିକ ଆପଣ ଓଭରଟାଇମ କାର୍ଯ୍ୟ କରି ପାରିବେ । ରୋଜଗାର ବଢ଼ାଇବା ପାଇଁ ସବୁଠାରୁ ବଡ଼ ବିକଳ୍ପ ନିବେଶ ଅଟେ ।

ଚାକିରୀ ଚାଲିଯିବା ବା ଅସମୟ ମୃତ୍ୟୁ ସମୟରେ ନିବେଶ କେବଳ ଆପଣଙ୍କର ନୁହେଁ ଆପଣଙ୍କ ପରିବାରର ମଧ୍ୟ ରକ୍ଷା କରିଥାଏ ।

ନିବେଶକ ଟଙ୍କାର ନିବେଶ ବିନା ବିପଦ ବା କମ ବିପଦରେ କରେ, ଯେତେବେଳେ କି ଜଣେ ଜୁଆଡ଼ି ଟଙ୍କା କମାଇବା ପାଇଁ ଲୋଭରେ କେବେ କେବେ ସମସ୍ତ ଟଙ୍କା ହରାଇ ବସେ । ଜୁଆ ଖେଳ ବା କୈସିନୋରେ ଟଙ୍କା ଲଗାଇ ଟଙ୍କା କମାଇବାକୁ ନିବେଶ କୁହାଯାଏ ନାହିଁ ।

ନିବେଶରେ ଯେଉଁ ଅର୍ଥ ଲଗାଯାଏ ତାହା ସୁରକ୍ଷିତ ଅଟେ ଓ ତା ଦ୍ୱାରା ସବୁ ମାସରେ କିଛି ନା କିଛି ଲାଭ ଆସେ, ସେତେବେଳେ ଏହାକୁ ନିବେଶ କୁହାଯାଏ । କିଛି ଲୋକ ଚିଟଫଣ୍ଡ ପରି କମ୍ପାନୀମାନଙ୍କରେ ଟଙ୍କା ଖଟାଇ ଅଧିକ ଉପାର୍ଜନ ଆଶାରେ ନିଜର ସମସ୍ତ ଅର୍ଥ ହରାଇ ବସନ୍ତି, ତାହାକୁ ନିବେଶ କୁହାଯାଏ ନାହିଁ ।

ଦାମୀ ମୋବାଇଲ ଫୋନ ବା ଦାମୀ କପଡ଼ା କିଣିବା ନିବେଶ ନୁହେଁ, କାରଣ ଏହା ଦ୍ୱାରା ଅର୍ଥ ଉପାର୍ଜନ ହୋଇ ପାରିବ ନାହିଁ । କିଛି ସମୟ ପରେ ଏଇ ଦୁଇଟି ଜିନିଷର ବଜାର ମୂଲ୍ୟ ଶୂନ୍ୟ ହୋଇଯାଏ ।

ନିବେଶର ପ୍ରକାର

ନିବେଶ ଅନେକ ପ୍ରକାରର ଅଟେ, ଯାହାର ଆଧାର ଅଲଗା ଅଲଗା ହୋଇ ପାରେ ।

ସ୍ୱଳ୍ପକାଳୀନ

ଏକ ବର୍ଷ କିମ୍ବା ତାହା ଠାରୁ କମ ସମୟ ପାଇଁ କରାଯାଇଥିବା ନିବେଶକୁ ସ୍ୱଳ୍ପକାଳୀନ ନିବେଶ କୁହାଯାଏ । ଏହିପରି ନିବେଶ ଦ୍ୱାରା ମଧ୍ୟ ଉପାର୍ଜନ କରାଯାଇ ପାରେ । ଆପଣ ଜାଣନ୍ତି ଯେ ଛୋଟ ଛୋଟ ବୁନ୍ଦା ପାଣିରେ ମାଠିଆ ପୂରିଯାଏ, ସେହିପରି ଛୋଟ ଛୋଟ ରୋଜଗାର ଦ୍ୱାରା ମଧ୍ୟ ଆମର ନିବେଶ ବଡ ହୋଇଯାଏ ।

ଧରିନିଅନ୍ତୁ ଯେ ଆପଣ ସବୁ ମାସରେ କିଛି ଟଙ୍କା ସଞ୍ଚୟ କରନ୍ତି ଓ ଆପଣଙ୍କ ପାଖରେ ଏତେ ଟଙ୍କା ନାହିଁ ଯେ ଆପଣ ଏକା ଥରକେ ପ୍ରପର୍ଟି କିଣି ପାରିବେ । ଆପଣ ଆପଣ ସବୁ ମାସରେ ଫିକ୍ସ ଡିପୋଜିଟ କରି ପାରିବେ, କାରଣ ଆଜିକାଲି ୩୦ ଦିନ ପାଇଁ ମଧ୍ୟ ଫିକ୍ସ ଡିପୋଜିଟ ହେଉଛି । ଆପଣ ସେହି ଜିନିଷ କିଣି ଷ୍ଟକ କରି ପାରନ୍ତି, ଯାହାର ଦାମ ବଢ଼ିବାର ସୁଯୋଗ ଆସିପାରେ ।

ମଧ୍ୟକାଳୀନ

ଏକ ବର୍ଷରୁ ଅଧିକ ଓ ୫ ବର୍ଷରୁ କମ ସମୟ ପାଇଁ ନିବେଶକୁ ମଧ୍ୟକାଳୀନ ନିବେଶ କୁହାଯାଏ । ମଧ୍ୟକାଳୀନ ନିବେଶ ଅପସନ୍ଦ ବହୁତ ବଢ଼ି ଚାଲିଛି ।

ଦୀର୍ଘକାଳୀନ

୫ ବର୍ଷରୁ ଅଧିକ ସମୟ ପାଇଁ କରା ଯାଉଥିବା ନିବେଶକୁ ଦୀର୍ଘକାଳୀନ ନିବେଶ କୁହାଯାଏ । ନିବେଶକୁ ଯେତେ ଅଧିକ ସମୟ ଦେବେ ଆପଣଙ୍କ ରିଟର୍ଣ୍ଣ ସେତେ ଅଧିକ ହେବ ଓ ନିବେଶର ଅପ୍‌ସନ୍ଦ ମଧ୍ୟ ଅଧିକ ହେବ ।

ସୁରକ୍ଷିତ

ସୁରକ୍ଷିତ ନିବେଶ ସେହି ନିବେଶକୁ କୁହନ୍ତି ଯାହା ପୁଞ୍ଜି ସହିତ ରିଟର୍ଣ୍ଣର ପୂରା ଗ୍ୟାରେଣ୍ଟି ଥାଏ । ଏହିପରି ନିବେଶରେ ରିଟର୍ଣ୍ଣ କମ ଥାଏ, କିନ୍ତୁ ଟେନ୍‌ଶନ ଫ୍ରୀ ନିବେଶ କୁହାଯାଏ ।

ଅସୁରକ୍ଷିତ ନିବେଶ

ଅସୁରକ୍ଷିତ ନିବେଶ ସେହି ନିବେଶକୁ କୁହାଯାଏ ଯେଉଁଥିରେ ନିବେଶ କରାଯାଇଥିବା ଅର୍ଥ ଓ ରିଟର୍ଣ୍ଣର କୌଣସି ଗ୍ୟାରେଣ୍ଟି ନଥାଏ । ଅଂଗ୍ରେଜୀରେ ପ୍ରବାଦ ଅଛି "ମୋର ରିସ୍କ ମୋର ଗେନ ।" ଅଧିକ ବିପଦ ବାଲା ନିବେଶର ରିଟର୍ଣ୍ଣର ସୁଯୋଗ ଅଧିକ ଥାଏ ।

ଆପଣଙ୍କ ପାଖରେ ନିୟମିତ ସଞ୍ଚୟ ଖାତା ନଥିଲେ ମଧ୍ୟ ଆପଣ ନିଜକୁ ଜଣେ ନିବେଶକ କହି ପାରିବେ । ଆପଣ ଅନିବାର୍ଯ୍ୟ ରୂପେ ବ୍ୟାଙ୍କକୁ ଟଙ୍କା ଉଧାର ଦେଉଛନ୍ତି, ଯାହାକୁ ଋଣ କୁହାଯାଇ ପାରିବ । ଫେରସ୍ତ ଦୟନୀୟ ଅଟେ, କିନ୍ତୁ ଫେଡେରାଲ ଡିପୋଜିଟ ଇନସିଉରେନସ କର୍ପୋରେସନ (ଏଫ ଡି ଆଇ ସି) ଯୋଗୁଁ ବିପଦ ମଧ୍ୟ ଆଗରେ ଅଛି ।

ବଣ୍ଡ

କୋଷାଗାର ଓ ଅନ୍ତରାଷ୍ଟ୍ରୀୟ ଋଣ ବାବଦରେ କର୍ପୋରେଟ ଜଂକ ବଣ୍ଡସ ଓ କ୍ରେଡିଟ ଡିଫଲ୍ଟ ସ୍ୱେପ (ସୀ ଡି ଏସ) ରେ ବିଭିନ୍ନ ପ୍ରକାରର ନିବେଶ ପାଇଁ ବଣ୍ଡ ଗୋଟିଏ ଶ୍ରେଣୀ ଅଟେ । ବିଭିନ୍ନ ପ୍ରକାରର ବଣ୍ଡ ମଧ୍ୟରେ କ୍ଷତିର ଭୟ ଥାଏ ଓ ବ୍ୟାପକ

ରୂପେ ଭିନ୍ନ ଅଟେ । କିନ୍ତୁ ସବୁ ମିଶାଇ, ଉଧାର ଦେଉଥିବା । ନିବେଶ ମାନଙ୍କରେ କ୍ଷତିର ଭୟ କମ ହୋଇଥାଏ ଓ ସ୍ୱାମିତ୍ୱ ନିବେଶ ଠାରୁ କମ ଲାଭ ହୋଇଥାଏ ।

ନଗଦ ସମତୁଲ୍ୟ

ଏହା ଏପରି ନିବେଶ ଅଟେ ଯାହା "ନଗଦ ରୂପେ ଭଲ", ଯାହାର ଅର୍ଥ ହେଉଛି ଯେ ସେଗୁଡ଼ିକ ନଗଦରେ ଫେରସ୍ତ ପରିବର୍ତ୍ତନ କରିବା ସହଜ ଅଟେ ।

ମନୀ ମାର୍କେଟ ଫଣ୍ଡସ

ଧନ ବଜାରର ଫଣ୍ଡ ସହିତ, ରିଟର୍ଣ୍ଣ ବହୁତ କମ ଅଟେ । ୧% ରୁ ୨% ଓ ବିପଦ ମଧ୍ୟ କମ ଅଟେ । ଯଦିଓ ମୁଦ୍ରା ବଜାର ଫଣ୍ଡ୍ ଅବସ୍ଥାର ସ୍ଥିତିରେ "ହିରନକୁ ଭାଙ୍ଗିଦେଲା" କିନ୍ତୁ ଏହା ଏକ ଦୁର୍ଲଭ ସ୍ୱାନ ଘଟଣା ବୋଲି ମନେ କରାଯାଏ । ମନୀ ମାର୍କେଟ ଫଣ୍ଡ୍ସ ଅନ୍ୟ ନିବେଶଗୁଡ଼ିକର ତୁଳନାରେ ଅଧିକ ତରଳ ଅଟେ, ଯାହାର ଅର୍ଥ ହେଉଛି ଯେ ଆପଣ ମନୀ ମାର୍କେଟ ଖାତାକୁ ଜାଞ୍ଚ କରି ପାରିବେ । ଯେପରିକି ଆପଣ ଏକ ଚେକିଙ୍ଗ ଖାତା ସହିତ ବନ୍ଦ କରିବେ, କିନ୍ତୁ ବିଲକୁଲ ନୁହେଁ ।

ଆପଣଙ୍କ ଶିକ୍ଷାକୁ କେତେକ ସମୟରେ ନିବେଶ କୁହାଯାଏ । ଏହା ଆପଣଙ୍କ ଉଚ୍ଚ ସ୍ତରର ଆୟ ହାସଲ କରିବାରେ ସାହାଯ୍ୟ କରେ । ଆପଣଙ୍କ ପାଇଁ ଗୋଟିଏ ମାମଲା ସ୍ୱାମିତ୍ୱ ନିବେଶ ଯେପରି ଆପଣଙ୍କ ବଦଳରେ ନିଜ ଶିକ୍ଷାକୁ "ଲଘୁ ବ୍ୟବସାୟ ସେବା ପରି" ବିକ୍ରି କରେ ।

ଏହା କୁଶଳୀ ନିବେଶ ନୁହେଁ, ଏହାର କାରଣ ବ୍ୟବହାରିକ ଅଟେ, ସ୍ପଷ୍ଟତା ପାଇଁ ଆମେ ଅହେତୁକ ବିଜ୍ଞାପନରୁ ନିଜକୁ ଦୂରେଇ ରଖିବା ଆବଶ୍ୟକ । ପ୍ରତ୍ୟେକ ଥର ଆମେ ଯେତେବେଳେ ଗୋଟିଏ ଆଇଟମ କିଣୁ, ଯାହା ଆମକୁ ଅଧିକ ଉତ୍ପାଦକ କରିଦେଇ ପରିବ, ଯେପରିକି ଏକ କପ କଫି । ଶିକ୍ଷା ପରିବର୍ତ୍ତେ ନିବେଶର ଅର୍ଥକୁ ଅଧିକ ମହତ୍ତ୍ୱପୂର୍ଣ୍ଣ କରିବା ପାଇଁ, ନିବେଶ ଅର୍ଥ ମାଧ୍ୟମରେ କରାଯାଏ ।

ଉପରୋକ୍ତ ବର୍ଣ୍ଣନାରୁ ନିବେଶ କଣ ଅଟେ ଆପଣ ଜାଣି ପାରୁଥିବେ । ସେଥିପାଇଁ ସଫଳ ନିବେଶକ ହେବା ପାଇଁ ଏହାକୁ ଭଲ ଭାବେ ବୁଝିବା ବହୁତ ଜରୁରୀ ଅଟେ ।

❑❑❑

୨- ନିବେଶ କାହିଁକି ଜରୁରୀ ଅଟେ ?

> ସର୍ବଦା ମନେରଖନ୍ତୁ ଯେ ସଫଳତା ପାଇଁ କରାଯାଇଥିବା ଆପଣଙ୍କ ନିଜ ସଫଳତା ଅନ୍ୟ କୌଣସି ବି ସଫଳତା ଠାରୁ ଅଧିକ ଗୁରୁତ୍ୱ ରଖେ ।
>
> - ଆବ୍ରାହମ ଲିଙ୍କନ୍ ।

ଏବେ ଶେୟାର ମାର୍କେଟରେ ପ୍ରତ୍ୟେକ ବ୍ୟକ୍ତି ପାଦ ରଖିବାକୁ ଚାହେଁ । ଏହି ପଦକ୍ଷେପ ପାଇଁ ଆମେ କେତେକ ଜିନିଷ ପ୍ରତି ସତର୍କ ରହିବା ଜରୁରୀ ଅଟେ । ଏହା ମଧ୍ୟ ଜାଣିବା ଆବଶ୍ୟକ ଯେ ନିବେଶ କାହିଁକି ଆବଶ୍ୟକ ଅଟେ । ଗୋଟିଏ ବୟସ ସୀମା ପରେ ଆପଣଙ୍କୁ ଏପରି ଲାଗେ ଯେ ଆପଣଙ୍କୁ ପ୍ରାପ୍ତ ହୋଇଥିବା ଅର୍ଥ ପର୍ଯ୍ୟାପ୍ତ ନୁହେଁ । ଆପଣଙ୍କୁ ନିବେଶ ପାଇଁ ଆହୁରି ଅର୍ଥର ଆବଶ୍ୟକତା ପଡ଼ି ପାରେ । ଏହିପରି ଆପଣ ନିବେଶ ରାସ୍ତାରେ ପାଦ ରଖନ୍ତି ।

ଆରମ୍ଭରୁ ତ ସମସ୍ତେ ନିବେଶରେ ଘାବରାଇ ଯାଆନ୍ତି । କିନ୍ତୁ ପରେ ଯେତେବେଳେ ଏହା ବୋଧଗମ୍ୟ ହୋଇଯାଏ ସେତେବେଳେ ନିବେଶର ପ୍ରକ୍ରିୟା ଆହୁରି ଭଲ ଲାଗେ । ସତ କଥା ହେଉଛି ଯେ ଯଦି ଆପଣ ଏତେ ବଡ଼ ହୋଇଛନ୍ତି ଓ ଅର୍ଥ ଉପାର୍ଜନ କରିଛନ୍ତି ତେବେ ଆପଣ ନିବେଶରେ ଅର୍ଥ ଲଗାଇବା ଉଚିତ୍ । ପ୍ରକୃତରେ ନିବେଶର ଅର୍ଥ ଆପଣ ନିଜ ଟଙ୍କାକୁ ଉପଯୋଗ କରନ୍ତୁ ।

ଆପଣ କୌଣସି ପବ୍ଲିକ ଲିମିଟେଡ୍ କମ୍ପାନୀର ଶେୟାର କ୍ରୟ କରନ୍ତି ଓ ତାର ଶେୟାର ହୋଲ୍‌ଡର ହୋଇଯାନ୍ତି । କମ୍ପାନୀ ନିଜର ସମସ୍ତ ଲାଭର କିଛି ଶତକଡ଼ା ଆପଣଙ୍କୁ 'ଲାଭାଂଶ' ରୂପେ ଦିଏ । ଏହିପରି ଆପଣଙ୍କ ଦ୍ୱାରା କରା ଯାଇଥିବା ନିବେଶ ଅର୍ଥ ଦ୍ୱାରା ଆପଣଙ୍କର "ଆମଦାନୀ" ହୁଏ । ସେଭିଙ୍ଗର ବିପରୀତ ଆପଣ ଯେତେବେଳେ ଟଙ୍କାର ନିବେଶ କରନ୍ତି ସେତେବେଳେ ଆପଣ ଏହାକୁ କେବଳ ସୁରକ୍ଷିତ କରି ରଖନ୍ତି ନାହିଁ ବରଂ ଏହାକୁ ବଢ଼ାଇବାର ପ୍ରଯତ୍ନ ମଧ୍ୟ କରନ୍ତି । ବ୍ୟାଙ୍କର ଖାତାରେ ଟଙ୍କା ଜମା

ରଖିବାକୁ ନିବେଶ କୁହାଯାଇ ପାରିବ ନାହିଁ । ଅତି କମ୍‌ରେ କ୍ରେଡିଟ ସ୍କୋର ୮୦୦ କରି ରଖିବା ଜରୁରୀ ଅଟେ । ଆପଣଙ୍କ ସ୍କୋର କଣ ଅଟେ ? ପ୍ରତ୍ୟେକ ଥର ଆପଣଙ୍କ କାରର କିଣା ଉପରେ ଟ.୧୫୦୦୦/- ପର୍ଯ୍ୟନ୍ତ ଛାଡ଼ ପାଆନ୍ତୁ । ଏବେ ପଚରାଉଚୁରା କରନ୍ତୁ । Acko Drive ଆପଣଙ୍କୁ ନିଜର ସ୍ୱପ୍ନର କାର ପର୍ଯ୍ୟନ୍ତ ନେଇଯିବ ।

ଆପଣ ନବୁଝି ନସୁଝି କୌଣସି ଜାଗାରେ ଟଙ୍କାର ନିବେଶ କରି ପାରିବେ ନାହିଁ । ଠିକ୍ ଉପାୟରେ ନିବେଶ କରିବା ହେଉଛି ଗୋଟିଏ ବୁଦ୍ଧିମାନ ପ୍ରକ୍ରିୟା ଅଟେ, ଯାହା ଦ୍ୱାରା ଭାଗ୍ୟ ଉପରେ ନିର୍ଭର କରିବାକୁ ପଡ଼େନାହିଁ । ଆପଣ କାହିଁକି ନିବେଶ କରିବା ଉଚିତ୍ ? ଯଦି ନିବେଶ ବଦଳରେ ଆପଣ ନିଜ ଟଙ୍କାକୁ ବ୍ୟାଙ୍କ ବା ସେଫ୍ଟି ୱାଲେଟରେ ରଖନ୍ତି ତେବେ ଏହା କେବେହେଲେ ବୃଦ୍ଧି ହେବନାହିଁ । ତେଣୁ ଏହାର ବୃଦ୍ଧି ପାଇଁ ଆପଣଙ୍କୁ ଏପରି ଜାଗାରେ ନିବେଶ କରିବାକୁ ହେବ, ଯେଉଁଠାରେ ଆପଣଙ୍କୁ ସୁଧ ମିଳି ପାରିବ ବା ଏପରି ଜିନିଷକୁ ବିକନ୍ତୁ ବା କିଣନ୍ତୁ ଯାହାର ମୂଲ୍ୟ ସମୟ ସହିତ ବଢିଛି । ଭବିଷ୍ୟତ ପାଇଁ କୌଣସି ବି ବ୍ୟକ୍ତି ଜୀବନ ସାରା କାର୍ଯ୍ୟ କରିବାକୁ ଚାହେଁନାହିଁ । ତେଣୁ ଏହା ଏକ ପ୍ରମୁଖ କାରଣ ଅଟେ ଯେ ଆପଣ ନିଜ ଟଙ୍କାକୁ ନିର୍ବେଶ କରିବା ଉଚିତ୍ ଯାହା ଫଳରେ ଆପଣଙ୍କ ଲକ୍ଷ୍ୟ ଯାହାକିଛି ହେଉ ନା କାହିଁକି । ପିଲାମାନଙ୍କୁ ଉଚ୍ଚ ଶିକ୍ଷା ପାଇଁ ବିଦେଶ ପଠାଇବା ହେଉ ବା ନିଜର ସେବାରହିତ ସମୟ ସମୁଦ୍ର କୂଳରେ ବିତାଇବା ହେଉ ଠିକ ଉପାୟରେ ନିବେଶ କରିବା ଦ୍ୱାରା ଆପଣ ନିଜର ଆର୍ଥିକ ଲକ୍ଷ୍ୟ ପ୍ରାପ୍ତ କରି ପାରିବେ ।

❑❑❑

୩- ଜଣେ ନିବେଶକର ନିବେଶରୁ କଣ ଆବଶ୍ୟକ ?

> ସିଏ ଜଣେ ସଫଳ ବ୍ୟକ୍ତି ଅଟେ ଯିଏ ଅନ୍ୟ ଦ୍ୱାରା ନିଜ ଉପରକୁ ଫୋପଡ଼ା ଯାଇଥିବା ଇଟା ଦ୍ୱାରା ଗୋଟିଏ ମଜଭୂତ୍ ମୂଳଦୁଆ ପକାଇ ପାରିବ ।
>
> **- ଡେଭିଡ୍ ବ୍ରିଙ୍କଲେ ।**

ଯେତେବେଳେ କୌଣସି ଛୋଟ ବା ବଡ଼ ନିବେଶକ ନିଜ ପୁଞ୍ଜିର ନିବେଶ ଶେୟାର ବଜାରରେ କରନ୍ତି ସେତେବେଳେ ସେ ଅଧିକରୁ ଅଧିକ ଲାଭ ଆଶା କରନ୍ତି କିନ୍ତୁ ନିବେଶ କରିବା ପୂର୍ବରୁ ନିଜର ବିପଦକୁ ସମ୍ମୁଖୀନ ହେବା କ୍ଷମତାକୁ ବୁଝି ପାରିବା ସବୁଠାରୁ ଅଧିକ ଜରୁରୀ ଅଟେ । ମ୍ୟୁଚୁଆଲ ଫଣ୍ଡ ପରାମର୍ଶ ଦାତା ମଧ୍ୟ ଏହି କଥା ଉପରେ ଅଧିକ ଧ୍ୟାନ ଦିଅନ୍ତି ଯେ ନିବେଶକମାନଙ୍କର ନିଜର କ୍ଷମତା ଅନୁସାରେ ହିଁ ସ୍କିମର ଚୟନ କରିବା ଉଚିତ୍ । ଏପରି ଅବସ୍ଥାରେ ପ୍ରଶ୍ନ ଉଠେ ଯେ ନିବେଶକ ବିପଦର ଧାରଣାକୁ କଣ ବୁଝନ୍ତି ?

ଅଧିକତର ପରାମର୍ଶଦାତାଙ୍କର ମଧ୍ୟ କହିବା କଥା ହେଉଛି ଯେ ଅନେକ ଲୋକଙ୍କର ମ୍ୟୁଚୁଆଲ ଫଣ୍ଡ ନିବେଶରେ ଥିବା ବିପଦ ବିଷୟରେ କୌଣସି ଧାରଣା ନଥାଏ । ଏଥିରେ ଅଧିକ ସଂଖ୍ୟକ ନୂଆ ନିବେଶକ ସାମିଲ ହୁଅନ୍ତି । ସେମାନଙ୍କର କହିବା କଥା ହେଉଛି ଯେ ଅଧିକତର ନିବେଶକ ନିଜ ଉପରେ ବହୁତ ଭରସା କରନ୍ତି । ବଜାରରେ ଅସ୍ଥିରତା ସମୟରେ ଏହି ଭରସା ଉଭେଇ ଯାଏ । ବଜାର ଦର ହ୍ରାସ ସମୟରେ ଅତିଶୟ ଆତ୍ମବିଶ୍ୱାସୀ ନିବେଶକମାନେ ଅଧିକ ଅଶାନ୍ତ ହୋଇଯାନ୍ତି । ସେମାନଙ୍କୁ ଲାଗେ ବିପଦର ଅର୍ଥ ଅଧିକ ଆୟ ସହିତ ସମ୍ପର୍କିତ । ସେମାନଙ୍କୁ ଜଣା ନଥାଏ ଯେ ଅଧିକ ବିପଦର ସମ୍ମୁଖୀନ ହେବା କ୍ଷତି ରୂପକ ସଉଦା ମଧ୍ୟ ପ୍ରମାଣିତ ହୋଇପାରେ । ଅଧିକ ନିବେଶକ ବିପଦକୁ ପୁଞ୍ଜିର ନଷ୍ଟ ସହିତ ସମାନ ଭାବନ୍ତି ନାହିଁ ।

ସେମାନଙ୍କର କହିବା କଥା ହେଉଛି ନିବେଶକମାନେ ଅର୍ଥ ବାଜି ଲଗାଇବା ପୂର୍ବରୁ ନିଜକୁ କିଛି ପ୍ରଶ୍ନ ପଚାରିବା ଉଚିତ୍ ଓ କୌଣସି ନିର୍ଣ୍ଣୟରେ ପହଞ୍ଚିବା ଉଚିତ୍ ।

ନିବେଶକ ନିଜର ବିପଦକୁ ସମ୍ମୁଖୀନ ହେବା କ୍ଷମତା ଜାଣିବା ପାଇଁ ନିଜକୁ ପଚାରିବା ଦରକାର ଯେ ସେ କେତେ ଦର ହ୍ରାସ ସହ୍ୟ କରି ପାରିବେ ? ଏହା ମଧ୍ୟ ପଚାରିବା ଉଚିତ୍ ଯେ ଏହିପରି ଅବସ୍ଥା ଦ୍ୱିତୀୟ ଥର ଶେୟାର ବଜାରରେ ଆସିଲେ ଆପଣ ନିବେଶ ଜାରି ରଖି ପାରିବେ ନା ନାହିଁ । ଯଦି ନିବେଶକ ଏସବୁର ଜବାବ ନିଜେ ଦେଇ ନପାରେ ତେବେ ଶେୟାର ବଜାରର ହ୍ରାସ ଓ ବୃଦ୍ଧି ସମୟରେ ନିବେଶକ ମାନସିକ ଚାପ ମଧ୍ୟରେ ରହି ପାରନ୍ତି ।

ଯଦି ନିବେଶକ କିଛି ମାସ ପୂର୍ବରୁ ଏକ ଲକ୍ଷ ଟଙ୍କା ନିବେଶ କଲେ । କିଛି ସମୟ ମଧ୍ୟରେ ଏହା ଦୁଇଗୁଣ ହୋଇଗଲା । ବଜାର ଅସ୍ଥିରତା ଯୋଗୁଁ ଏହା ୧.୫ ଲକ୍ଷ ଟଙ୍କା ପର୍ଯ୍ୟନ୍ତ ହ୍ରାସ ହେଲା । ଏହାର ଅର୍ଥ ହେଉଛି ଯେ ଆପଣଙ୍କ ଲାଭ ଅଧା ହୋଇଗଲା । କଣ ଆପଣ ଏହିପରି ବିପଦ ବହନ କରି ପାରିବେ ?

କେତେକ ନିବେଶକ ଏହି ବିପଦ ମଧ୍ୟ ବହନ କରି ପାରନ୍ତି ନାହିଁ । ସେମାନଙ୍କ ପାଇଁ ନିଜ ମୂଳଧନ ରାଶିର ହ୍ରାସ କଥା ଭାବିବା କଠିନ ଅଟେ । ସେମାନେ ଏକଥା ବୁଝି ପାରନ୍ତି ନାହିଁ ଯେ ନିବେଶ ସମୟ ମଧ୍ୟରେ ସେମାନଙ୍କର ଏକ ଲକ୍ଷ ଟଙ୍କାର ମୂଲ୍ୟ

୯୦,୦୦୦ ଟଙ୍କା ମଧ୍ୟ ହୋଇପାରେ କିମ୍ବା ଏହା ଠାରୁ କମ୍ ମଧ୍ୟ ହୋଇପାରେ ।

ଆରମ୍ଭରୁ ନିବେଶକମାନଙ୍କୁ ଲାଗିଲା ଯେ ଏହା ଡେଟ ଫଣ୍ଡସ ପାଇଁ ଭଲ ସମୟ ଅଟେ । ସେମାନଙ୍କୁ ସୁଧ ଦରରେ ହ୍ରାସର ବିଶ୍ୱାସ ହୋଇପାରେ । ଯେତେବେଳେ କି ସୁଧ ଦରରେ ହ୍ରାସ ହୁଏନାହିଁ ଓ କେବେ କେବେ ନିବେଶକଙ୍କୁ କ୍ଷତି ମଧ୍ୟ ସହିବାକୁ ପଡ଼ି ପାରେ ।

ଏହିପରି ବଢ଼ିଆ ରିଟର୍ଣ୍ଣ ଦେଉଥିବା ଶେୟାର ମଧ୍ୟ ବେଳେବେଳେ ନିବେଶକଙ୍କୁ ନିରାଶ କରିପାରେ । ନିବେଶକ ବୁଝିବା ଦରକାର ଯେ କେଉଁଠି ଟଙ୍କା ଖଟାଉଛନ୍ତି । ନିବେଶକମାନେ ବିପଦକୁ ସମ୍ମୁଖୀନ ହୋଇ ପାରିବା କ୍ଷମତା ଅନୁସାରେ ହିଁ ନିବେଶ କରିବା ଉଚିତ୍ । ପ୍ରତ୍ୟେକ ଶ୍ରେଣୀ ଓ ସ୍କିମର ବିପଦ ଅଲଗା ହୋଇଥାଏ । ଉପସ୍ଥିତ ସମୟରେ ଅଧିକତର ମ୍ୟୁଚୁଆଲ ଫଣ୍ଡ କମ୍ପାନୀମାନେ ସେବିର ନିର୍ଦ୍ଦେଶ ଅନୁସାରେ ସ୍କିମର କାଟାଗୋରୀରେ ପରିବର୍ତ୍ତନ କରିବାରେ ବ୍ୟସ୍ତ ରୁହନ୍ତି । ନିବେଶକମାନେ ଏଗୁଡ଼ିକୁ ଧ୍ୟାନରେ ରଖି ପୋର୍ଟଫୋଲିଓରେ ପରିବର୍ତ୍ତନ କରିବା ଉଚିତ୍ ।

❑❑❑

୪- ଶେୟାର ବଜାର : ଆରମ୍ଭ କିପରି କରିବେ ?

> ସଫଳତାର ଏକ ସହଜ ସୂତ୍ର ହେଉଛି ଆପଣ ନିଜର ସବୁଠାରୁ ଭଲ ତଥ୍ୟ ପ୍ରଦାନ କରନ୍ତୁ ଓ ହୋଇପାରେ ଲୋକମାନେ ତାହା ପସନ୍ଦ କରିନେବେ ।
>
> **- ସୈମ ଇବିଙ୍ଗ ।**

ନିବେଶକ ଯେଉଁଠି ନିବେଶ କରନ୍ତୁ ନା କାହିଁକି ତାଙ୍କର ପ୍ରାରମ୍ଭିକ ତଥ୍ୟ ଜାଣିବା ଜରୁରୀ ଅଟେ । ମୁଖ୍ୟତଃ ଶେୟାର ବଜାରରେ ଆପଣ ସଫଳ ନିବେଶକ ହେବାକୁ ଚାହୁଁଥିଲେ ସର୍ବ ପ୍ରଥମେ କେଉଁ କେଉଁ ଜରୁରୀ ଜିନିଷ ଜାଣିବା ଉଚିତ୍ ।

ଶେୟାର ବଜାରରେ ନିବେଶ କରିବାକୁ ଆଜିକାଲି ସମସ୍ତେ ଲୋଭାସକ୍ତ । ଡିଜିଟାଲ କ୍ରାନ୍ତି ଯୋଗୁଁ ସୃଷ୍ଟି ହୋଇଥିବା ଇଣ୍ଟରନେଟ୍ ବ୍ୟାଙ୍କିଙ୍ଗ୍ ଓ ମୋବାଇଲ ବ୍ୟାଙ୍କିଙ୍ଗର ବ୍ୟବହାର କରିବାବାଲାଙ୍କ ସଂଖ୍ୟା ବଢ଼ିଛି । ମୁଖ୍ୟତଃ ମୋବାଇଲ୍ ଦ୍ୱାରା ଠିକ୍ ସମୟରେ ଷ୍ଟକ୍ କିଣିବା ଓ ବିକିବା ସୁଲଭ ହୋଇଛି । ବଢ଼ି ଚାଲିଥିବା ଷ୍ଟକ ମାର୍କେଟ ଇଣ୍ଡେକ୍ସ ଓ ନିଫ୍ଟର ଲୋଭନୀୟ ମୁକ୍ତ ତଥ୍ୟ ପ୍ରାୟତଃ ସମସ୍ତଙ୍କୁ ଲୋଭାସକ୍ତ କରୁଛି । ପ୍ରକୃତରେ ଷ୍ଟକ ମାର୍କେଟ ସମ୍ବନ୍ଧରେ ପର୍ଯ୍ୟାପ୍ତ ସୂଚନା ଏବେ ମୋବାଇଲରେ ମଧ୍ୟ ଉପଲବ୍ଧ ଅଟେ, ଯେଉଁଥିରେ ନିବେଶର ଅନ୍ୟ ବିକଳ୍ପ, ଯଥା:- ବ୍ୟାଙ୍କ ଜମା, ସୁନା ଆଦି ଠାରୁ ମଧ୍ୟ ଅଧିକ ଲାଭର ସମ୍ଭାବନା ଷ୍ଟକ ମାର୍କେଟରେ ନିବେଶ କରିବାରେ ଅଛି ।

ସେଥିପାଇଁ ଆପଣ ଯଦି ଷ୍ଟକ ମାର୍କେଟରେ ନିବେଶ କରିବାକୁ ଚାହାନ୍ତି ଓ ବୁଝି ପାରୁନାହାନ୍ତି ଷ୍ଟକରେ ନିବେଶ କିପରି ଓ କେତେ ଟଙ୍କା କରିବେ ତେବେ ନିମ୍ନଲିଖିତ କଥା ଉପରେ ଧ୍ୟାନ ଦିଅନ୍ତୁ ଯାହା ଫଳରେ ଆରମ୍ଭରୁ ଷ୍ଟକ ମାର୍କେଟରେ ନିବେଶ ଆପଣଙ୍କ ପାଇଁ ସହଜ ହେବ ।

ଏପରି କରିବା ଦ୍ୱାରା ପ୍ରଥମେ ଆପଣଙ୍କୁ ଷ୍ଟକ ମାର୍କେଟରେ ନିବେଶ କରିବାରେ

ପଥପ୍ରଦର୍ଶକ ଭାବେ ଗ୍ରହଣକରାଯାଉଥିବା ପାଞ୍ଚଟି ମହତ୍ତ୍ୱପୂର୍ଣ୍ଣ କଥାକୁ ଧ୍ୟାନପୂର୍ବକ ବୁଝିବାକୁ ପଡ଼ିବ ।

୧. ଷ୍ଟକ ମାର୍କେଟରେ ନିବେଶ କରିବା ପାଇଁ ଆପଣଙ୍କ ପାଖରେ କଣ କଣ ଡକୁମେଣ୍ଟ ଥିବା ଉଚିତ୍ ?

୨. ଷ୍ଟକ ମାର୍କେଟରେ ନିବେଶ ପାଇଁ ଆପଣଙ୍କୁ କେଉଁ ପ୍ରକାରର ଆକାଉଣ୍ଟ ଖୋଲିବା ଆବଶ୍ୟକ ହେବ ?

୩. ଅତି କମ୍‌ରେ ଆପଣଙ୍କୁ କେତେ ଟଙ୍କା ଆବଶ୍ୟକ ହେବ, ଯାହାକୁ ବୁଦ୍ଧିର ସହିତ ଉପଯୋଗ କରି ନିଜର ନିବେଶ ପୁଞ୍ଜିକୁ ବଢ଼ାଇ ଚାଲିବେ ।

୪. ଷ୍ଟକ ମାର୍କେଟରେ କୌଣସି ଷ୍ଟକକୁ କିପରି କିଣିବେ ଓ ବିକିବେ ?

୫. ଷ୍ଟକ ମାର୍କେଟରେ ଆପଣ କିପରି ସର୍ବାଧିକ ଲାଭ ପାଇ ପାରିବେ ଓ ତାକୁ ପୁନଃ ଚକ୍ରଣ କରି ପାରିବେ ?

ପ୍ୟାନ୍ କାର୍ଡ

ଆପଣ ଜାଣିବା ଦରକାର ଯେ ଷ୍ଟକ ମାର୍କେଟରେ ନିବେଶ ପାଇଁ ପ୍ୟାନ୍ କାର୍ଡର ଆବଶ୍ୟକ ଅନିବାର୍ଯ୍ୟ ଅଟେ । ଏହାର ଫୁଲ ଫର୍ମ ହେଉଛି, ପରମାନେଣ୍ଟ ଆକାଉଣ୍ଟ ନମ୍ବର । ଏହା ଦଶ ଅଙ୍କ ବିଶିଷ୍ଟ ଏକ ମହତ୍ତ୍ୱପୂର୍ଣ୍ଣ ନମ୍ବର ଅଟେ । ଯାହାକୁ ଭାରତୀୟ ଆୟକର ବିଭାଗ ଦ୍ୱାରା ଜାଞ୍ଚ କରାଯାଏ । ପ୍ରକୃତରେ, ଭାରତରେ କୌଣସି ବି ଅର୍ଥ ନେଣ ଦେଣ ପାଇଁ ଏହି ପ୍ୟାନ କାର୍ଡ ନମ୍ବର ଆବଶ୍ୟକ ହୋଇଥାଏ । ଯଦି ଆପଣଙ୍କ ପ୍ୟାନ କାର୍ଡ ପ୍ରସ୍ତୁତ ହୋଇନାହିଁ ତେବେ ବିଳମ୍ବ ନକରି ଏହା ପ୍ରସ୍ତୁତ କରାଇ ନିଅନ୍ତୁ । ଏବେ ଏହା ଅନ୍‌ଲାଇନ ମାଧ୍ୟମରେ ଆବେଦନ ଓ ପ୍ରାପ୍ତ କରାଯାଇ ପାରୁଛି ।

କେ.ୱାଇ.ସି. ଡକ୍ୟୁମେଣ୍ଟ

ଆପଣ ଦେଖିଥିବେ ଯେ ବ୍ୟାଙ୍କ ମଧ୍ୟ ଭିନ୍ନ ଭିନ୍ନ ଖାତା ପାଇଁ କେ. ୱାଇ. ସି. ଜାଞ୍ଚ କରେ । ଏହାର ଫୁଲ ଫର୍ମ ହେଉଛି- ନୋ ଇଓର କଷ୍ଟୋମର । ଏଥିରେ ଖାତାଧାରୀମାନଙ୍କୁ ତାଙ୍କର ଆଧାର କାର୍ଡ ଏବଂ ଅନ୍ୟ ଆଡ୍ରେସର ପ୍ରମାଣ ମଗାଯାଏ ଯାହାକୁ କେ.ୱାଇ.ସି କୁହାଯାଏ ।

ଇଣ୍ଟରନେଟ୍ ବ୍ୟାଙ୍କିଙ୍ଗ୍

ଷ୍ଟକ ମାର୍କେଟରୁ ଆପଣ ଯାହା ବି ଶେୟାର କିଣିବେ, ତାର ଦେଖାରେଖା କରିବା

ପାଇଁ ଆପଣଙ୍କୁ ବ୍ରୋକରଙ୍କୁ ପେମେଣ୍ଟ ଦେବାକୁ ପଡ଼ିବ, କାରଣ ଆପଣଙ୍କର ବ୍ରୋକର ହିଁ ଆପଣଙ୍କ ଅର୍ଥକୁ ଶେୟାର ବିକିବା ବାଲା ପର୍ଯ୍ୟନ୍ତ ପହଞ୍ଚାଇବ ଓ ଆପଣ ଯେଉଁ ଶେୟାର କିଣିଛନ୍ତି, ସେହି ସମୟରେ ଆପଣଙ୍କ ଡିମେଣ୍ଟ ଆକାଉଣ୍ଟରେ ଜମା କରିଦେବ। ସେଥିପାଇଁ ଆପଣଙ୍କୁ ବ୍ରୋକର ଉପରେ ନିର୍ଭର କରିବାକୁ ପଡ଼େ, ଶେୟାର କିଣା ବିକା ପାଇଁ ଅନଲାଇନ ଇଣ୍ଟରନେଟ ବ୍ୟାଙ୍କିଙ୍ଗ୍ ଆକାଉଣ୍ଟ ଆବଶ୍ୟକ ହୋଇଥାଏ, ଯାହା ମାଧ୍ୟମରେ ଆପଣ ନିଜ ବ୍ରୋକରଙ୍କୁ ପେମେଣ୍ଟ ଦେଇ ପାରିବେ।

ଅତଏବ, ଆପଣଙ୍କୁ ସବୁ ପ୍ରକାରର ପେମେଣ୍ଟର ରେକର୍ଡ ରଖିବା ପାଇଁ ପ୍ରତ୍ୟେକ ଷ୍ଟକ ବ୍ରୋକର ଗୋଟେ ଆକାଉଣ୍ଟ ଖୋଲେ, ଯାହାକୁ ଟ୍ରେଡିଙ୍ଗ ଆକାଉଣ୍ଟ କୁହାଯାଏ। ପ୍ରକୃତରେ, ଆପଣ କୌଣସି ଷ୍ଟକ କିଣିବା ପାଇଁ ସର୍ବ ପ୍ରଥମେ ନିଜର ଏହି ଟ୍ରେଡିଙ୍ଗ ଆକାଉଣ୍ଟରେ ଟଙ୍କା ଜମା କରନ୍ତି ଓ ଶେୟାର ବିକ୍ରି କରିବା ପରେ ଆପଣଙ୍କ ବ୍ରୋକର ଏହି ଟ୍ରେଡିଙ୍ଗ ଆକାଉଣ୍ଟରେ ଆପଣଙ୍କ ଶେୟାର ବଦଳରେ ଟଙ୍କା ଜମା କରିଦିଏ। ଏହିପରି ଆପଣଙ୍କ ଶେୟାର କିଣାବିକା ଚାଲେ।

❑❑❑

୫- ଷ୍ଟକ ବ୍ରୋକର ବାଛିବେ କିପରି ?

> ଜୀବନରେ ସଫଳତା ପାଇବା ପାଇଁ ଦୁଇଟି ଜିନିଷ ଆବଶ୍ୟକ । ତାହା ହେଲା ଜ୍ଞାନ ଓ ଆତ୍ମବିଶ୍ୱାସ ।
>
> - ମାର୍କ ଟ୍ୱେନ

କୌଣସି ବି ବ୍ୟକ୍ତି ପ୍ରତ୍ୟକ୍ଷ ଭାବେ ଷ୍ଟକ ଏକ୍ସଚେଞ୍ଜ (ବି.ଏସ.ଇ. ବା ଏନ.ଏସ୍.ଇ.) ଠାରୁ ଷ୍ଟକ କିଣି ବା ବିକି ପାରିବ ନାହିଁ। ସେଥିପାଇଁ ଷ୍ଟକ ଏକ୍ସଚେଞ୍ଜ ପର୍ଯ୍ୟନ୍ତ ଆମର ଷ୍ଟକ କିଣିବା ବା ବିକିବାର ଅର୍ଡରକୁ କୌଣସି ଷ୍ଟକ ବ୍ରୋକର ଦ୍ୱାରା ହିଁ ପୂରା କରାଯାଏ। ସେଥିପାଇଁ ଶେୟାର କିଣିବା ପାଇଁ ବା ଷ୍ଟକ ମାର୍କେଟରେ ନିବେଶ ପାଇଁ ବ୍ରୋକର ଉପରେ ନିର୍ଭର କରିବାକୁ ପଡ଼େ। ଏହା ଏକ ଏପରି ଏଜେନ୍ସି ଅଟେ ଯାହା ଷ୍ଟକ ଏକ୍ସେଚେଞ୍ଜରେ ଷ୍ଟକ କିଣିବା ବା ବିକିବା ପାଇଁ ପଞ୍ଜିକୃତ ହୋଇଥାଏ। ଉଦାହରଣ ସ୍ୱରୂପ- ଶେରଖାନ୍, ଏଞ୍ଜେଲ ବ୍ରୋକିଙ୍ଗ, ଆଇ.ସି.ଆଇ.ସି.ଆଇ, ଡାଇରେକ୍ଟ, ଇଣ୍ଡିଆବୁଲ୍ ଇତ୍ୟାଦି ।

ଡିମେଟ ଆକାଉଣ୍ଟ

କୌଣସି ବି ବ୍ୟକ୍ତି ଦ୍ୱାରା କିଣା ଯାଇଥିବା ଶେୟାରକୁ ନିଜ ପାଖରେ ରଖିବା ପାଇଁ ଆମକୁ ଅନିବାର୍ଯ୍ୟ ରୂପରେ ଡିମେଟ ଆକାଉଣ୍ଟର ଆବଶ୍ୟକତା ପଡ଼େ, ଯାହାଦ୍ୱାରା କିଣା ଯାଇଥିବା ଶେୟାର (ଷ୍ଟକ) ଇଲେକ୍ଟ୍ରୋନିକ ଫର୍ମରେ ଜମା (କ୍ରେଡିଟ) ହୋଇ ରୁହେ, କିନ୍ତୁ ଯେତେବେଳେ ଏହାକୁ ବିକ୍ରି କରାଯାଏ ସେତେବେଳେ ଏହି ଆକାଉଣ୍ଟରୁ (ଡେବିଟ୍) କରି ଦିଆଯାଏ। ସବୁ ସମୟରେ ଏହିପରି ହୋଇଚାଲେ।

ଟ୍ରେଡିଙ୍ଗ ଆକାଉଣ୍ଟ

କୌଣସି ବି ଶେୟାରକୁ କିଣିବା ବା ବିକିବାର କାର୍ଯ୍ୟ ଟ୍ରେଡିଙ୍ଗ ଆକାଉଣ୍ଟର

ସାହାଯ୍ୟରେ କରାଯାଏ, ଯାହାଦ୍ୱାରା ଆମକୁ ଗୋଟିଏ ୟୁଜର ଆଇ.ଡି. ଓ ପାସୱାର୍ଡ ମିଳେ । ଏହା ସାହାଯ୍ୟରେ ଆମେ ଷ୍ଟକ ବ୍ରୋକରର ସଫ୍ଟୱୟାର ବି ସିଷ୍ଟମରେ ଉପଯୋଗ କରି କୌଣସି ବି ଷ୍ଟକ କିଣିବା ଅଥବା ବିକିବାର ଅର୍ଡର ଦେଇଥାଉ ।

ବ୍ରୋକର୍ସ

ଷ୍ଟକ ବ୍ରୋକର ନିଜ ସେବା ପ୍ରତିବଦଳରେ ଆପଣଙ୍କ ଠାରୁ ଯେଉଁ ଫିସ୍ ନିଏ, ତାକୁ ବ୍ରୋକର୍ସ ଚାର୍ଜ କୁହାଯାଏ । ସେଥିପାଇଁ ଆପଣ ଯେତେବେଳେ ମଧ୍ୟ ନିଜ ଷ୍ଟକ ବ୍ରୋକର ବାଛି ସ୍ଥିର କରିବେ ସେତେବେଳେ ଦିଆ ଯାଉଥିବା ସେବା ଓ ଅନ୍ୟ ବ୍ରୋକରଙ୍କ ସହିତ ତୁଳନା କରିବେ ଯାହା ଫଳରେ ଆପଣଙ୍କୁ କମ ଫିସ୍ ଦେବାକୁ ପଡ଼ିବ ଓ ଉତ୍ତମ ସେବା ମିଳି ପାରିବ ।

ପ୍ରାୟତଃ ଷ୍ଟକ ମାର୍କେଟର ନିବେଶର ଆରମ୍ଭ କରୁଥିବା ନୂଆ ନିବେଶକଙ୍କ ମନରେ ଅଦ୍ଭୁତ ପ୍ରକାରର ପ୍ରଶ୍ନ ଉଠେ ଯାହା ମଧ୍ୟରୁ ଏକ ପ୍ରମୁଖ ପ୍ରଶ୍ନ ହେଉଛି ଯେ ଜଣକ ପାଖରେ ଅତି କମ୍‌ରେ କେତେ ଟଙ୍କା ଥିବା ଦରକାର ? ଦ୍ୱିତୀୟ ପ୍ରଶ୍ନ ହେଉଛି ଯେ କଣ ବ୍ୟାଙ୍କ ଆକାଉଣ୍ଟରେ ମିନିମମ ବାଲାନ୍‌ସ ପରି ଷ୍ଟକ ମାର୍କେଟରେ ମଧ୍ୟ ମିନିମମ ଆମାଉଣ୍ଟ ଜମା ରଖିବା ଜରୁରୀ ଅଟେ ? ଆପଣ ଜାଣିବା ଦରକାର ଯେ ଷ୍ଟକ ମାର୍କେଟରେ ନିବେଶ ପାଇଁ ନ୍ୟୁନତମ ଧନରାଶିର କୌଣସି ଲିମିଟ ନାହିଁ । ବରଂ ଆପଣ ୧୦୦

ଟଙ୍କା ବା ୫୦୦ ଟଙ୍କାର ଶେୟାର କିଣିବାକୁ ଚାହିଁଲେ, ଅବଶ୍ୟ କିଣି ପାରିବେ।

ଏହାପରେ ଡିମେିଟ ଆକାଉଣ୍ଟ ବା ଟ୍ରେଡିଙ୍ଗ ଆକାଉଣ୍ଟରେ ମିନିମମ ବାଲାନ୍ସ ରଖିବା କଥା ଜାଣନ୍ତୁ। ଡିମେିଟ ଆକାଉଣ୍ଟରେ କେବଳ ଶେୟାର ବା ଷ୍ଟକ ଜମା ହୋଇଥାଏ, ଟଙ୍କା ନୁହେଁ। ସେଥିପାଇଁ ଡିମେିଟ ଆକାଉଣ୍ଟରେ କମ ବା ଅଧିକ ଅର୍ଥ ଜମା ରଖିବାର କୌଣସି ପ୍ରଶ୍ନ ଉଠୁନାହିଁ। ଅନ୍ୟ ପଟେ ଦେଖିବାକୁ ଗଲେ, ଟ୍ରେଡିଙ୍ଗ ଆକାଉଣ୍ଟ ଯାହା ସାହାଯ୍ୟରେ ଆପଣ କିଣିଥିବା ଶେୟାରର ନେଣ ଦେଣ ନିଜ ବ୍ରୋକର ସାହାଯ୍ୟରେ କରନ୍ତି, ତେଣୁ ଆପଣ ଜାଣିବା ଉଚିତ୍ ଯେ ଆପଣଙ୍କ ଟ୍ରେଡିଙ୍ଗ ଆକାଉଣ୍ଟରେ କେବଳ ସେତିକି ଟଙ୍କା ରଖିବା ଉଚିତ୍ ଯେତିକିର ଆପଣ ଶେୟାର କିଣିବାକୁ ଚାହାନ୍ତି। ଏଠାରେ ମଧ୍ୟ ଷ୍ଟକ ବ୍ରୋକର ଟ୍ରେଡିଙ୍ଗ ଆକାଉଣ୍ଟରେ କୌଣସି ପ୍ରକାରର ମିନିମମ ଆକାଉଣ୍ଟ ବାଲାନ୍ସ ମେଣ୍ଟେନ କରିବାର ଆବଶ୍ୟକତା ନାହିଁ।

❑❑❑

୬- ଷ୍ଟକ ମାର୍କେଟରୁ ଷ୍ଟକ କିଣିବେ କିପରି ?

> କୌଣସି ବି ପୁରୁଷ ସ୍ତ୍ରୀ ବିନା ସଫଳତା ପାଏ ନାହିଁ । ସ୍ତ୍ରୀ ବା ମା, ଯଦି ଦୁଇଜଣ ଥାନ୍ତି ସେ ବହୁତ ଭାଗ୍ୟଶାଳୀ ଅଟନ୍ତି ।
>
> \- ହେରାଲ୍ଡ ମେକ ମିଲନ

ଏହି କଥାରେ କୌଣସି ଦ୍ୱିମତ ନାହିଁ ଯେ ଷ୍ଟକ ମାର୍କେଟରେ ନିବେଶ କରିବା ପାଇଁ ନିବେଶକଙ୍କ ମନରେ କେତେ ପ୍ରକାରର ପ୍ରଶ୍ନ ଉଠେ ଯାହା ମଧ୍ୟରୁ ଏକ ପ୍ରମୁଖ ପ୍ରଶ୍ନ ହେଉଛି ଯେ ଷ୍ଟକକୁ ଆମେ କିପରି କିଣିବା ଓ କିପରି ବିକିବା ? ଆପଣ ଜାଣିବା ଉଚିତ୍ ଯେ ଏବେ ଷ୍ଟକ କିଣିବା ଓ ବିକିବା ଦୁଇଟି ଯାକ ସହଜ ଅଟେ, ମୋବାଇଲରେ ଏସ ଏମ ଏସ ବା ହ୍ୱାଟସଆପରେ ମେସେଜ ପଠାଇବା ଦ୍ୱାରା ସମ୍ଭବ ।

ଏପରି ଏଥିପାଇଁ ସମ୍ଭବ ହୋଇଯାଏ ଯେ ଯେତେବେଳେ ଆପଣ କୌଣସି ବ୍ରୋକର ପାଖରେ ନିଜର ଡିମେଟ ଓ ଟ୍ରେଡିଙ୍ଗ ଆକାଉଣ୍ଟ ଖୋଲି ନିଅନ୍ତି ସେତେବେଳେ ଆପଣଙ୍କ ବ୍ରୋକର ଆପଣଙ୍କୁ ଷ୍ଟକ କିଣିବା ବା ବିକିବା ପାଇଁ ଟ୍ରେଡିଙ୍ଗ ଆକାଉଣ୍ଟର ୟୁଜର ଆଇ.ଡି. ଓ ପାସୱାର୍ଡ ଦେଇ ଦିଅନ୍ତି ଓ ଆପଣ ସେହି ୟୁଜର ଆଇ.ଡି. ଓ ପାସୱାର୍ଡକୁ ଷ୍ଟକ ବ୍ରୋକରର ସଫ୍ଟୱେୟାରରେ କମ୍ପ୍ୟୁଟରରେ ହେଉ ବା ମୋବାଇଲରେ ଯେତେବେଳେ ଲଗଇନ କରିବେ ସେତେବେଳେ ୟୁଜର ଆଇ.ଡି. ଓ ପାସୱାର୍ଡ ସାହାଯ୍ୟରେ ଷ୍ଟକ କିଣା ବିକାର ଅର୍ଡର ନିଜ ବ୍ରୋକରକୁ ଦିଅନ୍ତି ଯାହା ଆପଣଙ୍କ ଅର୍ଡର ଷ୍ଟକ ଏକ୍ସଚେଞ୍ଜ, ଯଥା ବି.ଏମ.ଇ ବା ଏନ.ସ୍.ଈ. କୁ ପଠାଯାଏ । ପୁନଶ୍ଚ ଷ୍ଟକ ଏକ୍ସଚେଞ୍ଜ ଅର୍ଡରକୁ ପୂରା କରିଦେବା ପରେ ଆପଣଙ୍କ ପାଖକୁ ଷ୍ଟକ କିଣିବାର ଅର୍ଡରର ଏକ ସୂଚନା ମେସେଜ ମାଧ୍ୟମରେ ମିଳିଯାଏ ।

ଏହିପରି ଟ୍ରେଡିଙ୍ଗରେ ଆପଣ ଶେୟାରକୁ ନିଜ ପାଖରେ ରଖିବା ପାଇଁ କିଣନ୍ତି

ନାହିଁ, ବରଂ ଆପଣ ଶେୟାରର ମୂଲ୍ୟରେ ହେଉଥିବା ବୃଦ୍ଧି ଓ ହ୍ରାସର ଫାଇଦା ଉଠାଇ ଲାଭ କମାଇବାକୁ ଚାହାନ୍ତି। ସେଥିପାଇଁ, ଯେଉଁଦିନ ଆପଣ ଶେୟାର କିଣିବାର ଅର୍ଡର ଦିଅନ୍ତି, ସେହି ଦିନ ବିକ୍ରି ମଧ୍ୟ କରି ଦିଅନ୍ତି। ଏହିପରି ଯଦି ଆପଣ ଇଣ୍ଟ୍ରା ଡେ ଟ୍ରେଡିଙ୍ଗ କରିବାକୁ ଚାହାନ୍ତି ତେବେ ଆପଣଙ୍କୁ ଆପଣଙ୍କ ଟ୍ରେଡିଙ୍ଗ ଆକାଉଣ୍ଟରେ ଲଗ ଇନ କରି, ଷ୍ଟକ କିଣିବାର ଅର୍ଡର ଦେବା ସମୟରେ ଇଣ୍ଟ୍ରା ଡେ ର ବିକଳ୍ପ ବାଛିବାକୁ ହେବ, ତେବେ ଯାଇ ତାହା କାମ କରିବ।

ଯେତେବେଳେ ଆପଣ କିଣା ଯାଇଥିବା ଶେୟାରକୁ ନିଜ ପାଖରେ କିଛି ଦିନ ବା ଅଧିକ ଦିନ ପର୍ଯ୍ୟନ୍ତ ରଖିବାକୁ ଚାହାନ୍ତି ତେବେ ଏହି ପ୍ରକାର ଶେୟାର କିଣିବାର ଅର୍ଡରକୁ ଡେଲିଭେରୀ ବେସ୍‌ଡ ଟ୍ରେଡିଙ୍ଗ କୁହାଯାଏ। ସେଥିପାଇଁ ଆପଣଙ୍କୁ ଆପଣଙ୍କ ଟ୍ରେଡିଙ୍ଗ ଆକାଉଣ୍ଟରେ ଲଗ ଇନ କରି ଷ୍ଟକ କିଣିବାର ଅର୍ଡର ଦେବା ସମୟରେ ଡେଲିଭରୀର ବିକଳ୍ପ ବାଛିବାକୁ ହେବ।

ଧ୍ୟାନ ରହିବା ଦରକାର ଯେ ଡେଲିଭରୀ ବେସ୍‌ଡ ଟ୍ରେଡିଙ୍ଗରେ କିଣା ଯାଇଥିବା ଷ୍ଟକ ଶେୟାର ଆପଣ ଯେଉଁଦିନ କିଣନ୍ତି, ସେହ ଦିନକୁ ଛାଡ଼ି ତା ପର ଦୁଇ ଦିନ ପରେ ଆପଣଙ୍କ ଡିମୈଟ ଆକାଉଣ୍ଟରେ ଜମା ହୁଏ। ଏହିପରି ଡେଲିଭରୀ ବେସ୍‌ଡ ଟ୍ରେଡିଙ୍ଗରେ ଯେତେବେଳେ ଆପଣଙ୍କ ଡିମୈଟ ଆକାଉଣ୍ଟରେ ଶେୟାର ଜମା ହୋଇଯାଏ ତା ପରେ ହିଁ ଆପଣ ତାକୁ ବିକି ପାରିବେ। ସେଥିପାଇଁ, ଯେତେବେଳେ ଆପଣ ଷ୍ଟକ ମାର୍କେଟରେ ଟ୍ରେଡିଙ୍ଗ ଆରମ୍ଭ କରନ୍ତି ସେତେବେଳେ ଆପଣ ଭାବିବା ଉଚିତ୍ ଯେ ଆପଣ କେଉଁ ପ୍ରକାରର ଟ୍ରେଡିଙ୍ଗ କରିବାକୁ ଚାହାନ୍ତି, ଇଣ୍ଟ୍ରା ଡେ ବା ଡେଲିଭରୀ ଟ୍ରେଡିଙ୍ଗ।

❑❑❑

୭- ଶେୟାର ବିଷୟରେ ଜ୍ଞାନ

> ମୋତେ ସଫଳତାର ମନ୍ତ୍ର ଜଣାନାହିଁ, କିନ୍ତୁ ସମସ୍ତଙ୍କୁ ଖୁସି କରିବାର ପ୍ରୟାସ କରିବା ହିଁ ଅସଫଳତାର ମନ୍ତ୍ର ଅଟେ । - ବିଲ୍ କାସ୍ୱୀ

ମନୁଷ୍ୟ ବିଷୟରେ କୁହାଯାଇଚି ଯେ ତାର ଜ୍ଞାନ ଲଗାତାର ବଢ଼ି ଚାଲିଛି । ସେ ଦୁନିଆକୁ ଯେତେ ତର୍କର କସୌଟି ଉପରେ ପରଖିଛି, ବୁଝିବା ପାଇଁ ତା ଠାରୁ ଅଧିକ ସମୟ ଦେଇନାହିଁ । ଶେୟାର ବଜାର ଅର୍ଥବ୍ୟବସ୍ଥାର ସବୁଠାରୁ ନବୀନ ଅବଧାରଣା ଅଟେ । ଯାହାକୁ ବୁଝିବା ପାଇଁ ଅବଶ୍ୟ ସମୟ ଲାଗିବ କିନ୍ତୁ ଥରେ ବୁଝିଗଲା ପରେ ନିବେଶକ ସମସ୍ତ ପ୍ରକାରର ବାଜିର ସମ୍ମୁଖୀନ ହୋଇ ପାରିବେ । ନିବେଶକଙ୍କର କେବଳ ଶେୟାର ବଜାରର ଜ୍ଞାନ ହୋଇଗଲେ ଚଳିବ ନାହିଁ, ବରଂ ଶେୟାରର ଜ୍ଞାନ ମଧ୍ୟ ସେତିକି ମହତ୍ତ୍ୱପୂର୍ଣ୍ଣ ଅଟେ ।

ଶେୟାର କିଣି ଟଙ୍କା କମାଇବା ଏତେ ସହଜ ନୁହେଁ, ଯେପରି ଜଣେ ନୂଆ ନିବେଶକ ଭାବନ୍ତି । ଏଥିରେ ଆପଣଙ୍କୁ ସର୍ବଦା ବଜାରର ଦୃଷ୍ଟିକୋଣ ବୃଦ୍ଧି ଓ ହ୍ରାସ ଉପରେ କଡ଼ା ନଜର ରଖିବାକୁ ପଡ଼ିବ, ତା ସହିତ ଆହୁରି ଭଲ ଯୋଜନା କରିବାକୁ ହେବ । କିଛି ସମାଧାନ ମାଧ୍ୟମରେ ଆପଣ କିଛି ଅସୁବିଧା ଓ ଅଭାବ ଦୂର କରି ପାରିବେ ।

ଶେୟାର କିଣିବା ଓ ବିକିବା ସମୟରେ ନିମ୍ନରେ ଦିଆଯାଇଥିବା କଥା ଗୁଡ଼ିକ ଉପରେ ଧ୍ୟାନ ଦିଅନ୍ତୁ:

- ପ୍ରଥମେ ଜାଣନ୍ତୁ କେବେହେଲେ ମଧ୍ୟ କିଛି ନଜାଣି ନଶୁଣି ଷ୍ଟକ ମାର୍କେଟରେ ଡେଇଁ ପଡ଼ିବା ଉଚିତ୍ ନୁହେଁ । ପ୍ରଥମେ ଏ ବିଷୟରେ ଭଲ ଭାବରେ ଜାଣନ୍ତୁ ତା ପରେ ଏଥିରେ ନିବେଶ କରନ୍ତୁ ।
- ଶିଖିବା ପାଇଁ ନିଜର ସମୟ କାଢ଼ନ୍ତୁ, ବ୍ୟବସାୟ ସମ୍ବନ୍ଧିତ ଖବରକାଗଜ

ପଢ଼ନ୍ତୁ, କମ୍ପାନୀମାନଙ୍କର ବିଜିନେସ ପ୍ଲାନକୁ ବୁଝନ୍ତୁ, balace sheet କୁ ପଢ଼ିବା ଶିଖନ୍ତୁ, PE, EPS, ROEକୁ ଭଲ ଭାବରେ ଜାଣି ନିଅନ୍ତୁ । ତେବେ ଯାଇ ଆପଣ କୌଣସି share bazar ରେ invest କରନ୍ତୁ ।

- ଶେୟାର ବଜାରରେ ଆପଣ ଲମ୍ବା ସମୟ ପାଇଁ ନିବେଶ କରିବା ଉଚିତ୍ । ଏଥିରେ ଲାଭ ନିଶ୍ଚୟ ହେବ । Intra-day Trading ରେ କମ୍ ସମୟରେ ଅଧିକ ଟଙ୍କା କମାଯାଇ ପାରିବ, କିନ୍ତୁ ଏଥିରେ ରିସ୍କ ଅଛି । ଏହା ଦ୍ୱାରା ଆପଣଙ୍କ ସଞ୍ଚୟ ମଧ୍ୟ ହୋଇ ପାରିବ । ସେଥିପାଇଁ ଲଙ୍ଗ ଟର୍ମ ଇନଭେଷ୍ଟିମେଣ୍ଟ କରନ୍ତୁ ।
- ଶେୟାର ବଜାରରେ ଆପଣ କୌଣସି ବି କମ୍ପାନୀର ଶେୟାର କିଣି ପାରିବେ, କିନ୍ତୁ ଆପଣଙ୍କୁ ଆରମ୍ଭରୁ ସେହି କମ୍ପାନୀର ଶେୟାର କିଣିବା ଉଚିତ୍ ଯାହାକୁ ଆପଣ ଜାଣନ୍ତି ବା ଦୈନନ୍ଦିନ ଜୀବନରେ ଯାହାର product ଉପଯୋଗ କରନ୍ତି ଯେଉଁ କମ୍ପାନୀର ବିଜିନେସ ଭଲ ଭାବେ ବୁଝି ପାରୁଛନ୍ତି ପ୍ରଥମେ ସେଥିରେ ଇନଭେଷ୍ଟ କରନ୍ତୁ ।
- ଶେୟାର ବିକିବା ପାଇଁ ସର୍ବଦା ନିଜ ଶେୟାରର ଏକ ନିଶ୍ଚିତ ମୂଲ୍ୟ ସ୍ଥିର କରନ୍ତୁ । ଯେପରିକି ଆପଣ କୌଣସି ଶେୟାରକୁ ୧୦୦୦ ର ମୂଲ୍ୟରେ କିଣିଲେ ଓ ତାକୁ ବିକିବା ପାଇଁ ଗୋଟେ ଟାରଗେଟ ସେଟ କରିଦେଲେ ଯେ ଯେତେବେଳେ ଏହି shareର ମୂଲ୍ୟ ୧୩୦୦ ଟଙ୍କା ହୋଇଯିବ ସେତେବେଳେ ଆମେ ଏହାକୁ ବିକିଦେବା । ଆପଣଙ୍କ ଶେୟାରର ମୂଲ୍ୟ ଯେମିତି ଟାର୍ଗେଟ ପ୍ରାଇସ ଉପରେ ପହଞ୍ଚିବ ଆପଣ ତାକୁ ବିକି ଦିଅନ୍ତୁ ।
- ଗୋଟିଏ କମ୍ପାନୀର ବହୁତ ଶେୟାର ଏକା ଥରକେ କିଣନ୍ତୁ ନାହିଁ । ଆପଣ କେତେକ ଅଲଗା ଅଲଗା ସେକ୍ଟରର କମ୍ପାନୀମାନଙ୍କର ଶେୟାରକୁ ଅଳ୍ପ ଅଳ୍ପ କରି କିଣିବା ଉଚିତ୍ । ଆପଣ ଆପଣଙ୍କ ଶେୟାରର ଲିମିଟକୁ ସାପ୍ତାହିକ ବା ମାସିକ ଆଧାର ଉପରେ ବଢ଼ାଇ ପାରିବେ ।
- ଆପଣ ଏପରି କୌଣସି କମ୍ପାନୀର Equity (ଶେୟାର) କିଣିବା ଉଚିତ୍ ଯାହା ଆର୍ଥିକ ରୂପରେ ଅଧିକ ମଜଭୂତ୍ ଅଟେ, ଏହା ସହିତ ତାର ମ୍ୟାନେଜମେଣ୍ଟ କିପରି ଅଟେ ଏହା ମଧ୍ୟ ଦେଖନ୍ତୁ । କାରଣ ଯେଉଁ କମ୍ପାନୀ ଆର୍ଥିକ ରୂପେ ପଙ୍ଗୁ ହୋଇଥାଏ ବା ଯିଏ ନିଜ ମ୍ୟାନେଜମେଣ୍ଟକୁ ନେଇ ଭାରାକ୍ରାନ୍ତ ରୁହେ ତାର ଶେୟାର କମ ହେବାର chances ବଢ଼ିଯାଏ ।

ସେନସେକ୍ସ ସହିତ ଜଡ଼ିତ ଅନ୍ୟ ଭଲ କମ୍ପାନୀମାନେ ମଧ୍ୟ ଅଛନ୍ତି, ଆପଣ ନିର୍ଦ୍ୱନ୍ଦ୍ୱରେ ସେମାନଙ୍କର ଶେୟାର କିଣି ପାରନ୍ତି ।

- ଷ୍ଟକ ମାର୍କେଟରେ ନିବେଶ କରିବା ରିସ୍କରେ ପୂର୍ଣ୍ଣ, ସେଥିପାଇଁ ଆପଣ ନିଜ ରିସ୍କ ପ୍ରୋଫାଇଲ ନିଶ୍ଚୟ ପ୍ରସ୍ତୁତ କରନ୍ତୁ । ଏଥିରେ ଏକ ପ୍ରକାର ନିଶ୍ଚୟ କରି ନିଅନ୍ତୁ ଯେ ଆପଣ କେତେ ରିସ୍କ ନେଇ ପାରିବେ ।
- ଅଧିକତର brokers ଆପଣଙ୍କୁ stop loss order ର option ଦିଅନ୍ତି । ଏହା ଦ୍ୱାରା ଏଇଆ ଲାଭ ହୁଏ ଯେ ଯେମିତି ଶେୟାର ମୂଲ୍ୟ ହ୍ରାସ ହେବାକୁ ଲାଗେ ସେତେବେଳେ ଆପଣଙ୍କ ଶେୟାର ଆଟୋମେଟିକାଲି ଆପଣଙ୍କ ବ୍ରୋକର ଦ୍ୱାରା ଏକ ନିଶ୍ଚିତ ମୂଲ୍ୟ (perticular price) ଉପରେ ବିକ୍ରି କରି ଦିଆଯାଏ । ଏହା ଦ୍ୱାରା ଆପଣ କ୍ଷତିରୁ ବଞ୍ଚି ଯାଆନ୍ତି ।
- କୌଣସି ବି କମ୍ପାନୀର ଶେୟାରକୁ କିଣିବା ପୂର୍ବରୁ ବା ଶେୟାର ବଜାରରେ ଟଙ୍କା ଲଗାଇବା ପୂର୍ବରୁ ରିସର୍ଚ୍ଚ ବା ଗଭୀର ପ୍ଲାନିଙ୍ଗ କରନ୍ତୁ । ବଜାର ଉପରେ ନଜର ରଖନ୍ତୁ, ଆପଣ ଯେଉଁ କମ୍ପାନୀର ଶେୟାର କିଣିବାକୁ ଚାହାନ୍ତି, ତାର ପଛ ରେକର୍ଡ ଦେଖନ୍ତୁ, ତାର ମ୍ୟାନେଜମେଣ୍ଟକୁ ଦେଖନ୍ତୁ, ଭବିଷ୍ୟତରେ ହେବାକୁ ଥିବା ରାଜନୈତିକ ଓ ସାମାଜିକ ପରିବର୍ତ୍ତନ ଉପରେ ମଧ୍ୟ ବିଚାର କରନ୍ତୁ । ବଜାରର ଦର ହ୍ରାସ ଓ ବୃଦ୍ଧି ଉପରେ ନଜର ରଖନ୍ତୁ ।
- ଗୋଟିଏ ପ୍ରକାରର business ରେ ନିଜର ସମସ୍ତ ଅର୍ଥ ଲଗାନ୍ତୁ ନାହିଁ । ଅଳ୍ପ ଅଳ୍ପ କରି ଆପଣଙ୍କୁ କେତେ ପ୍ରକାରର କମ୍ପାନୀମାନଙ୍କରେ ନିଜ ଅର୍ଥ ବିନିଯୋଗ କରିବା ଉଚିତ୍ । ଯଦି ଆପଣ ଗୋଟିଏ କମ୍ପାନୀରେ ନିଜକୁ ଉପାର୍ଜନର ଅର୍ଥକୁ invest କରିବେ ତେବେ ହୋଇପାରେ ଯେ ଆପଣଙ୍କର କେବେ କେବେ ଅଧିକ କ୍ଷତି ବା ପୁଣି କେବେ କେବେ ଅଧିକ ଲାଭ ହୋଇଯିବ, ଏହା କମ୍ପାନୀ profit and loss ଉପରେ ନିର୍ଭର କରେ ।
- P E Ratio ବା ଆପଣଙ୍କର କେତେ ରୋଜଗାର ହେବ ଏହା ଉପରେ ସବୁଠାରୁ ଅଧିକ ଧ୍ୟାନ ଦେବା ଅଧିକ ଜରୁରୀ ଅଟେ । P E Ratio ଜାଣିବା ପାଇଁ ଆପଣଙ୍କୁ ପ୍ରଥମେ EPS (Earning per share) ବାହାର କରିବାକୁ ହେବ । ଏଥିରେ ନେଟ ପ୍ରଫିଟକୁ ଶେୟାରର ସଂଖ୍ୟା ଦ୍ୱାରା ହରି ନିର୍ଣ୍ଣୟ କରାଯାଏ । ଧରି ନିଅନ୍ତୁ ଗୋଟିଏ କମ୍ପାନୀର ନାମ AB, ଯାହାର

୧୦୦୦ ଶେୟାର ଅଛି ଓ ତାର ନେଟ ପ୍ରଫିଟ ଏକ ଲକ୍ଷ ଟଙ୍କା ଅଟେ । ତେବେ ତାର ଗୋଟିଏ ଶେୟାର ଉପରେ ଆୟ ବା EPS ୧୦୦ଟଙ୍କା ହେବ । P E ନିର୍ଣ୍ଣୟ କରିବା ପାଇଁ Market Price କୁ EPS ଦ୍ୱାରା ବିଭାଜିତ କରାଯାଏ । ଯେପରିକି କମ୍ପାନୀ AB ର ମାର୍କେଟ ପ୍ରାଇସ ଯଦି ୫୦୦ ଟଙ୍କା ଓ EPS ଯଦି ୧୦୦ ଟଙ୍କା ହୁଏ ତେବେ ତାର P E ୫ ଟଙ୍କା ହେବ ।

- କ୍ଷତି ହେବାର ଡର ଓ ଶେୟାରର ମୂଲ୍ୟ ବଢ଼ିବା ପରେ ତାକୁ ଟାର୍ଗେଟ ପ୍ରାଇସ ପରେ ମଧ୍ୟ ବଢ଼ିବାକୁ ଦେବାର ଲୋଭ ଓ ଡର ଠାରୁ ବିଲକୁଲ ଦୂରରେ ରୁହନ୍ତୁ ।
- ଯଦି ଆପଣ କୌଣସି financial planners ଠାରୁ ଶେୟାର ବଜାର ସମ୍ବନ୍ଧରେ ଉପଦେଶ ଆଶା କରିବେ ତେବେ ସର୍ବ ପ୍ରଥମେ ପାଇବେ ଯେ ଶେୟାର କିଣା ବିକା ସମୟରେ ଆପଣ ବିଲକୁଲ time waste କରିବା ଉଚିତ୍ ନୁହେଁ ।
- ଯଦି ଆପଣ କୌଣସି financial planners ଠାରୁ ଶେୟାର ବଜାର ସମ୍ବନ୍ଧରେ ଉପଦେଶ ଆଶା କରିବେ ତେବେ ସର୍ବ ପ୍ରଥମେ ପାଇବେ ଯେ ଶେୟାର କିଣା ବିକା ସମୟରେ ଆପଣ ବିଲକୁଲ time waste କରିବା ଉଚିତ୍ ନୁହେଁ । ଯଦି ଆପଣଙ୍କର ଶେୟାର target price ଉପରେ ପହଞ୍ଚ E Ratio ଯାଇଛି, ତେବେ ତାକୁ ଶିଘ୍ର ବିକି ଦିଅନ୍ତୁ । ଶେୟାରର ମୂଲ୍ୟ ଅଧିକ ବୃଦ୍ଧି ପାଇଁ ଅପେକ୍ଷା କରନ୍ତୁ ନାହିଁ । ଯଦି ଆପଣଙ୍କ ଶେୟାରର ମୂଲ୍ୟ ହ୍ରାସ ହେଉଛି ତେବେ ଆଉ କିଛି ସମୟ ପରେ ଏହାର ମୂଲ୍ୟ ବଢ଼ିବ ଭାବି ଅପେକ୍ଷା କରନ୍ତୁ ନାହିଁ । ଏପରି କରିବାରେ କ୍ଷତି କମ ହୁଏ ।

❑❑❑

୮- ଧନ ସମ୍ବନ୍ଧୀୟ ଜ୍ଞାନର ଧାରଣା

> ସଫଳତା ପ୍ରଥମରୁ କରାଯାଇଥିବା ପ୍ରସ୍ତୁତି ଉପରେ ନିର୍ଭର କରେ, ଏପରି ପ୍ରସ୍ତୁତି ବିନା ଅସଫଳତା ନିଶ୍ଚିତ ଅଟେ । - **କନଫ୍ୟୁସିୟସ**

ଆଜିର ସମୟ କେବଳ ପୁଞ୍ଜି ବିନିଯୋଗ କରିବାର ନୁହେଁ । ଆଗରୁ ପୁଞ୍ଜି ବିନିଯୋଗ ବଡ଼ ବଡ଼ କାର୍ଯ୍ୟ ପାଇଁ ହେଉଥିଲା । ସଡ଼କ, ବିଜୁଳି, ପାଣି ବା ଅନ୍ୟ ଭୂମି କାର୍ଯ୍ୟ ଉପରେ ହେଉଥିଲା । ଯେଉଁ ପୁଞ୍ଜି ରାଶିର ପରିମାଣ ଜାଣି ହେଉଥିଲା ଓ ବହୁତ ଲୋକ ପ୍ରତ୍ୟେକ୍ଷ ବା ଅପ୍ରତ୍ୟେକ୍ଷ ଭାବେ ଲାଭ ପାଉଥିଲେ । ଯେପରି ଧରନ୍ତୁ ଆପଣ ଆପଣଙ୍କର ପୁଞ୍ଜି କୌଣସି ସ୍କୁଲ ଖୋଲିବା ପାଇଁ ଲଗାଇଲେ । ଏଥିରୁ ତୁରନ୍ତ ଲାଭ ମିଳିବ ନାହିଁ, କିନ୍ତୁ ଏହି ପୂରା ପ୍ରକ୍ରିୟାରେ ବହୁତ ଶ୍ରମ ଲାଗେ ଓ ପୁଞ୍ଜିର ଏକ ବଡ଼ ଭାଗ ସାଧାରଣ ବ୍ୟକ୍ତି ପାଖରେ ପହଞ୍ଚେ ।

କିନ୍ତୁ ଶେୟାର ବଜାରରେ ଏପରି ହୁଏନାହିଁ । ଏଠାରେ ସିଧା ପୁଞ୍ଜି ବିନିଯୋଗ କରାଯାଏ । ପୁଞ୍ଜି ବିନିଯୋଗ ହେବା ମାତ୍ରେ ପ୍ରତିକ୍ରିୟା ମିଳିବା ଆରମ୍ଭ ହୋଇଯାଏ ଏଥିପାଇଁ ଏହା ବିତ୍ତୀୟ ପୁଞ୍ଜି ଅଟେ । ଯାହା ପ୍ରଡକ୍ଟରେ ଲାଗେନାହିଁ ଓ ଶେୟାର କ୍ରେଡିଟ କରି ଅଧିକ ପୁଞ୍ଜି ଆୟ କରିହୁଏ । ସେଥିପାଇଁ ଏହି ଅଜଣା କ୍ଷେତ୍ରରେ ବିତ୍ତୀୟ ଜ୍ଞାନର ଆବଶ୍ୟକତା ଅଛି ।

ଅନେକ ବ୍ୟାପାରି (ଖୁଚୁରା ଓ ସଂସ୍ଥାନ) ଦ୍ୱୟଙ୍କ ମଧ୍ୟରେ ଶେୟାରରେ ବ୍ୟାପାର କରିବାର ଓ ବିତ୍ତୀୟ ଜ୍ଞାନର ଧାରଣାରେ ଅଭାବ ଦେଖାଦିଏ ।

ବଜାର ବାଛିବା

ନିବେଶକକୁ ସ୍ଥିର କରିବାକୁ ହେବ ଯେ ସେ କେଉଁଠାରେ ବିନିଯୋଗ କରିବ । ସେ କଣ ହଂକଙ୍ଗ ଷ୍ଟକ ଏକ୍ସଚେଞ୍ଜ, ଲଣ୍ଡନ, ଷ୍ଟକ ଏକ୍ସଚେଞ୍ଜ ପରି ବିଶ୍ୱ ସ୍ଥରୀୟ ଏକ୍ସଚେଞ୍ଜ

ଅଟେ ବା ଆମେରିକାର ଏନ ୱାଇ ଏସ ଇ ଓ ନେସଡେକ ଅଟେ ବା ଦୁବାଇ, ସଂଘାଇ ଓ ସିଂଗାପୁର ପରି କ୍ଷେତ୍ରୀୟ ଏକ୍ସଚେଞ୍ଜ ଅଟେ । ଅଧିକତର ନିବେଶକ ନିଜ ସ୍ଥାନିୟ ଏକ୍ସଚେଞ୍ଜ ସହିତ ସମ୍ବନ୍ଧ ରଖନ୍ତି, କାରଣ ସେମାନେ ସେଠାରେ ସ୍ଥିର କରାଯାଇଥିବା କମ୍ପାନୀମାନଙ୍କ ସହିତ ପରିଚିତ ଅଟନ୍ତି । ଜଣେ ବୁଦ୍ଧିଆ ନିବେଶକ ସବୁଠାରୁ ଅଧିକ ବ୍ୟାପାରିକ ମାତ୍ରା ଓ ଚଳ ରାଶି ଦ୍ୱାରା ପୂର୍ଣ୍ଣ ବଜାର ବାଛନ୍ତି, ଯେଉଁଠାରେ ବିଶ୍ୱର ସମସ୍ତ ଖେଳାଳୀ ଉପସ୍ଥିତ ରୁହନ୍ତି । ଏନ ୱାଇ ଏସ ଇ ଓ ନେସଡେକରେ ତୁଳନାରେ ଆଉ କେହି ନାହାନ୍ତି । ବେପାର କରିବା ପାଇଁ କୌଣସି ବି ସାମାନ୍ୟ ଦିନରେ ମଧ୍ୟ ୧୫୦ କୋଟି ଡଲାରର ବେପାର ହୁଏ । ଏପରି ମାତ୍ରା ଓ ତରଳତା ଦୁନିଆ ସାରା ଷ୍ଟକ ଏକ୍ସଚେଞ୍ଜ ଠାରୁ ବହୁତ ଉପରେ ଅଟେ । ବହୁତ ବଡ଼ ବ୍ୟାପାରିକ ମାତ୍ରା ଓ ବିପଦ ନେଉଥିବା ନିବେଶକଙ୍କର ଏକ ବ୍ୟାପକ ଶ୍ରେଣୀ ସହିତ, ସର୍ବଦା ଲାଭଦାୟକ ବେପାର କରିବା ସହଜ ହୋଇଥାଏ ।

କ୍ଷେତ୍ର ବାଛିବା କିପରି ?

ନିବେଶକଙ୍କୁ ବିଶ୍ୱର ତାଜା ରୁଚି ଉପରେ ନିଜକୁ ଶିକ୍ଷିତ କରି ପରେ ବଜାରର ଉପସ୍ଥିତି ବା ଆସୁଥିବା ପସନ୍ଦଦାର ବେପାରରକ୍ଷେତ୍ର ଚିହ୍ନିବାକୁ ହେବ । ବିଶ୍ୱରେ ଦେଖା ଦେଉଥିବା ମହାମାରୀ କାରଣରୁ ଏହା ଜୈବ ରସାୟନ ବା ଔଷଧ ନିଗମ ମଧ୍ୟ ହୋଇପାରେ । ବିଶ୍ୱ ଅର୍ଥ ବ୍ୟବସ୍ଥାରେ ଅଧିକ ପ୍ରଭାବିତ ହେଉଥିବା ବିଭିନ୍ନ ପ୍ରାକୃତିକ

ଶକ୍ତି କ୍ଷେତ୍ର ହୋଇପାରେ । ଅନ୍ୟ ମହାଦ୍ୱୀପ ଦେଶମାନଙ୍କର ଖରାପ ପାଣିପାଗ ଓ ମହାମାରୀର ପ୍ରକୋପ ଯୋଗୁଁ ଉତ୍ପାଦନର ହ୍ରାସ ଯୋଗୁଁ ଏହା କୌଣସି ବିଶେଷ ପ୍ରକାରର ବସ୍ତୁ ମଧ୍ୟ ହୋଇପାରେ । ଠିକ୍ କ୍ଷେତ୍ରରେ ଶେୟାର ନିବେଶ କରାଗଲେ ଏହା ଜରୁରୀ ନୁହେଁ ଯେ ଲାଭ ହେବ, କିନ୍ତୁ କିଛି ସମୟ ପର୍ଯ୍ୟନ୍ତ ଶେୟାରର ମୂଲ୍ୟ ବୃଦ୍ଧି ହେବ । ଅସମ୍ପୂର୍ଣ୍ଣ ଖବର ରଖୁଥିବା ଅଜ୍ଞାନୀ ନିବେଶକ ବୋଧହୁଏ ଭୁଲ ଶେୟାର କିଣି ପକାଇବେ କାରଣ ଅନ୍ୟ ସମସ୍ତେ ସେହି ଶେୟାରକୁ ବିକନ୍ତି ଓ "ଲୋକପ୍ରିୟ" କ୍ଷେତ୍ର ଆଡ଼କୁ ବଢ଼ନ୍ତି ।

ଶେୟାର ବାଛିବା କିପରି ?

ଏପରି କେତେଗୁଡ଼ିଏ ବିଶ୍ଳେଷଣାତ୍ମକ ଉପକରଣ ଅଛି ଯାହାର ଉପଯୋଗ କୌଣସି ସ୍ୱତନ୍ତ୍ର ଶେୟାରକୁ କିଣିବା / ବେପାର କରିବା ଉପରେ ନିର୍ଣ୍ଣୟ ନିଆଯାଇ ପାରେ । ସମାଧାନ ସ୍ତର, ମୂଳ, ପ୍ରତିରୋଧ ସ୍ତର, ଚଳନୀୟ ହାରାହାରି ସ୍ତର ମୂଲ୍ୟ ହ୍ରାସ (ପି/ଇ) ଅନୁପାତ, ଅଧିକ ବିକ୍ରି ବା କମ ମୂଲ୍ୟ ଦୃଶ୍ୟ ହେବା ଆଦି ଜ୍ଞାନ ଉପରେ ସର୍ବଦା ବିଚାର କରାଯିବା ଉଚିତ୍ । ନିବେଶକ "ଲୋକପ୍ରିୟ" ଶେୟାରରେ ବେପାର କରିବାକୁ ଇଚ୍ଛା କରନ୍ତି, କାରଣ ଦିନର ସକ୍ରିୟ ଓ ଶୀର୍ଷ ୧୦ଟି ଶେୟାର ମଧ୍ୟରୁ ଏହା ଗୋଟିଏ ଅଟେ, ଏହାର ପଛରେ ଅସଲି କାରଣ ନଜାଣି କିଛି ନିବେଶକ ଶେଷରେ ଶୀର୍ଷ ୧୦ଟି ସବୁଠାରୁ କ୍ଷତି ଦେବା ବାଲା ଶେୟାର କିଣି ବସନ୍ତି, ଏହି ବିଶ୍ୱାସର ସହିତ ଯେ ଆଗ ଦିନମାନଙ୍କରେ ପୁନର୍ବାର ମୂଲ୍ୟ ବୃଦ୍ଧି ସବୁ ପ୍ରକାରର ତର୍କହୀନ ବେପାରରେ ବହୁତ କ୍ଷତି ସହିବାକୁ ପଡ଼େ ।

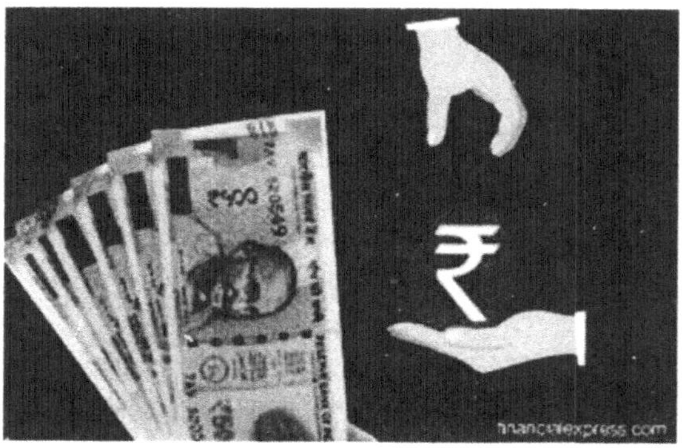

କେବଳ ସେହି କମ୍ପାନୀରେ ନିବେଶ କରନ୍ତୁ ଯାହାକୁ ଆପଣ ଜାଣନ୍ତି ଓ ବିଶ୍ୱାସ କରନ୍ତି ।

ଯୁଦ୍ଧନୀତି କିପରି ସ୍ଥିର କରିବେ ?

ସମସ୍ତ ଶେୟାରର ନିଜର ବିଶେଷତା ଅଛି । କିଛି ଲୋକ ଏହି ଶେୟାରକୁ ଡାଏନଏ କୁହନ୍ତି । କିଛି ଶେୟାରର ମୂଲ୍ୟ ହ୍ରାସ ହେବା ପୂର୍ବରୁ ସର୍ବଦା ବୃଦ୍ଧି ହୁଏ । କିଛି ଶେୟାର ସେମାନଙ୍କର ନୂଆ ଉତ୍ପାଦର ଆରମ୍ଭ ପୂର୍ବରୁ ମୂଲ୍ୟ ବୃଦ୍ଧି ହୁଏ । କିଛି ଶେୟାରର ବର୍ଷର ନିର୍ଦ୍ଦିଷ୍ଟ ମାସରେ ମୂଲ୍ୟ ବୃଦ୍ଧି ଘଟିଥାଏ । ଶୀର୍ଷରେ ଥିବା କେତେକ ପରିଚାଳନା ବର୍ଗଙ୍କ ଇତିହାସରେ ଦେଖିବାକୁ ମିଳେ ଯେ ନିଜର ଶେୟାରଧାରକମାନଙ୍କୁ ଖୁସି କରିବା ପାଇଁ ସେମାନଙ୍କର ବାର୍ଷିକ ସାଧାରଣ ବୈଠକ (ଏଜିଏମ) ର ଆୟୋଜନର ପୂର୍ବରୁ ନିଜ ଶେୟାରର ମୂଲ୍ୟ ବଢ଼ାଇବା ପାଇଁ ଶେୟାରକୁ ପୁନର୍ବାର କିଣିବାର ଯୋଜନା କରିବାକୁ ଆରମ୍ଭ କରିଦିଅନ୍ତି । କେତେକ ଶେୟାର କୌଣସି ବିଶେଷ ରୁଚିର ଅନୁସରଣ କରନ୍ତି ନାହିଁ । କୌଣସି ବି ନିବେଶକକୁ ବ୍ୟାପାର କରିବା ପୂର୍ବରୁ କୌଣସି ବିଶେଷ ଶେୟାରର ପୂର୍ଣ୍ଣ ରୂପେ ଅଧ୍ୟୟନ କରିବା ଉଚିତ୍, ଯେପରି ଖାନକର ୯/୧୦ ଖୁଚୁରା ନିବେଶକ ସମୟ ହେଉଛି ସବୁକିଛି । କିଛି ହେଲେ କରନ୍ତୁ ନାହିଁ । କିଛି ହେଲେ ନ କରିବା ହେଉଛି ଠିକ ଜିନିଷ ।

❑❑❑

୯- ଭୁଲ ପଦ୍ଧତିକୁ ବହିଷ୍କାର କରନ୍ତୁ

> ଗୋଟିଏ ବିଚାର ନିଅ । ସେଇ ବିଚାରକୁ ନେଇ ନିଜ ଜୀବନ ବନାଅ, ତା ବିଷୟରେ ଭାବ, ତାର ସ୍ୱପ୍ନ ଦେଖ, ସେଇ ବିଚାର ନେଇ ବଞ୍ଚ । ନିଜ ମସ୍ତିଷ୍କ, ମାଂସପେଶି, ଶିରା-ପ୍ରଶିରା, ଶରୀରର ସମସ୍ତ ଅଂଶକୁ ସେଇ ବିଚାରରେ ଡୁବିବାକୁ ଦିଅ ଓ ଅନ୍ୟ ସମସ୍ତ ବିଚାରକୁ କଡ଼ରେ ରଖିଦିଅ । ଏହା ସଫଳ ହେବାର ପ୍ରଣାଳୀ ଅଟେ । - **ସ୍ୱାମୀ ବିବେକାନନ୍ଦ**

ନିବେଶର ଅର୍ଥ ହେଉଛି ସେହି ସମୟକୁ ବାଛିବା ଯେତେବେଳେ ଜିନିଷର ଦର ବୃଦ୍ଧି ହେବ ।

ଦଲାଲ, ଫାର୍ମ ଓ ବ୍ୟାଙ୍କ ପରି ବିତ୍ତୀୟ ସଂସ୍ଥାନମାନେ ଏପରି ଏକ ପ୍ରଣାଳୀ ପ୍ରସ୍ତୁତ କରିଛନ୍ତି, ଯେଉଁଥିରେ ଅଧିକତର ବ୍ୟାପାରୀ ଟଙ୍କା ହରାଇ ଦିଅନ୍ତି ।

ଶେୟାର ବ୍ୟାପାର କରିବାର ସାଧାରଣତଃ ତିନୋଟି ପ୍ରଣାଳୀ :

- ଲାଭ ଉଠାଇବେ ନାହିଁ ।
- ନିଜେ ବାଛିଥିବା ଶେୟାର କିଣିବା ଓ ପୂରା ନେଣଦେଣ କରିବା । ମୂଲ୍ୟ ବୃଦ୍ଧି ହେବାର ପ୍ରତିକ୍ଷା କରିବା, ଲାଭରେ ବିକିବା ଓ ପୂରା ପ୍ରକ୍ରିୟାକୁ ପୂନର୍ବାର ଚାଲୁ ରଖିବା । ଥରେ ଭୂଲ ଶେୟାର ବାଛିବା ଉପରେ ଆପଣଙ୍କ ପୁଞ୍ଜି ଗୋଟିଏ ଲମ୍ବା ସମୟ ପର୍ଯ୍ୟନ୍ତ ଅଟକି ଯିବ । ଏହି ତଥ୍ୟ ପାଇଁ ଆପଣଙ୍କୁ ଫାଇଦା ଦିଆଯିବ ନାହଁ, ଆପଣଙ୍କ ବିପଦକୁ ଖେଳେଇବା ପାଇଁ ଗୋଟିଏ ବଡ଼ ପୋର୍ଟଫୋଲିଓ ପ୍ରସ୍ତୁତ କରିବା ପାଇଁ ଆପଣଙ୍କ ପାଖରେ ସୀମିତ ବୀୟ ଆୟୋଜନ କରିବାକୁ ହେବ ।
- କେତେକ ନିବେଶକ ଲାଭ ଦେବା ବାଲା ଶେୟାର ବିକି ଦିଅନ୍ତି ଓ କ୍ଷତି ହେଉଥିବା ଶେୟାରକୁ ରଖନ୍ତି । ଭଲ କମ୍ପାନୀର ଶେୟାରର ମୂଲ୍ୟ ବଢ଼ି

ଚାଲିବ ଯେତେବେଳେ ଖରାପ କମ୍ପାନୀର ମୂଲ୍ୟ କମି ଚାଲିବ । ଏହି ପ୍ରକାରର ନିବେଶକ ଗୋଟିଏ ବହୁତ ବଡ଼ ବୃଦ୍ଧିର ଅବସରକୁ ହାତଛଡ଼ା କରି ଦିଅନ୍ତି ।
ଓ ଏପରି ଶେୟାର କିଣି ନିଅନ୍ତି ଯାହାର କୌଣସି ଭବିଷ୍ୟତ ନଥାଏ ।

ଗୋଟିଏ ମାର୍ଜିନ ଖାତାରେ X ଟଙ୍କା ଜମା କରନ୍ତୁ ଓ ୩ - ୧୦ ଗୁଣ ଲାଭ ପାଆନ୍ତୁ ।

ଶେୟାରର ଗୋଟିଏ ଉଚିତ୍ ପୋର୍ଟଫୋଲିଓ ପ୍ରସ୍ତୁତ କରିବାରେ ସକ୍ଷମ ହୁଅନ୍ତୁ । ମାର୍ଜିନ ଖାତାରେ ନିଆଯାଉଥିବା ସୁଧ ବହୁତ ଅଧିକ ଅଟେ । ଦଲାଲ ପ୍ରାୟତଃ ଯୁକ୍ତିଯୁକ୍ତ ସୀମାନ୍ତ ଦର ଉପଲବ୍ଧ କରାନ୍ତି, କିନ୍ତୁ ଷ୍ଟକ ମୂଲ୍ୟ ଥରେ ହ୍ରାସ ହେଲେ ଓ ଧନର ବଜାର ଥରେ ସଙ୍କୁଚିତ ହେବା ପରେ, ଏହି ସୀମାନ୍ତ ଦର ଗଣନା କେବେ ହେଲେ ସିଧା-ସିଧା କରାଯାଏ ନାହିଁ ।

ଲାଭ ଦୁଇଟି ଧାର ଥିବା ଏକ ତରବାରୀ ଅଟେ । ଭଲ ସମୟରେ ଏକ ବେପାରୀ ବହୁତ ଲାଭ ହାସଲ କରି ପାରେ ଖରାପ ସମୟରେ ବେପାରୀକୁ ଅଧିକ ମାର୍ଜିନ ଦର ଓ ପୋର୍ଟଫୋଲିଓର କମ ମୂଲ୍ୟାଙ୍କନ ସହିତ ବହୁତ ପୁଞ୍ଜିର କ୍ଷତି ହୋଇପାରେ । ମାର୍ଜିନ ବେପାର ଏକ ବହୁତ ବିପଦପୂର୍ଣ୍ଣ ବ୍ୟବସାୟ ଅଟେ ।

ମାର୍ଜିନ ସୁଧ ଓ କ୍ଷତିର ଭରଣା କରିବା ପାଇଁ, ନିବେଶକ ଏପରି ଏକ ଚମତ୍କାର ଆଶାରେ ଶସ୍ତା ଶେୟାର କିଣନ୍ତି ଯାହା କେବେହେଲେ ଲାଭଦାୟକ ହୁଏନାହିଁ ।

ଅଧିକତର ମାର୍ଜିନ ଖାତା ବହୁତ କ୍ଷତିର ସହିତ ବନ୍ଦ ହୋଇଯାଏ ଓ ଯଦି ମୂଳ ଅର୍ଥ କ୍ରେଡିଟ କାର୍ଡ ସହିତ ସମ୍ପର୍କିତ ହୋଇଥାଏ; ଏପରି କ୍ଷତିକୁ ଭରଣା କରିବାରେ ନିବେଶକଙ୍କୁ ବର୍ଷ ବର୍ଷ ଲାଗିଯାଇ ପାରେ ।

❑❑❑

୧୦- ବଜାରର ଦିଗ

ସଫଳତା କେବେହେଲେ ଅନ୍ତିମ ହୋଇ ନଥାଏ, ବିଫଳତା କେବେହେଲେ ଘାତକ ହାଇ ନଥାଏ, ଯାହା ମୂଲ୍ୟ ଦିଏ ତାହା ହେଉଛି ସାହସ ।

- ଜଜ୍ ବୁଡେନ

ଅନ୍ତର (ସୀ ଏଫ ଡି) ଟ୍ରେଡିଙ୍ଗ ପାଇଁ ଅନୁବନ୍ଧ କରନ୍ତୁ । ବିଗତ କିଛି ବର୍ଷ ହେବ ଶେୟାର ଓ ବିଦେଶୀ ମୁଦ୍ରା ବ୍ୟାପାର ପାଇଁ ସୀ ଏଫ ଡି ବହୁତ ଲୋକପ୍ରିୟ ହେଉଅଛି ।

ଲାଭ ବହୁତ ବେଶୀ ହୁଏ, ଏପରିକି ଖାତା ରାଶି ଠାରୁ ୫୦ ଗୁଣ ଅଧିକ ପର୍ଯ୍ୟନ୍ତ ହୋଇ ପାରେ ।

ସୀ ଏଫ ଡି ବ୍ୟାପାରରେ ନିବେଶକ ବାସ୍ତବରେ କୌଣସି ବିଶେଷ ଶେୟାର କିଣେନାହିଁ । ପ୍ରକୃତରେ, ସେ ଗୋଟିଏ ସର୍ତ୍ତ ଲଗାଏ, ଯଦି ମୂଲ୍ୟ ବୃଦ୍ଧି ବା ହ୍ରାସ ହେବ, ଯଦି ତାର ଅନୁମାନ ଠିକ୍ ହେବ, ତେବେ ସେ ଟଙ୍କା ରୋଜଗାର କରି ପାରିବ ନଚେତ୍ ନାହିଁ ।

ୟୁନାଇଟେଡ଼ କିଙ୍ଗଡମରେ ଏହାକୁ ସ୍ପ୍ରେଡ ବେଟିଙ୍ଗ ମଧ୍ୟ କୁହନ୍ତି ଓ ଅସଲରେ ଏହା ଜୁଆର ଅନ୍ୟ ରୂପ ଅଟେ ।

ଏହା ବହୁତ ବିପଦପୂର୍ଣ୍ଣ ବ୍ୟାପାର ଅଟେ, କାରଣ ଏଥିରେ ନିବେଶ ଅପେକ୍ଷା ଜୁଆର ଗୁଣ ଅଧିକ ଅଟେ ।

ଅନେକ ଧାର୍ମିକ ବିଦ୍ୱାନମାନେ ସୀ ଏଫ ଡି ଟ୍ରେଡିଙ୍ଗକୁ ଅଧର୍ମୀ ମାନନ୍ତି ।

ବଜାରରେ ଅସ୍ଥିର ଥିବା ସମୟରେ, ସୀ ଏଫ ଡି ବ୍ୟାପାରୀ ତାର ପୋଜିସନକୁ କ୍ଲୋଜ କରିପାରେ ନାହିଁ, କାରଣ ଚଳ ନିଧି ପ୍ରଦାନକାରୀ ବଜାର ମୂଲ୍ୟ ଉପରେ ଖୋଲା ଯାଇଥିବା ବ୍ୟାପାର କରିବା ପାଇଁ ରାଜି ହେବେନାହିଁ । ଯଦି ସେମାନେ ରାଜି ହୋଇ ବି ଯାନ୍ତି, ସ୍ପ୍ରେଡ ବା କ୍ଲୋଜ ମୂଲ୍ୟ ଖାତାଧାରୀ ବ୍ୟାପାରୀର ବହୁତ କ୍ଷତି ହେବ ।

ପ୍ରକୃତରେ ବହୁତ ନିବେଶକ ଯେଉଁମାନେ ସୀ ଏଫ ଡ଼ି ବ୍ୟାପାର କରନ୍ତି, କିଛି ସମୟ ମଧ୍ୟରେ ନିଜର ସମସ୍ତ ପୁଞ୍ଜି ହରାଇ ଦିଅନ୍ତି ।

ଯେପରିକି ମୁଁ କହିଛି, ଶେୟାର ଟ୍ରେଡିଙ୍ଗର ସିଦ୍ଧାନ୍ତ ସରଳ ଅଟେ । କମ୍‌ରେ କିଣିବା ଓ ଅଧିକରେ ବିକିବା । ଅତଏବ ଶେୟାର ବେପାର ସିଧା-ସାଧା ଲୋକଙ୍କର ବେପାର ନୁହେଁ । ସବୁ ସମୟରେ କୌଣସି ନା କୌଣସି ଚାଲାକି ଓ ଅଟକଳ ଲଗା ଯାଇଥାଏ । ଭୁଲ ତଥ୍ୟ, ନିନ୍ଦା ଓ ମିଥ୍ୟା ସମସ୍ତେ ନିଜ ନିଜ ମଧ୍ୟରେ ମିଳିମିଶି ରୁହନ୍ତି ଓ ନିବେଶକ ପାଖରେ ସମସ୍ତ ଉପଲବ୍ଧ ସୂଚନା ଏବଂ ମୁକ୍ତ ତଥ୍ୟର ବର୍ଣ୍ଣନା କରିବାର କୌଶଳ, ଜ୍ଞାନ ଓ ଅନୁଭବ ରହିବା ଉଚିତ୍ । ଏପରିକି ସଂସ୍ଥାର ଖେଳାଳୀ ମଧ୍ୟ ଜଣେ ଅନ୍ୟ ଜଣଙ୍କର ଟଙ୍କା ଜିତିବା ପାଇଁ ଉପାୟ ସବୁବେଳେ ଖୋଜୁଥାନ୍ତି ଓ ସ୍ୱାଭିମାନୀ ଖେଳାଳୀଙ୍କ ପାଖରୁ ନିଜକୁ ବଞ୍ଚିତ ରଖିବା ପାଇଁ ସୁଯୋଗ ମଧ୍ୟ ନଥାଏ, ଲାଭ ପାଇବା ତ ଦୂରର କଥା ।

ଶେୟାର ବଜାରର ଜଣେ ଭଲ ବେପାରୀର ସର୍ତ୍ତ ଜିତିବା ପରି କୌଣସି ଜିନିଷ ନଥାଏ, କିନ୍ତୁ ସେହି ଲୋକମାନଙ୍କର ପାଇଁ ସଫଳତା ପାଇଁ ଜିତିବା ଏକ ଫର୍ମୁଲା ଅଟେ ଯାହା କ୍ଷତି କମ କରିବା ଓ ତାର ଅଭ୍ୟାସ କରି ଚାଲିବାକୁ ହୁଏ । ଏହା ସେତେବେଳେ ସମ୍ଭବ ହୋଇ ପାରିବ ଯେତେବେଳେ ଆପଣ ନିଜ ବଜାର ଉପରେ ପୂରା ଧ୍ୟାନ କେନ୍ଦ୍ରିତ କରି ପାରିବେ ।

❑❑❑

୧୧- ବିତ୍ତୀୟ ପରିଣାମ ସହିତ କିପରି ସମ୍ମୁଖୀନ ହେବେ ?

> ଅଧିକତର ମହାନ ଲୋକ ନିଜର ସବୁଠାରୁ ବଡ଼ ସଫଳତା ଓ ସବୁଠାରୁ ବଡ଼ ବିଫଳତାର ଏକ ପାଦ ଆଗକୁ ପ୍ରାପ୍ତ କରିଛନ୍ତି । **- ନେପୋଲିୟନ ହିଲ**

ଶେୟାର ବଜାର ବିପଦର ଅଧିନରେ କାମ କରେ, ଏହି କଥା ଆପଣ ଲଗାତାର ଭାବେ ଶୁଣୁଥିବେ । ଏହା ଯେତିକି ସତ୍ୟ ଅଟେ ସେତିକି ମିଥ୍ୟା ମଧ୍ୟ ଅଟେ । ଆପଣ ଦେଖିବେ ଯେ ବେପାରେର କୌଣସି ବି କ୍ଷେତ୍ର ହେଉ ବିପଦ ଥାଏ କାରଣ ଶେୟାର ବଜାରରେ ଲାଭ ଅଧିକ, ସେଥିପାଇଁ ବିପଦ ମଧ୍ୟ ଅଧିକ । ଯଦି ନିବେଶକ ବିତ୍ତୀୟ ପରିମାଣର ମୂଲ୍ୟାଙ୍କନ ଭଲ ଭାବେ କରିନେବେ ତେବେ ସେ ସମସ୍ତ ବିପଦରୁ ବଞ୍ଚିଯିବେ ।

କମ୍ପାନୀର ବିତ୍ତୀୟ ବିଶ୍ଳେଷଣର ପ୍ରାଥମିକ କାର୍ଯ୍ୟ ପ୍ରବନ୍ଧକ ଦ୍ୱାରା ସଂଚାଳନର ପରିଣାମର ଆଦେଶପୂର୍ବକ ମୂଲ୍ୟାଙ୍କନ କରିବା ଓ ବ୍ୟବସାୟରେ ସମ୍ଭାବିତ ସମସ୍ୟାକୁ ଚିହ୍ନିବା ଦରକାର । ଏପରି କରିବା ପାଇଁ ଆପଣଙ୍କୁ କମ୍ପାନୀ ବିଷୟରେ ପଢ଼ିବା ଓ ଉଚିତ୍ ନିଷ୍କର୍ଷ ବାହାର କରିବାରେ ସକ୍ଷମ ହେବା ଦରକାର । ପୁନଶ୍ଚ ରିପୋର୍ଟିଙ୍ଗ ପରିଣାମକୁ, ପ୍ରବନ୍ଧନ ନିର୍ଣ୍ଣୟକୁ ସମାୟୋଜିତ କରିବା ପାଇଁ କମ୍ପାନୀର ଶେଷ ପ୍ରବନ୍ଧକ କିମ୍ବା ଶେୟାଧାରକଙ୍କୁ ପ୍ରସ୍ତୁତ କରିବା ଆବଶ୍ୟକ ଅଟେ ।

- ବିଶ୍ଳେଷଣ ଓ ଅଧ୍ୟୟନ ପାଇଁ କମ୍ପାନୀର ବିତ୍ତୀୟ ବିବରଣୀ, ଗୋଟିଏ ବାଲାଂଶ ଶୀଟ, ଗୋଟିଏ ନଗଦ ପ୍ରବାହ ବିବରଣୀ, ଗୋଟିଏ ବ୍ୟାଖ୍ୟାତ୍ମକ ନୋଟ ମିଶିକରି ଥାଏ ।
- ସଙ୍କେତକଙ୍କର ଗୋଟିଏ ସୂଚୀ ବିକଶିତ କରନ୍ତୁ ଯାହା ପ୍ରଚଣ୍ଡ ପ୍ରଭାବଶାଳତାର ଆକଳନ କରିବା ଓ କମ୍ପାନୀର ବାସ୍ତବିକ ସ୍ଥିତିକୁ ଦର୍ଶାଇ ତଥ୍ୟର ଏକ ସୁବିଧାଜନକ ରୂପ ବାଛିବାର ସାହାଯ୍ୟ କରେ ।

- ଗୋଟିଏ ସାରାଂଶ ରିପୋର୍ଟ ପ୍ରସ୍ତୁତ କରିବା ପାଇଁ ବିତ୍ତୀୟ ଓ ଆର୍ଥିକ ବିଭାଗକୁ ଚାର୍ଜ କରନ୍ତୁ, ଯିଏ ନିମ୍ନଲିଖିତ ପ୍ରଶ୍ନର ଉତ୍ତର ଦେବେ:-କମ୍ପାନୀର ବିତ୍ତୀୟ ସ୍ଥିତିରେ ପରିବର୍ତ୍ତନରେ ସୁଲଭ ଓ ଦୃଶ୍ୟ ରୂପରେ କିପରି ପ୍ରତିବିମ୍ବିତ କରିବେ ? କମ୍ପାନୀର ପୂରା ଛବି ପ୍ରତିବିମ୍ବିତ କରିବା ପାଇଁ ସୂଚୀରେ କେଉଁ ସଙ୍କେତ ରଖିବା ଉଚିତ୍ ? ଯାହା ଅଧିକ ଭଲ ପାଇଁ ସ୍ଥିତିକୁ ବଦଳାଇବାରେ ସାହାଯ୍ୟ କରିବ ।
- ଗୋଟିଏ "ଆନୁଭୂମିକ" ସନ୍ତୁଳନ ବିଶ୍ଳେଷଣ କରନ୍ତୁ । ଏପରି କରିବା ପାଇଁ, ବିଗତ ସମୟର ମୁକ୍ତ ତଥ୍ୟ ସହିତ ସମ୍ପତ୍ତି ଓ ପରିଶୋଧ ସନ୍ତୁଳନର ପ୍ରତ୍ୟେକ ଭାଗର ସଙ୍କେତକୁ ତୁଳନା କରନ୍ତୁ । ବ୍ୟୟର ନିର୍ଦ୍ଧାରଣ କରନ୍ତୁ ଯେ କମ୍ପାନୀ ଋଣ ଦେବାର କୌଣସି ଭାଗରେ ନିଜର ସମ୍ପତ୍ତି ଅର୍ଜନ କରିଛି ।
- ସବୁ ଖଣ୍ଡରେ ପ୍ରତ୍ୟେକ ବାଲାଂଶ ଶୀଟର କ୍ରମାଙ୍କ ରୂପରେ ବିଶିଷ୍ଟ ମାପର ନିର୍ଦ୍ଧାରଣ କରି, ତଥାକଥିତ "ନିରପେକ୍ଷ" ବିଶ୍ଳେଷଣ କରନ୍ତୁ ଯେ ସଦିଚ୍ଛାର ର ଆକଳନ କରିବା ପାଇଁ ଉଧାର ଓ ନିଜର ଫଣ୍ଡର ଅନୁପାତର ଗଣନା କରନ୍ତୁ ।
- ବାଲାଂଶ ଶୀଟ ଆଇଟମର ଗତିଶୀଳତାର ଆଧାର ଉପରେ, ଆଗକୁ ଆସୁଥିବା ସମୟ ପାଇଁ ପ୍ରଦର୍ଶନରେ ପରିବର୍ତ୍ତନ କରିବାର ଯୋଜନାର ରୂପରେଖ ପ୍ରସ୍ତୁତ କରନ୍ତୁ । କାର୍ଯ୍ୟଶୀଳ ପୂଞ୍ଜୀରେ ବୃଦ୍ଧି, ଦେୟ ଖାତାର ପରିଶୋଧ, କଞ୍ଚା ମାଲ ଓ ସାମଗ୍ରୀର ଶେୟାରରେ ବୃଦ୍ଧି ଇତ୍ୟାଦି ଆଇଟମକୁ ସ୍ଥାନ ଦିଅନ୍ତୁ ।
- କମ୍ପାନୀର ଲାଭର ଅନୁମାନ ଲଗାନ୍ତୁ । ବିକ୍ରି ଦ୍ୱାରା ବିକ୍ରିର ଲାଭ ଅନୁପାତରେ କୁହାଯାଇଥିବା ବସ୍ତୁମାନଙ୍କର ଖର୍ଚ୍ଚ ଅଟେ ।
- ଇକ୍ୱିଟୀ ଉପରେ ନିଜର ରିଟର୍ଣ୍ଣର ଗଣନା କରନ୍ତୁ । ଏଥିପାଇଁ ବାଲାଂଶ ଶୀଟର ତୃତୀୟ ଖଣ୍ଡର ଉପଯୋଗ କରନ୍ତୁ । ଅର୍ଥାତ୍ କମ୍ପାନୀର ନିଜର ଶୁଦ୍ଧ ଲାଭର ଅନୁପାତ ଉପରେ ଡାଟା । ଏହି ରିପୋର୍ଟିଙ୍ଗରେ ସ୍ୱତନ୍ତ୍ରତା ରହିବା ଆବଶ୍ୟକ, ସର୍ବପ୍ରଥମେ କମ୍ପାନୀର ମାଲିକମାନଙ୍କ ବ୍ୟାପାରରେ ନବେଶ କରାଯାଇଥିବା ଧନ ଉପରେ ପ୍ରାପ୍ତ ଆୟର ନିର୍ଦ୍ଧାରଣ କରିବା ପାଇଁ ।
- ତରଳତା ଅନୁପାତର ବିଶ୍ଳେଷଣ କରନ୍ତୁ । ଏହା ବିଶେଷତଃ କମ୍ପାନୀର ସଲଭେନ୍ସୀର ସ୍ଥିର ଓ ତାର ସ୍ୱଳ୍ପକାଳୀନ ଦାୟିତ୍ୱ ପାଇଁ ବର୍ତ୍ତମାନ ସମ୍ପତ୍ତିର ଅନୁପାତ ରୂପେ କରାଯାଏ ।

- ବିତ୍ତୀୟ ସଙ୍କେତମାନଙ୍କୁ ପଢ଼ିବାର ପରିଣାମର ଆଧାର ଉପରେ, ଉପାୟର ଗୋଟିଏ ସେଟ ବିକସିତ କରନ୍ତୁ ଯାହା ବ୍ୟାପାରରେ କମଜୋରିକୁ ଶେଷ କରିବ । କମୋଡିଟୀ ଲୋନ ଓ ଋଣ ପରିଶୋଧରେ ବିଳମ୍ବ ନେଣଦେଣ ସମୟ ଉପରେ ନଜର ରଖିବା ମାମଲାରେ କମକୁ ଶେଡ୍ୟୁଲ କରନ୍ତୁ ଓ ପ୍ରୀପେମେଣ୍ଟର ଉପଯୋଗ କରି ଡେଲିଭରୀ ଉପରେ ସ୍ୱିଚ କରିବା ଉପରେ ମଧ୍ୟ ବିଚାର କରନ୍ତୁ । ନିୟୋଜିତ ଗତିବିଦ୍ଧିର କାର୍ଯ୍ୟକାରିତା ପାଇଁ ଦାୟୀ ବ୍ୟକ୍ତିମାନଙ୍କୁ ନାମିତ କରନ୍ତୁ, ଦୃଷ୍ଟି ରଖିବା ପ୍ରଣାଳୀ ଦ୍ୱାରା ଉଚିତ୍ ସମୟ ସୀମା ଓ ବିଚାରସ୍ଥାପନ କରନ୍ତୁ ।

ଉପରୋକ୍ତ ତଥ୍ୟମାନଙ୍କୁ ଅବଲୋକନ କରିବା ପରେ କୌଣସି ବି ନିବେଶକ ନିଜ ବିପଦକୁ କମାଇ ପାରିବେ, ଯେତେବେଳେ କି ତାଙ୍କର ଦୃଷ୍ଟି ବିତ୍ତୀୟ ପରିଣାମକୁ ନେଇ ସର୍ବଦା ସଚେତନ ରହିବେ । ସାଙ୍ଗ ସାଥୀ ବା ସାମୂହିକ ବିମର୍ଶ ମଧ୍ୟ ବିତ୍ତୀୟ ପରିଣାମକୁ ଦୂର କରିବାରେ ବହୁତ ସାହାଯ୍ୟ କରେ ।

❑❑❑

୧୭- ଶେୟାର କ୍ରୟ କରିବା ସମୟରେ ଧ୍ୟାନ ଦିଅନ୍ତୁ

ଧୈର୍ଯ୍ୟ ମାଧ୍ୟମରେ କେତେକ ଲୋକ ସେହି ପରିସ୍ଥିତିମାନଙ୍କ ମଧ୍ୟରେ ବି ସଫଳ ହୋଇଯାନ୍ତି ଯାହାକି ଏକ ନିଶ୍ଚିତ ବୁଦ୍ଧି ଜଣାପଡେ ।

- ବେଞ୍ଜାମିନ ଡିଜ୍ରେଲୀ

ପୂର୍ବରୁ କେତେକ ମାର୍ଗରେ ଯେପରି ଧାରଣା ଦିଆଯାଇଛି ଯେ ଜଣେ ନିବେଶକ ନିଜ ଶେୟାରରୁ କଣ ଚାହେଁ । ଏହା ପ୍ରମାଣିତ ଯେ ସେ ଅଧିକରୁ ଅଧିକ ଲାଭ ଚାହେଁ । ଯଦି ନିବେଶକ ଲାଭ ଚାହେଁ ତେବେ ତାକୁ ଶେୟାର କ୍ରୟ କରିବା ସମୟରେ କିଛି ମହତ୍ତ୍ୱପୂର୍ଣ୍ଣ କଥାର ମଧ୍ୟ ଧ୍ୟାନ ରଖିବାକୁ ପଡ଼ିବ ।

ଶେୟାର ବଜାରରେ ନିବେଶ ସହିତ ସମ୍ବନ୍ଧିତ ଆମେ କେତେକ କଥା ହୋଇସାରିଛୁ । ବିଶ୍ୱାସ ଅଛି ଯେ ଏପର୍ଯ୍ୟନ୍ତ ଆପଣଙ୍କୁ ନିଜର କେତେକ ପ୍ରଶ୍ନର ଉତ୍ତର ମିଳି ଯାଇଥିବ । ତଥାପି ଯଦି ଆପଣଙ୍କ ମନରେ କିଛି ପ୍ରଶ୍ନ ଉଠୁଛି ତେବେ ଏକ୍ସପର୍ଟ ବା କୌଣସି ସଫଳ ନିବେଶକଙ୍କ ଠାରୁ ତଥ୍ୟ ହାସଲ କରି ପାରନ୍ତି, ସେଥିପାଇଁ କୌଣସି ବି କଥା ପାଇଁ ଲାଜ କରିବା ଆବଶ୍ୟକ ନାହିଁ, କାରଣ ଏହା ଆପଣଙ୍କ ଜୀବନର ପରିଶ୍ରମ ଦ୍ୱାରା ଉପାର୍ଜନ କରାଯାଇଥିବା ପୁଞ୍ଜିର ପ୍ରଶ୍ନ ଅଟେ ଯାହାକୁ ଆପଣ ଯଥା ସମ୍ଭବ ପରିଶ୍ରମ ଦ୍ୱାରା ବଞ୍ଚାଇବାକୁ ପଡ଼ିବ ।

କୌଣସି ବି କମ୍ପାନୀର ଶେୟାରକୁ କିଣିବା ସମୟରେ କେଉଁ କେଉଁ କଥା ଉପରେ ଲକ୍ଷ୍ୟ ରଖିବେ ସେ ବିଷୟରେ କିଛି କଥାର ଗୁରୁତ୍ୱ ରହିଛି ।

ଷ୍ଟକ ଆନାଲିସିସ୍

ଷ୍ଟକ ଆନାଲିସିସର ଦୁଇଟି ପ୍ରଣାଳୀ ଅଛି ଗୋଟିଏ ଫଣ୍ଡାମେଣ୍ଟାଲ ଆନାଲିସିସ ଓ

ଅନ୍ୟଟି ଟେକନିକାଲ ଆନାଲିସିସ । କମ୍ପାନୀର ଟ୍ରାକ ରେକର୍ଡ ଆଧାର ଉପରେ ଭବିଷ୍ୟତର ଅନୁମାନ ଫଣ୍ଡାମେଣ୍ଟାଲ ଆନାଲିସିସ୍ ମାଧ୍ୟମରେ ହୋଇଥାଏ । ଫଣ୍ଡାମେଣ୍ଟାଲ ଆନାଲିସିସ୍ ରେ କମ୍ପାନୀର ଫାଇନାନ୍ଶିୟାଲ ଆଧାର ଉପରେ ଶେୟାରର ଆଗକୁ ଥିବା ପରଫର୍ମାନ୍ସର ଅନୁମାନ କରାଯାଏ । ସେହି ଟେକନିକାଲ ଆନାଲିସିସରେ କମ୍ପାନୀର ଫାଇନାନ୍ଶିୟାଲରେ କୌଣସି ନେଣ ଦେଣ ହୁଏନାହିଁ । ଟେକନିକାଲ ଆନାଲିସିସରେ ଶେୟାରର ପରଫରମାନ୍ସର ଆଧାର ଉପରେ ତାର ଆଗକୁ ଥିବା ଚାଲର ଅନୁମାନ ଲଗାଯାଏ । ଟେକନିକାଲ ଆନାଲିସିସରେ ଶେୟାର ପରଫରମାନ୍ସ ଓ ତାର ଭଲ୍ୟୁମର ଆନାଲିସିସ୍ କରାଯାଏ ।

ଫଣ୍ଡାମେଣ୍ଟାଲ ଆନାଲିସିସ୍

ଫଣ୍ଡାମେଣ୍ଟାଲ ଆନାଲିସିସ୍‌ର ମଧ୍ୟ ଦୁଇଟି ପ୍ରଣାଳୀ ଅଛି, ପ୍ରଥମଟି ହେଉଛି ଟପ-ଡାଉନ ଆପ୍ରୋଚ ଓ ଦ୍ୱିତୀୟଟି ହେଉଛି ବଟମ-ଅପ ଆପ୍ରୋଚ । ଟପ ଡାଉନ ଆପ୍ରୋଚରେ ଦେଶର ଇକୋନୋମିର ଅବସ୍ଥା ଦେଖାଯାଏ । ଅଲଗା ଅଲଗା ସେକ୍ଟରର ସ୍ଥିତିର ଆନାଲିସିସ୍ କରାଯାଏ । ସ୍ୱତନ୍ତ୍ର ସେକ୍ଟରର ଅଲଗା ଅଲଗା କମ୍ପାନୀମାନଙ୍କର ଅବସ୍ଥା ଦେଖାଯାଏ ଓ ପୁଣି କୌଣସି ଏକ କମ୍ପାନୀକୁ ବଛାଯାଏ । ଏଥିରେ ବଛା ଯାଇଥିବା କମ୍ପାନୀର ବ୍ୟବସାୟ ଓ ତାର ଫାଇନାନ୍‌ସିୟାଲର ଆନାଲିସିସ୍ କରାଯାଏ । ବଟମ-ଅପ ଆପ୍ରୋଚରେ କୌଣସି ଏକ କମ୍ପାନୀକୁ ବଛାଯାଏ ଓ ସେହି କମ୍ପାନୀର କାରବାର ଓ ଫାଇନାନ୍‌ସିୟାଲର ଆନାଲିସିସ୍ କରାଯାଏ । ସେକ୍ଟରର ଅବସ୍ଥା ଦେଖାଯାଏ ଓ ଦେଶର ଇକୋନୋମିର ବିଶ୍ଳେଷଣ କରାଯାଏ । ଶେଷରେ ଗ୍ଲୋବାଲ ଇକୋନୋମିକୁ ଦେଖାଯାଏ । ଯଦି ନିଜ ଦେଶରେ ନିବେଶ କରିବାର ଅଛି ତେବେ ଫଣ୍ଡାମେଣ୍ଟାଲ ଆନାଲିସିସ୍‌ରେ ବଟମ-ଅପ ଆପ୍ରୋଚ ଅଧିକ ଭଲ ଅଟେ ବିଦେଶୀ ବଜାରରେ ନିବେଶ କରିବାର ଥିଲେ ଟପ ଡାଉନ ଆପ୍ରୋଚ ଠିକ୍ ଅଟେ ।

ଦେଶୀ ନିବେଶକମାନଙ୍କୁ କମ୍ପାନୀମାନଙ୍କର ପରଫରମାନ୍ସ ଉପରେ ହିଁ ଧ୍ୟାନ ଦେବା ଉଚିତ୍ । ପରଫରମାନ୍ସ ଉପରେ ହିଁ ଧ୍ୟାନ ଦେବା ଉଚିତ୍ । କମ୍ପାନୀମାନଙ୍କର ପ୍ରଫିଟ୍, ମାର୍ଜିନ, ସେଲ୍ସ ଓ ତ୍ରୈମାସିକ ଫଳର ଆଧାର ଉପରେ ଅନୁମାନ ଲଗାଇବା ଉଚିତ୍ । କମ୍ପାନୀମାନଙ୍କର ଫାଇନାନ୍ସିୟାଲ ଡାଟା ଏକ୍ସଚେଞ୍ଜର ସାଇଟ୍‌ସ ଉପରେ ମିଳିଯାଏ ।

ପ୍ରୋଜେକ୍‌ସନ

କମ୍ପାନୀର ବାଲାଂଶସୀଟ, ପ୍ରଫିଟ ଓ ଲସ ଆକାଉଣ୍ଟ, କ୍ୟାଶ-ଫ୍ଲୋର ଆଧାର ଉପରେ ଆଗର ଅନୁମାନକୁ ପ୍ରୋଜେକସନ କୁହାଯାଏ । ପ୍ରୋଜେକ୍ସନ ପାଇଁ କ୍ୟାଶ-ଫ୍ଲୋ ଜାଣିବା ଜରୁରୀ ଅଟେ । ଯଦି ବାଲାଂସଶୀଟରେ କ୍ୟାଶ ଫ୍ଲୋ ଦେଖାଯାଏ ତେବେ ସେହି କମ୍ପାନୀକୁ ଫଣ୍ଡାମେଣ୍ଟାଲ ଭଲ ମାନି ପାରିବେ । ଗୋଟିଏ ସେକ୍ଟର କମ୍ପାନୀ ମାନଙ୍କ ମଧ୍ୟରେ ତୁଳନାରେ ସେମାନଙ୍କର ସାଇଜ ଜାଣିବା ଜରୁରୀ ଅଟେ । ତୁଳନା ତ୍ରୈମାସିକ ଦର ତିନି ମାସକୁ ଥରେ ବର୍ଷକୁ ବର୍ଷ ହେବା ଉଚିତ୍ ।

ବାଲାଂସ ଶୀଟ୍

ବାଲାଂସ ଶୀଟ କୌଣସି ଏକ ବିଶିଷ୍ଟ ଦିନ ପାଇଁ ପ୍ରସ୍ତୁତ କରାଯାଏ । ବାଲାଂସ ଶୀଟରେ ବାମ ପାର୍ଶରେ ଲାୟବିଲିଟି ଓ ଦକ୍ଷିଣ ପାର୍ଶ୍ୱରେ ଆସେଟ୍ସ କଲମ ଥାଏ । ଲାୟବିଲିଟିରେ ଶେୟାର କ୍ୟାପିଟାଲ୍, ରିଜର୍ଭ ସରପ୍ଲସ, କରେଣ୍ଟ ଲାୟବିଲିଟି ଓ ଲଙ୍ଗ ଟର୍ମ ଲାୟବିଲିଟି ଆଦି ମିଶିକରି ଥାଏ । ଆସେଟ୍ସର ଫିକ୍ସ ଆସେଟ୍, କରେଣ୍ଟ ଆସେଟ୍, ପ୍ରଫିଟ ଆସେଟ୍ ଓ ଲସ ମିଶିକରି ଥାଏ ।ବାଲାଂସ ଶୀଟରେ କମ୍ପାନୀର ଅବସ୍ଥାର ସୂଚନା ମିଳିଥାଏ । ପ୍ରଫିଟ୍ ଓ ଲସରେ ଗୋଟିଏ ପାର୍ଶ୍ୱରେ ଖର୍ଚ୍ଚ ଓ ଅନ୍ୟ ପାର୍ଶ୍ୱରେ ଇନକମ ଲେଖା ଯାଇଥାଏ । କ୍ୟାଶ ଫ୍ଲୋ କମ୍ପାନୀର କ୍ୟାଶର ସମସ୍ୟା ବିହୀନ ସ୍ଥିତି ଜଣାଇଦିଏ । କ୍ୟାଶ ଫ୍ଲୋରେ ଦେଖିବା ଉଚିତ୍ ଯେ କମ୍ପାନୀର ଋଣ ଗ୍ରହିତା କେତେକ ସମୟ ବ୍ୟବଧାନରେ ଟଙ୍କା ଫେରାଉଛି ।

ରେଶିଓ କୌଣସି ବି କମ୍ପାନୀର ତୁଳନା କରିବାର ଏକ ପ୍ରଣାଳୀ ଅଟେ । ରେଶିଓ ଅନେକ ପ୍ରକାରର ଅଟେ ।

ଅପରେଟିଙ୍ଗ ପ୍ରଫିଟ୍

କମ୍ପାନୀର ମୌଳିକ କାର୍ଯ୍ୟର ସ୍ଥିତିକୁ ଅପରେଟିଙ୍ଗ ପ୍ରଫିଟ୍ ଦ୍ୱାରା ବୁଝାଯାଇ ପାରିବ । ଅପରେସନ ପ୍ରଫିଟକୁ ସେଲ୍ସ ଦ୍ୱାରା ଭାଗ କରିବା ଦ୍ୱାରା ଅପରେଟିଙ୍ଗ ପ୍ରଫିଟ୍ ରେଶିଓ ବାହାରେ । ଟ୍ରେଡିଙ୍ଗ କମ୍ପାନୀମାନଙ୍କର ଅପରେଟିଙ୍ଗ-ପ୍ରଫିଟ୍ ରେଶିଓ କମ ହୋଇଥାଏ । ମାନ୍ୟୁଫାକ୍‌ଚରିଙ୍ଗ କମ୍ପାନୀମାନଙ୍କର ଅପରେଟିଙ୍ଗ-ପ୍ରଫିଟ୍ ରେଶିଓ ଅଧିକ ହୋଇଥାଏ । ଅଧିକ ଅପରେଟିଙ୍ଗ ପ୍ରଫିଟ୍ ରେଶିଓ କମ୍ପାନୀର ନିଜ କାରବାର ଉପରେ ଦୃଢ଼ତା ଦେଖାଏ ।

ନେଟ ପ୍ରଫିଟ୍

ପ୍ରଫିଟ୍-ଲସ ଆକାଉଣ୍ଟରେ ନେଟ-ପ୍ରଫିଟର ସେଲ୍ସ ଦ୍ୱାରା ଭାଗ କରି ଏହି ରେଶିଓ ବାହାର କରାଯାଏ । ଟ୍ୟାକ୍ସ, ସୁଧ ଓ ଡେପ୍ରିସିଏଶନ ଘଟାଇ ନେଟ ପ୍ରଫିଟ୍ ଆସେ ।

ଡେଟ - ଟୁ - ଇକ୍ୱିଟୀ

ଡେଟକୁ ଇକ୍ୱିଟୀ ଦ୍ୱାରା ଭାଗ କରିବା ଦ୍ୱାରା ଏହି ରେଶିଓ ବାହାରେ । ଅଧିକତର ଡେଟ-ଇକ୍ୱିଟୀ ରେଶିଓ ଖରାପ ମନାଯାଏ ।

ଇଣ୍ଟେରେଷ୍ଟ ସର୍ଭିସ୍

ସୁଧର ଅର୍ଥ ତୂଳନାରେ ଆୟକୁ ଇଣ୍ଟେରେଷ୍ଟ କଭରେଜ ରେଶିଓ କୁହନ୍ତି । ଋଣ ଉପରେ ସୁଧ ଦେବାର କ୍ଷମତା କେତେ ଅଛି, ଏହା ଇଣ୍ଟେରେଷ୍ଟ ସର୍ଭିସ ରେଶିଓ ଜଣାଇଦିଏ । କଭରେଜ ରେଶିଓ ଯେତେ ଅଧିକ ହେବ, କମ୍ପାନୀ ସେତେ ଭଲ ହେବ ।

ଇପୀଏସ

ଇପୀଏସ, ୟର୍ନିଙ୍ଗ ଉପରେ ଶେୟାର ବା ପ୍ରତି ଶେୟାରର ଆୟକୁ କୁହନ୍ତି । କୌଣସି କମ୍ପାନୀର ନେଟ ପ୍ରଫିଟକୁ ତାର ଶେୟାରମାନଙ୍କର ସଂଖ୍ୟା ଦ୍ୱାରା ଭାଗ କରି ଇପୀଏସ୍ ବାହାର କରାଯାଏ । ଇପୀଏସ ଦ୍ୱାରା କୌଣସି କମ୍ପାନୀର ପ୍ରତ୍ୟେକ ଶେୟାରର ଆୟର ସୂଚନା ମିଳିଯାଏ ।

ପୀ/ଇ ରେଶିଓ କାହାକୁ କୁହନ୍ତି ?

ଶେୟାରର ବଜାର ମୂଲ୍ୟ ତୂଳନାରେ ପ୍ରତି ଶେୟାରର ଆୟକୁ ପୀ/ଇ ରେଶିଓ କୁହନ୍ତି । ପ୍ରତ୍ୟେକ ଶେୟାରର ପୀ/ଇ ରେଶିଓ ଅଲଗା-ଅଲଗା ଅଟେ । ଅଧିକ ପୀ/ଇ ରେଶିଓ ଥିବା ଶେୟାର ଉପରେ ବଜାରର ଭରସା ଅଧିକ ଥାଏ । କମୋଡିଟୀ ବାଲା କମ୍ପାନୀର ପୀ/ଇ ରେଶିଓ କମ ହୋଇଥାଏ । ଆଇଟି ଓ ହାଇ ଗ୍ରୋଥ ବାଲା କମ୍ପାନୀମାନଙ୍କର ଶେୟାରର ପୀ/ଇ ରେଶିଓ ଅଧିକ ହୋଇଥାଏ । ଅଧିକ ପୀ/ଇ ରେଶିଓ ବାଲା ଶେୟାରର ମହଙ୍ଗା ହୋଇଥାଏ ।

ବୁକ ଭାଲ୍ୟୁ

ବିଗତ ପରଫର୍ମାନ୍ସର ଆଧାର ଉପରେ କମ୍ପାନୀର ଉପସ୍ଥିତ ଭାଲ୍ୟୁ, ବୁକ୍ ଭାଲ୍ୟୁ

ରୂପେ ଜଣାଶୁଣା । ବୁକ ଭାଲ୍ୟୁରେ ପୁରୁଣା ଆସେଟ୍ସ ମଧ୍ୟ ମିଶିକରି ଥାଏ । କେତେକ ନିବେଶକ ବୁକ ଭାଲ୍ୟୁ ଆଧାର ଉପରେ ହିଁ ଶେୟାର କିଣନ୍ତି । ବ୍ୟାକିଙ୍ଗ ଶେୟାର ମାନଙ୍କର ମୂଲ୍ୟ ସର୍ବଦା ବୁକ ଭାଲ୍ୟୁ ଦ୍ୱାରା ସ୍ଥିର ହୋଇଥାଏ । ଶେୟାରର ମାର୍କେଟ ପ୍ରାଇସକୁ ବୁକ ଭାଲ୍ୟୁ ଦ୍ୱାରା ଭାଗ କରି ପ୍ରାଇସ ଟୁ ବୁକ ଭାଲ୍ୟୁ ବାହାର କରାଯାଏ ।

ଡିବିଡେଣ୍ଡ ୟୀଲ୍ଡ

ସାଧାରଣ ନିବେଶକର ଆୟ ଶେୟାରର ମୂଲ୍ୟ ବଢ଼ିବା ଓ ଡିବିଡେଣ୍ଡ ଦ୍ୱାରା ହୋଇଥାଏ । ଡିବିଡେଣ୍ଡ କମ୍ପାନୀର ପରଫରମାନ୍ସକୁ ଦେଖାଏ । ଡିବିଡେଣ୍ଡକୁ ଶେୟାର ବଜାରର ମୂଲ୍ୟ ଦ୍ୱାରା ଭାଗ କରି ଡିବିଡେଣ୍ଡ ୟୀଲ୍ଡ ବାହାର କରାଯାଏ । ନିୟମିତ ରୂପେ ୪-୫ ପ୍ରତିଶତ ବାର୍ଷିକ ଡିବିଡେଣ୍ଡ ବାଲା କମ୍ପାନୀ ଭଲ ମନେ କରାଯାଏ ।

ବୁକ ବିଲ୍ଡିଙ୍ଗ ପ୍ରୋସେସ୍

କୌଣସି ବି କମ୍ପାନୀର ଲିସ୍ଟିଙ୍ଗ ବା ଡିଲିସ୍ଟିଙ୍ଗ ବୁକ ବିଲ୍ଡିଙ୍ଗ ପ୍ରୋସେସ୍ ଦ୍ୱାରା ହିଁ ହୋଇଥାଏ । ଶେୟାର ଲିଷ୍ଟିଙ୍ଗ ସମୟରେ ତାର ଏକ ମୂଲ୍ୟ ବ୍ୟାଣ୍ଡ ସ୍ଥିର ହୋଇଥାଏ । ବୁକ ବିଲ୍ଡିଙ୍ଗ ପ୍ରୋସେସ୍‌ରେ ଲୋକ ଅଲଗା-ଅଲଗା ପ୍ରାଇସ ଉପରେ ଶେୟାର ଆପ୍ଲିକେଶନ ଲଗାନ୍ତି । ଡିଲିସ୍ଟିଙ୍ଗ ସମୟରେ ମଧ୍ୟ ଶେୟାର ଟେଣ୍ଡର କରିବାର ଗୋଟିଏ ପ୍ରାଇସ୍ ସ୍ଥିର କରାଯାଏ ।

ପେଡ-ଅପ କ୍ୟାପିଟାଲ

ଶେୟାରଗୁଡ଼ିକ ମାଧ୍ୟମରେ ଯେଉଁ ଟଙ୍କା କମ୍ପାନୀ ପାଖରେ ଜମା ହୁଏ ତାକୁ ପେଡ଼-ଅପ କ୍ୟାପିଟାଲ କୁହାଯାଏ ।

❑❑❑

୧୩- ଶେୟାର ବଜାରକୁ ପ୍ରଭାବିତ କରିବା ବାଲା ମୁଖ୍ୟ କାରକ

> ଅସଫଳତାର ଅର୍ଥ ଏହା ନୁହେଁ ଯେ ଆପଣ ଅସଫଳ ଅଟନ୍ତି । ଏହାର ଏଇଆ ଅର୍ଥ ଅଟେ ଯେ ଆପଣ ଏପର୍ଯ୍ୟନ୍ତ ସଫଳ ହୋଇନାହାନ୍ତି ।
>
> **- ରୋବର୍ଟ ଏଚ ସ୍କୁଲର**

ଶେୟାର ବଜାରକୁ ପ୍ରଭାବିତ କରିବା ବାଲା କାରକ କେବଳ ଆର୍ଥିକ ହିଁ ନୁହେଁ, ବରଂ ମାନବିକ, ରାଜନୈତିକ, ଏପରିକି କେବେ କେବେ ପ୍ରାକୃତିକ କାରଣ ମଧ୍ୟ ଶେୟାର ବଜାରର ଦୃଷ୍ଟିକୋଣକୁ ବଦଳାଇ ଦିଏ । ଅପପ୍ରଚାର ମଧ୍ୟ ପବନର ଗତିରେ କାମ କରେ । କେବେ-କେବେ ଅନ୍ତରାଷ୍ଟ୍ରୀୟ ସମ୍ବନ୍ଧ ମଧ୍ୟ ବଜାରକୁ ବହୁତ ଦୂର ପର୍ଯ୍ୟନ୍ତ ପ୍ରଭାବିତ କରେ । ସେଥିପାଇଁ ସମୟ-ସମୟରେ ଏହି କରର ବିଶ୍ଳେଷଣ ମଧ୍ୟ ନିବେଶକମାନେ କରିବା ଉଚିତ୍ ।

ଶେୟାର ବଜାରକୁ ପ୍ରଭାବିତ କରୁଥିବା ବିଶିଷ୍ଟ କାରକମାନଙ୍କୁ ଚିହ୍ନିବା କଷ୍ଟକର ଅଟେ । ଶେୟାର ବଜାର ବଡ଼ ଓ ଛୋଟ ନିବେଶକମାନଙ୍କର ଏକ ଜଟିଳ, ଅନ୍ତଃ ସମ୍ବନ୍ଧ ପ୍ରଣାଳୀ ଅଟେ, ଯାହା କି ବିଶାଳ ବିବିଧତାର ନିବେଶ ବିଷୟରେ ଅକ୍ଲେଶରେ ନିର୍ଣ୍ଣୟ କରେ । ବଜାର ଏପରି କରିବା ପାଇଁ, ଏହା ଏକ ଜୀବନ୍ତ, ଏକକ ନୁହେଁ, ବରଂ ଏହା ସାମୂହିକ ମୂଲ୍ୟର ସର୍ବମୋଟ ମୂଲ୍ୟ ପରି ଅଟେ । ବ୍ୟକ୍ତିଗତ କମ୍ପାନୀମାନଙ୍କର ବୁନିଆଦି ଆର୍ଥିକ ସିଦ୍ଧାନ୍ତ ଅଟେ । ଯାହାକି କୌଣସି ବି ଉଚ୍ଚ ଓ ନୀମ୍ନ ବଜାର ଆନ୍ଦୋଳନ ଓ ଅନୁଭବ ତଥା ଡାଟା ସହିତ ବୁଝିବାର ସାହାଯ୍ୟ କରି ପାରେ ବଜାର ବିଶେଷଜ୍ଞମାନେ ମହତ୍ତ୍ୱପୂର୍ଣ୍ଣ ରୂପେ ଚିହ୍ନିଛନ୍ତି ଯାହା ଅଧିକ ବିଶିଷ୍ଟ ସଂକେତକ ଅଟେ ।

ବଜାରର ଅର୍ଥବ୍ୟବସ୍ଥାରେ, କୌଣସି ବି ମୂଲ୍ୟ ଆନ୍ଦୋଳନକୁ ଅସ୍ଥାୟୀ ଅନ୍ତର ଦ୍ୱାରା ବୁଝାଯାଇ ପାରିବ ଯାହା ପ୍ରଦାତାମାନଙ୍କୁ ପରିପୂର୍ଣ୍ଣ କରୁଅଛି ଓ ଉପଭୋକ୍ତା କଣ ଦାବି

କରୁଛନ୍ତି । କାରଣ ହେଉଛି ଅର୍ଥଶାସ୍ତ୍ରୀ କୁହନ୍ତି ଯେ ବଜାର "ସନ୍ତୁଳନ" ଦିଗକୁ ଲକ୍ଷ କରେ, ଯେଉଁଠାରେ ପରିପୂର୍ଣ୍ଣତା ଆବଶ୍ୟକତା ସହିତ ସମାନ ଅଟେ । ଏହା ଷ୍ଟକ ସହିତ କାର୍ଯ୍ୟ କରେ; ପରିପୂର୍ଣ୍ଣତା ଶେୟାରର ସେହି ରାଶି ଅଟେ ଯାହା ଲୋକମାନେ କିଣିବାକୁ ଚାହାନ୍ତି ।

ଯଦି ବିକ୍ରେତାମାନଙ୍କ ତୁଳନାରେ ଅଧିକ କ୍ରେତା ଅଛନ୍ତି (ଅଧିକ ଆବଶ୍ୟକ) ତେବେ କ୍ରେତା ଏହି ଶେୟାରର ମୂଲ୍ୟକୁ ବିକନ୍ତି ଯାହା ଫଳରେ କି ସେମାନେ ସେମାନଙ୍କ ଠାରୁ ମୁକ୍ତ ହେବା ପାଇଁ ବିକ୍ରେତାମାନଙ୍କୁ ଲୋଭ ଦେଖାନ୍ତି । ଏହାର ବିପରୀତ, ଅଧିକ ସଂଖ୍ୟକ ବିକ୍ରେତା ଶେୟାରର ମୂଲ୍ୟ କମରେ ଡାକନ୍ତି, କ୍ରେତାମାନଙ୍କୁ ଲୋଭରେ ପକାଇବା ପାଇଁ ।

ବ୍ୟକ୍ତିଗତ ରୂପରେ ସୁରକ୍ଷା ଉପକରଣ ପରି ଷ୍ଟକ ଓ ବଣ୍ଡ ଜାରି କରୁଥିବା ଏକକର ପ୍ରଦର୍ଶନ ଉପରେ ନିର୍ଭର ଓ ସମ ଭବିଷ୍ୟତରେ ମୂଲ୍ୟ ବୃଦ୍ଧିର ସମ୍ଭାବନା ଥାଏ ବା ନିଜ ଉଧାର ସୁଝିବାରେ ସକ୍ଷମ କରାଏ ।

ବ୍ୟାପକ ରୂପେ ସ୍ୱୀକାର କରାଯାଇଛି ଯେ ବଜାର ସଂକେତକ ଏହା ଏକ ନୂଆ ପ୍ରଶ୍ନ ପଚାରେ: କଣ ଅଧିକ କ୍ରେତା ବା ଅଧିକ ବିକ୍ରେତା ପ୍ରସ୍ତୁତ କରେ ?

ଭବିଷ୍ୟତରେ ନିବେଶର ସ୍ଥିରତାରେ ବିଶ୍ୱାସ, ବଜାରରେ ବୃଦ୍ଧି ବା ହ୍ରାସ ହେବାର ବଡ଼ ଭୂମିକା ଥାଏ । ନିବେଶକ ଷ୍ଟକ କିଣିବାର ଅଧିକ ସମ୍ଭାବନା ରଖନ୍ତି ଯଦି ତାଙ୍କୁ ବିଶ୍ୱାସ ହୁଏ ଯେ ଭବିଷ୍ୟତରେ ତାଙ୍କର ଶେୟାର ମୂଲ୍ୟରେ ବୃଦ୍ଧି ହେବ । ତଥାପି ଯଦି ବିଶ୍ୱାସ କରିବାର କାରଣ ଅଛି ଯେ ଶେୟାର ଖରାପ ପ୍ରଦର୍ଶନ କରିବ, ସର୍ବଦା ଅଧିକ ନିବେଶକଙ୍କର କିଣିବା ପରିବର୍ତ୍ତେ ବିକ୍ରି କରିବାର ଖୋଜା ଚାଲେ, ନିବେଶକଙ୍କର ଆତ୍ମବିଶ୍ୱାସକୁ ପ୍ରଭାବିତ କରିବା ବାଲା ଘଟଣାମାନଙ୍କରେ ମିଶିକରି ରୁହେ ।

- ଯୁଦ୍ଧ ବା ଅନ୍ୟ ସଂଘର୍ଷ
- ମୁଦ୍ରାସ୍ଫୀତି
- ସରକାରୀ ରାଜକୋଷୀୟ ଓ ମୁଦ୍ରା ନୀତି
- ତକନୀକୀ ପରିବର୍ତ୍ତନ
- ପ୍ରାକୃତିକ ବିପତ୍ତି
- ଚରମ ପରିପାର୍ଶ୍ୱିକ ଅବସ୍ଥାରେ ବୃଦ୍ଧି-ହ୍ରାସ
- କର୍ପୋରେଟ ବା ସରକାରୀ ପ୍ରଦର୍ଶନ ଡାଟା

ଉଦାହରଣ ପାଇଁ ଇତିହାସରେ ୨୦୦୧ ମସିହାରେ ଗୋଟେ ଦିନରେ ସବୁଠାରୁ ବଡ଼ ହ୍ରାସ ହେଲା । ଏହି ପଦକ୍ଷେପ ପାଇଁ ନିଯୁକ୍ତ ରାଜ୍ୟ ଆମେରିକାରେ ସେପ୍ଟେମ୍ବର ୧୧ ତାରିଖ ଦିନ ଆତଙ୍କବାଦୀ ଆକ୍ରମଣକୁ ଦାୟୀ କରାଯାଇଥିଲା, ଯାହାଦ୍ୱାରା ଭବିଷ୍ୟତ ଅନିଶ୍ଚିତ ହୋଇଛି । ସେଥିପାଇଁ, କ୍ରୟ ତୂଳନାରେ ବଜାରରେ ଆହୁରି ଅଧିକ ବିକ୍ରେତା ଥିଲେ ।

କୌଣସି ବି ଷ୍ଟକ କା ବଣ୍ଡର ମୂଲ୍ୟାଙ୍କନରେ ସୁଧ ଦର ମଧ୍ୟ ଏକ ପ୍ରମୁଖ ଭୂମିକା ଲିଭାଇଥାଏ । ଏଥିପାଇଁ କେତେକ କାରଣ ଅଛି, ଓ କିଛି ଯୁକ୍ତି ଅଛି ଯାହା ବିଷୟରେ ସବୁଠାରୁ ଅଧିକ ମହତ୍ତ୍ୱପୂର୍ଣ୍ଣ ଅଟେ । ସର୍ବ ପ୍ରଥମେ, ସୁଧ ଦରଗୁଡ଼ିକ ଦ୍ୱାରା ପ୍ରଭାବିତ ହୁଏ ଯେ ନିବେଶକମାନେ, ବ୍ୟାଙ୍କ, ବ୍ୟବସାୟ ଏବଂ ସରକାରଙ୍କୁ କେତେ ଉଧାର ନେବାକୁ ଅଛି, ସେଥିପାଇଁ ଏହା ଦ୍ୱାରା ପ୍ରଭାବିତ ହୁଏ । ଅର୍ଥ ବ୍ୟବସ୍ଥାର କେତେ ଟଙ୍କା ଖର୍ଚ୍ଚ ହୁଏ ? ଏହା ଛଡ଼ା ସୁଧ ଦର ବୃଦ୍ଧି, ଶେୟାର ପାଇଁ ଗୋଟିଏ ଅଧିକ ଆକର୍ଷଣୀୟ ବିକଳ୍ପ ପ୍ରସ୍ତୁତ କରନ୍ତି । ବିଶେଷକରି ୟୁ.ଏସ୍. କୋଷାଗାରରେ କିଛି "ସୁରକ୍ଷିତ" ନିବେଶ କରନ୍ତି ।

ପାଠକଙ୍କୁ ଗୋଟିଏ କଥା ବୁଝିବା ଉଚିତ୍ ଅଟେ ଯେ ଶେୟାର ବଜାର ଜୁଆ ପରି ଅଟେ । ଯେଉଁଥିରେ ପ୍ରତ୍ୟେକ କ୍ଷଣରେ ଜୁଆ ପରି ବେପାର ଚାଲେ । ସମସ୍ତ କାରବାର

ଜୁଆ ପରି ହୁଏ । ବରଂ ଏହା ତା ଠାରୁ ବି ଆଗକୁ ବିପଦ ମଧ୍ୟ କେବେ କେବେ ପ୍ରମାଣିତ ହୋଇଯାଏ । ଏଠାରେ କୌଣସି ପ୍ରଡକ୍ଟ ତିଆରି ହୁଏନାହିଁ ଗୋଟିଏ ଉଦାହରଣରୁ ଆପଣ ଜାଣି ପାରିବେ ।

ଜଣେ କୃଷକ ପାଖରେ ଦୁଇ ବିଘା ଜମି ଅଛି । ସେ ନିଜର ଫସଲର ବଣ୍ଡ କୌଣସି କମ୍ପାନୀକୁ ବିକ୍ରି କରିଦେଲା । କମ୍ପାନୀ ସେହି ବଣ୍ଡକୁ ନେଇ ଶେୟାର ବଜାରରେ ପ୍ରବେଶ କରେ ଓ କୁହେ ଦୁଇ ବିଘା କ୍ଷେତରେ ଧାନ ଲାଗିବ । ଯେଉଁଥିରେ ୧୦ଟନ ଗହମ ଉତ୍ପାଦନ ହେବାର ସମ୍ଭାବନା ଅଛି ଓ ଏହି ଭବିଷ୍ୟତର ଫସଲ ଉପରେ ଶେୟାର କିଣା ବିକା ହୁଏ । ଯଦି ପାଣିପାଗ ବାଧା ସୃଷ୍ଟି କଲା ତେବେ ଏହି କ୍ଷେତ୍ରର ବଜାର ମଧ୍ୟ ପ୍ରଭାବିତ ହେବ । ସେଥିପାଇଁ ପ୍ରତ୍ୟେକ ନିବେଶକ ଏହା ଜାଣିବା ଜରୁରୀ ଅଟେ ଯେ କେଉଁ କାରଣ ଯୋଗୁଁ ଶେୟାର ବଜାର ପ୍ରଭାବିତ ହୁଏ ।

❑❑❑

୧୪- ବୁଲ ଓ ବିୟର

> ମୁଁ ମାନୁଛି ସଫଳତାର କୌଣସି ନିୟମ ନାହିଁ, କିନ୍ତୁ ଆପଣ ଅସଫଳତାରୁ ବହୁତ କିଛି ଶିଖି ପାରନ୍ତି ।
>
> - ଜୀନ କେର୍ର

ଶେୟାର ବଜାରରେ ବୁଲ ଓ ବିୟରର ଅର୍ଥ କଣ ? ନିବେଶକ ଏହା ଜାଣିବା ଆବଶ୍ୟକ ଅଟେ ଯେ ପ୍ରୟୋଗ କାହିଁକି କରାଯାଏ । ଶେୟାର ବଜାରରେ ବଳଦ ଓ ଭାଲୁର କଣ ଅର୍ଥ ? କାହିଁକି ଶେୟାର ବଜାରରେ ବୁଲ ଓ ବିୟରକୁ ବି ଚିତ୍ରିତ କରାଯାଏ ?

ଶେୟାର ବଜାରର ନିଜର ଗୋଟିଏ ଭାଷା ଅଛି । ଯେଉଁମାନେ ଏହା ଭାବନ୍ତି ଯେ ବଜାରର ମୂଲ୍ୟ ଚଢ଼ା ରହିବ ସେମାନେ ଆହୁରି ଶେୟାର କିଣିବାକୁ ଚାହାଁନ୍ତି । ସେଥିପାଇଁ ସେମାନଙ୍କୁ ବୁଲ୍ସ କୁହନ୍ତି । ଯେଉଁମାନେ ଭାବନ୍ତି ବଜାରର ମୂଲ୍ୟ କମିବ ସେମାନେ ଶେୟାର ବିକିବାକୁ ଚାହାନ୍ତି । ସେଥିପାଇଁ ସେମାନଙ୍କୁ ବିୟର୍ସ କୁହନ୍ତି । ଏମାନଙ୍କୁ ବଜାରରେ ବୁଲ୍ସ ବା ବଳଦ କୁହାଯାଏ । ତଥା ବିୟର୍ସ ମାନଙ୍କୁ ବିୟର ବା ଭାଲୁ କୁହାଯାଏ ।

ସେଥିପାଇଁ ଯେବେ ବି ବଜାରର ତେଜ ବା ଗତି ବଢ଼ିଯାଏ ତାର ଆଗ ଦିନ ସେନସେକ୍ସର ଗ୍ରାଫ ସହିତ ବଳଦକୁ ଚିତ୍ରିତ କରାଯାଏ ଓ ଯେତେବେଳେ ବଜାରର ତେଜ ବା ଗତି କମିଯାଏ ତାର ଆଗ ଦିନ ଭାଲୁ ଚିତ୍ର ଦେଖାଯାଏ । ଶେୟାର ବଜାରର ସମସ୍ତ ଖେଳ ଶେୟାର କିଣିବା ଓ ବିକିବା ବାଲାଙ୍କ ମଧ୍ୟରେ ହୁଏ । କିଣିବା ବାଲା ବଳଦ ଓ ବିକିବା ବାଲା ଭାଲୁ ଅଟେ । ତେଣୁ ଏହା ହେଉଛି ଶେୟାର ବଜାରରେ ବୁଲ ଓ ବିୟରର ଅର୍ଥ ।

ମାନ୍ୟତା ଅଛି ଯେ ଏହି ନାମ ପଶୁମାନଙ୍କର ଆକ୍ରମଣ କରିବାର ପ୍ରଣାଳୀରୁ ହୋଇଛି । ଯେତେବେଳେ ବି ବଳଦ ଆକ୍ରମଣ କରେ ସେତେବେଳେ ନିଜ ଶିକାରୀକୁ ତଳୁ ଉଠାଇ ଫୋପାଡ଼ି ଦିଏ, ଯେତେବେଳେ ଭାଲୁ ନିଜ ଶିକାରକୁ ସର୍ବଦା ପଞ୍ଝା ଦ୍ୱାରା ତଳ ଆଡ଼କୁ ଦବାଏ । ବଜାରର ବ୍ୟବହାର ଠିକ୍ ଏହିପରି ବୁଲ୍ସ ଓ ବିୟରସ୍ ମଧ୍ୟ କରନ୍ତି । ସେଥିପାଇଁ ଏହି ପଶୁଙ୍କ ଦ୍ୱାରା ବଜାରର ଏହି ଖେଳାଳୀମାନଙ୍କର ପରିଚୟ ସୃଷ୍ଟି ହେଲା ।

ଯେତେବେଳେ ଶେୟାର ବଜାରର ତେଜ ବା ଗତି ବୃଦ୍ଧି ହୁଏ ଓ ସୂଚନାଙ୍କ ଉପରକୁ ଉଠେ ସେତେବେଳେ ତାକୁ ବୁଲ୍ଲିଶ ମାର୍କେଟ କୁହନ୍ତି । ଯେତେବେଳେ ବଜାରର ସୂଚନାଙ୍କ ହ୍ରାସ ହୁଏ ସେତେବେଳେ ତାକୁ ବେୟରିଶ ମାର୍କେଟ କୁହନ୍ତି । ଭାରତର ଶେୟାର ବଜାରରେ ମୁଖ୍ୟତଃ ଦୁଇଟି ସୂଚନାଙ୍କ ଅଛି, ସେନ୍‌ସେକ୍ସ ଓ ନିଫ୍ଟୀ । ବଳଦ ଯେଉଁଠାରେ ଶକ୍ତିର ପ୍ରତୀକ ଅଟେ ସେଠାରେ ବେଖାତିରର ମଧ୍ୟ ପ୍ରତୀକ ଅଛି । ବୁଲ୍ଲିଶ ମାର୍କେଟରେ କମଜୋର ଶେୟାର ମଧ୍ୟ ବୃତ୍ତିଭାଷାରେ ଅଧିକ ମୂଲ୍ୟ ପର୍ଯ୍ୟନ୍ତ ପହଞ୍ଚିଯାଏ । ବଜାରରେ ଏପରି ପରସ୍ଥିତି ସୃଷ୍ଟି ହୋଇଯାଏ ଯେ କେତେକ ନିକୃଷ୍ଟ ଶେୟାର ମଧ୍ୟ ବହୁତ ଦର ହୋଇଯାଏ । ବଜାରରେ ନୂଆ ନୂଆ ନିବେଶକ ପହଞ୍ଚିଯାନ୍ତି ।

ଏହାର ବିପରୀତ ବେୟରିଶ ମାର୍କେଟରେ ସବୁଆଡ଼େ ନିସ୍ତବ୍ଧ ଓ ନିରାଶା ଛାଇଯାଏ । ବଡ଼ ବଡ଼ କମ୍ପାନୀମାନଙ୍କର ଶେୟାର ବିଷମ ଅବସ୍ଥା ମୁହଁ ହ୍ରାସ ହୁଏ, କିନ୍ତୁ କେହି ତାଙ୍କୁ ପଚାରନ୍ତି ମଧ୍ୟ ନାହିଁ । ନିରାଶା ଯୋଗୁଁ କେହି କ୍ରେତା ମିଳନ୍ତି ନାହିଁ । ବଜାରରୁ ନିବେଶକ ଉଭାନ ହୋଇଯାନ୍ତି ।

❑❑❑

୧୫- ବୁଲ-ବିୟର ମାର୍କେଟ

> ଆଉ ଟିକେ ଦୃଢ଼ତା ଓ ଆଉ ଟିକେ ପ୍ରୟାସ ଓ ଯାହା ଗୋଟିଏ ନିରାଶାଜନକ ଅସଫଳତା ଜଣା ଯାଉଥିଲା ତାହା ଗୋଟିଏ ସୁନ୍ଦର ସଫଳତାର ବଦଳି ପାରେ ।
>
> - ଜୀନ କେର୍ର

ଗତ ଅଧ୍ୟାୟରେ ଆପଣ ଜାଣିଲେ ଯେ ବୁଲ ଓ ବିୟର କଣ ଅଟେ ? ଶେୟାର ବଜାର ସେମାନଙ୍କୁ କାହିଁକି ଏହି ନାମରେ ଡାକୁଛି । କିନ୍ତୁ ଏହା ଗୋଟିଏ ପୂର୍ଣ୍ଣ ମାର୍କେଟ ଅଟେ, ଯାହାକୁ ଆମକୁ ବୁଝିବାକୁ ହେବ । ଏହା ବଜାରକୁ ବହୁତ ଦୂର ପର୍ଯ୍ୟନ୍ତ ପ୍ରଭାବିତ କରେ ।

ବହୁତ ଲୋକ ଏହି ମାର୍କେଟ ବିଷୟରେ କମ ଜାଣିଥିବାରୁ ମାର୍କେଟ ଠାରୁ ଦୂରେଇ ଯାଇଛନ୍ତି । କାରଣ ଏହା ବହୁତ ଜଟିଳ ପ୍ରକ୍ରିୟା ଅଟେ । ଯଦି ଥରେ ନିବେଶକ ଏହା ବୁଝିଗଲେ ତେବେ ନିଜ କ୍ଷତି କମ ଓ ଅଧିକରୁ ଅଧିକ ଲାଭ ପାଇ ପାରିବେ । ଆପଣ ବି ବଜାରରୁ ରିଟର୍ଣ୍ଣ କମାଇ ପାରିବେ, ଏହି ଉଦ୍ଦେଶ୍ୟକୁ ପୂରା କରିବା ପାଇଁ ଆପଣ ଏହି ମାର୍କେଟର ବିଶେଷତାକୁ ଆପଣଙ୍କ ଆଗରେ ରଖୁଛନ୍ତି ।

ଯେପରିକି ଏକ ସାଧାରଣ ଧାରଣା ହେଉଛି ଯେ ମୂଲ୍ୟ ହ୍ରାସ ସମୟରେ ଟଙ୍କା ଲଗାଇବା ଲାଭଦାୟକ ହୋଇଥାଏ । ହ୍ରାସ ସମୟରେ କ୍ୱାଲିଟି ଶେୟାର ସସ୍ତାରେ ମିଳିଥାଏ । ମୂଲ୍ୟ ବୃଦ୍ଧି ସମୟରେ ବିକିବେ, କାରଣ ମୂଲ୍ୟ ବୃଦ୍ଧି ସମୟରେ ଶେୟାରର ବିପଦ ଉଠାଇବାକୁ ଚାହାନ୍ତି ନାହିଁ ତେବେ ବିପଦରୁ ବଞ୍ଚିବା ପାଇଁ ଏସ ଆଇ ପୀ ବା ସିସ୍ଟମେଟିକ ଇନଭେଷ୍ଟମେ ପ୍ଲାନ ମାଧ୍ୟମରେ ନିବେଶ କରିବା ଉଚିତ୍ ହୋଇ ପାରେ ।

କିନ୍ତୁ ତଥାପି ମଧ୍ୟ ନିବେଶକକୁ ଇକ୍ୱିଟୀ ବଜାରରେ ଟଙ୍କା ଲଗାଇବା ସମୟରେ ଶୁଣା ଖବର ଉପରେ ଭରସା କରିବା ଉଚିତ୍ । ବୁଝି ବିଚାରି ଟଙ୍କା ଲଗାନ୍ତୁ, ମୂଳଚାଲରେ

ପଡ଼ନ୍ତୁ ନାହିଁ । କାରଣ ମୂଳଚାଲ ସର୍ବଦା ନିବେଶକକୁ ବିଶେଷ କରି ଛୋଟ ନିବେଶକଙ୍କ ଲୋଟା ଡୁବାଇଦିଏ ।

ନିବେଶକ ଭାବନ୍ତି ଯେ ଆମେ ଶେୟାର ବଜାରରେ ଟଙ୍କା ଲଗାଉଛୁ, ତେବେ କେବଳ ଶେୟାର ଅନୁସାରେ ନିଜ ଦୃଷ୍ଟିକୋଣକୁ ବଦଳାନ୍ତି, କିନ୍ତୁ ଭାବନା ଉପରେ କାବୁ ପାଇବା ଉଚିତ୍ । ଆପଣ ଜଣେ ନିବେଶକ ପରି ଭାବିବା ଉଚିତ୍ ଯେ ଶେୟାର ନୁହେଁ, ବିଜିନେସ କରୁଛନ୍ତି । ଯଦି ଏହି ବିଚାର ଆପଣଙ୍କ ପାଖରେ ଅଛି ତେବେ ଆପଣ ଶେୟାର ବଜାରରେ ଲମ୍ବା ଦୌଡ଼ ବାଲା ଧାବକ ଭାବେ ସଫଳ ନିବେଶକର ସଜ୍ଞା ନିରୂପଣ କରି ପାରିବେ ।

ଇକ୍ୱିଟୀ ବଜାରରେ ଟଙ୍କା ଲଗାଇବା ସମୟରେ କେବଳ ଶେୟାରର ମୂଲ୍ୟ ଉପରେ ଧ୍ୟାନ ଦିଅନ୍ତୁ ନାହିଁ । ବରଂ ଯେଉଁ କମ୍ପାନୀର ଶେୟାର ଅଟେ ତା ଉପରେ ବି ଧ୍ୟାନ ଦିଅନ୍ତୁ । କମ୍ପାନୀର କାରବାର କିପରି ଅଛି ଏହା ଭାବନ୍ତୁ । କମ୍ପାନୀ ଉପରେ ରିସର୍ଚ୍ଚ କରି ହିଁ ଟଙ୍କା ଲଗାନ୍ତୁ ।

କୌଣସି ଶେୟାର ଦ୍ୱାରା ଏକ୍‌ଜିଟ କରିବାର ପ୍ରଥମ ମନ୍ତ୍ର ଏହା ଅଟେ ଯେ ବିଜିନେସର ଭେଲ୍ୟୁ ଯେତେବେଳେ ଚରମ ଉପରେ ପହଞ୍ଚେ ସେତେବେଳେ ବାହାରନ୍ତୁ । ଏହା ଛଡ଼ା ଟଙ୍କାର ଆବଶ୍ୟକତା ପଡ଼ିବା ବେଳେ ମଧ୍ୟ ବାହାରି ପାରନ୍ତି । ଶେୟାର ପ୍ରାଇସ ବଢ଼ିବା ସମୟରେ ଦେଖନ୍ତୁ ଯେ ବଢ଼ିବା ମୂଲ୍ୟ ଉପରେ ମଧ୍ୟ କଣ ଆପଣ କିଣିବେ ? ଲଗାତର ନିବେଶ ଜାରି ରଖନ୍ତୁ, ନିବେଶ ସହିତ ଅନୁଭବ ଆସିବ ।

ଜଣେ ଉତ୍ତମ ନିବେଶକର ପରିଚୟ ସେହି ସମୟରେ ହୋଇଥାଏ ଯେତେବେଳେ ତାକୁ ନିଜ ଶେୟାରକୁ ଲାଭ ପାଇଁ ବିକ୍ରି କରିବାକୁ ପଡ଼େ ବା କିଣିବାକୁ ପଡ଼େ । ଆପଣ ମାଛ ବାଲା ଛୋଟ କାହାଣୀ ପଢ଼ିଥିବେ, ଯେଉଁଥିରେ ଲେଖା ଥିଲା ଯେ ଥରେ ପୋଖରୀ ସୁଖି ଗଲା ଲିଡର ମାଛ ସମସ୍ତଙ୍କୁ ଘୋଷଣା କଲା ଯେ ପୋଖରୀ ସୁଖିବାର ଅଛି ଆଉ କେଉଁଆଡ଼େ ଯିବାର ବ୍ୟବସ୍ଥା କର । ତେଣୁ ଯେଉଁ ମାଛମାନେ କଠିନ ସମୟ କଥା ଜାଣି ପାରିଲେ ସେମାନେ ବାହାରକୁ ଚାଲି ଆସିଲେ, କିନ୍ତୁ ଯିଏ ଚିହ୍ନି ପାରିଲେ ନାହିଁ ସେମାନେ ଚିଲ ଓ ଶାଗୁଣା ମାନଙ୍କର ଆହାର ହେଲେ ।

ସେଥିପାଇଁ ଜଣେ ସଫଳ ନିବେଶକର ନଜରରେ ସମୟକୁ ଚିହ୍ନିବା ସବୁଠାରୁ ବଡ଼ ଓ କଠିନ କାମ ହୋଇଥାଏ ।

❑❑❑

୧୬- ଶେୟାର ବଜାରର ମହତ୍ତ୍ୱ

> ଅଧିକତର ସଫଳତା ଅସଫଳତାର ଆଘାତ ଦ୍ୱାରା ସୃଷ୍ଟି ହୁଏ । ମୁଁ ଜଣେ ଏକ୍‌ଜିକ୍ୟୁଟିଭ ହେବାର ଲକ୍ଷରେ ବିଫଳ ହେବା ପରେ ଜଣେ କାର୍ଟୁନିଷ୍ଟ ହେଲି ।
>
> **- ସ୍କୋଟ ଏଡନ୍ସ**

ଶେୟାର ବଜାର ଆଜି ଦୁନିଆରେ ଅର୍ଥବ୍ୟବସ୍ଥାର ଗୋଟିଏ ଅଭିନ୍ନ ଅଙ୍ଗ ହୋଇସାରିଛି । ଘଟଣା ଏପର୍ଯ୍ୟନ୍ତ ପହଞ୍ଚି ଯାଇଛି ଯେ କୌଣସି ବି ଦେଶର ବିକାଶକୁ ମାପିବା ପାଇଁ ସେହି ଦେଶର ଶେୟାର ବଜାରକୁ ମଜବୁତ୍ ଭାବେ ମପାଯାଉଛି । ଦୁନିଆର ବହୁତ ବଡ଼ ପୁଞ୍ଜି ଏବେ ଶେୟାର ବଜାରରେ ଲାଗିଛି ।

ସେହପରି ଶେୟାର ବଜାର ବିଷୟରେ କେତେଗୁଡ଼ିଏ ମତ ଅଛି ସେମାନଙ୍କ ମଧ୍ୟରୁ କିନ୍ତୁ କହିଛନ୍ତି ଯେ ଯଦି କୌଣସି ଦେଶର ଅର୍ଥ ବ୍ୟବସ୍ଥାର ସମୁଦ୍ରରେ ଉଠୁଥିବା ପାଣି ଫୋଟକା ସହିତ ସମାନ ପୁଞ୍ଜି ଲାଗିଛି ତେବେ ବିପଦ ନାହିଁ । ଯଦି ପାଣି ଫୋଟକା ସମୁଦ୍ର ପାଣି ଠାରୁ ଅଧିକ ହୋଇଯିବ ତେବେ ଏହା ଅଧିକ ବିପଦ ଜନକ ଅଟେ । ସେଥିପାଇଁ ଶେୟାର ବଜାରର ମହତ୍ତ୍ୱ ଆଜି ବହୁତ ବଢ଼ିଯାଇଛି ଯାହାକୁ ବୁଝିବା ମଧ୍ୟ ନିବେଶକମାନଙ୍କ ପାଇଁ ଜରୁରୀ ଅଟେ ।

ଶେୟାର ବଜାରରେ ମହତ୍ତ୍ୱପୂର୍ଣ୍ଣ କାର୍ଯ୍ୟ ଓ ଉଦ୍ଦେଶ୍ୟ ତଥା ଅର୍ଥବ୍ୟବସ୍ଥାରେ ଏହାର ଯୋଗଦାନ ଆଜି କାହାକୁ ଅଜଣା ନୁହେଁ । ଦୁନିଆର ସବୁ ଦେଶରେ ଶେୟାର ବଜାର ଅଛି । କିନ୍ତୁ ଏଗୁଡ଼ିକୁ କାହିଁକି ତିଆରି କରାଯାଏ ଏହାର ଯୋଗଦାନ କଣ ଅଟେ ଓ ଏହା କୌଣସି ଅର୍ଥ ବ୍ୟବସ୍ଥା ପାଇଁ କାହିଁକି ମହତ୍ତ୍ୱପୂର୍ଣ୍ଣ ଅଟେ ? କାହିଁକି ପ୍ରତିଦିନ ସମାଚାରରେ ଏହାର ବୃଦ୍ଧି ଓ ହ୍ରାସକୁ ଏତେ ମହତ୍ତ୍ୱ ଦିଆଯାଏ ?

ଶେୟାର ବଜାର କମ୍ପାନୀ ମାନଙ୍କ ପାଇଁ ଅର୍ଥ ଏକତ୍ରିତ କରି ଯୋଗାଇଦେବା ପାଇଁ ମଞ୍ଚ ପ୍ରଦାନ କରେ । ଏହା କମ୍ପାନୀମାନଙ୍କ ଶେୟାରକୁ ସାର୍ବଜନୀକ ରୂପେ ବ୍ୟାପାର

କରିବାକୁ ଅନୁମତି ଦିଏ ଓ ସାର୍ବଜନିକ ବଜାରରେ କମ୍ପାନୀମାନଙ୍କୁ ସେମାନଙ୍କର ସ୍ୱାମୀତ୍ୱର ଅଂଶ ବିକ୍ରି କରି ବିସ୍ତାର କରିବା ପାଇଁ ଅତିରିକ୍ତ ବିତ୍ତୀୟ ପୂଞ୍ଜି ଯୋଗାଇଦେବାରେ ସାହାଯ୍ୟ କରେ । ଷ୍ଟକ ଏକ୍ସଚେଞ୍ଜ ନିବେଶକମାନଙ୍କୁ ଶେୟାର ନିକାସର ବ୍ୟାପାର ପାଇଁ ଲିକ୍ୱିଡିଟୀ ବା ତରଳତା ପ୍ରଦାନ କରେ । ଯାହାଦ୍ୱାରା ସେଗୁଡ଼ିକୁ ଶିଘ୍ର ଓ ସହଜରେ ବିକ୍ରି କରାଯାଇ ପାରିବ ।

କମ୍ପାନୀମାନେ ଏଥିପାଇଁ ଶେୟାର ଜାରି କରନ୍ତି ଯେ ବ୍ୟବସାୟ ପାଇଁ ପୁଞ୍ଜି ଏକତ୍ରିତ କରାଯାଇ ପାରିବ । ନିବେଶକ କୌଣସି ଶେୟାର ଏଥିପାଇଁ କିଣନ୍ତି ଯାହାଦ୍ୱାରା ସେମାନେ କମ୍ପାନୀର ବିକାଶ ଓ ଲାଭରେ ଭାଗିଦାର ହେବେ ଓ ସେହି ଶେୟାରର ମୂଲ୍ୟ ବଢ଼ିବା ପରେ ତାକୁ ଅଧିକ ଦରରେ ବିକି ପାରିବେ । ଶେୟାର ବଜାର କମ୍ପାନୀ ଓ ନିବେଶକମାନଙ୍କୁ ଏସବୁ ପାଇଁ ମଞ୍ଚ ପ୍ରଦାନ କରେ । ଶେୟାର ବଜାରର ମହତ୍ତ୍ୱ କମ୍ପାନୀ ଓ ନିବେଶକମାନଙ୍କ ପାଇଁ ଏକା ପରି ଅଟେ ।

ଶେୟାର ବଜାରରେ କୌଣସି କମ୍ପାନୀର ଶେୟାର ସୂଚୀବଦ୍ଧ ହେବା ପରେ ପ୍ରାୟ ସର୍ବଦା ସେଥିରେ କ୍ରେତା ଓ ବିକ୍ରେତା ଉପଲବ୍ଧ ହୁଅନ୍ତି । ଶେୟାର ବଜାରରେ ଏହା ସତ୍ୟ ଅଟେ ଯେଉଁଠାରେ ସର୍ବଦା ଶେୟାରର ଉପଲବ୍ଧତା ତରଳତା ଜାରି ରୁହେ । ଏହି ତରଳତା ଯୋଗୁଁ ଶେୟାର ବଜାରରେ ନିବେଶକମାନଙ୍କ ପାଇଁ ନିବେଶ କରିବା ଓ ଲାଭ ଉଠାଇବା ସହଜ ହୋଇଯାଏ । ପ୍ରପର୍ଟି ଓ ଅନ୍ୟ ସମ୍ପତ୍ତିକୁ ବିକ୍ରି କରିବାରେ ଏପରି ତରଳତା ଦେଖିବାକୁ ମିଳେନାହିଁ ।

ଷ୍ଟକ ଓ ଅନ୍ୟ ସମ୍ପତ୍ତିମାନଙ୍କର ମୂଲ୍ୟ ଅଧିକ ଗତିବିଧିର ଗତିଶୀଳତାର ଏକ ମହତ୍ତ୍ୱପୂର୍ଣ୍ଣ ଭାଗ ଅଟେ ଓ ସାମାଜିକ ମନୋଦଶାର ସଂକେତକ ହୋଇପାରେ । ଏକ ଅର୍ଥବ୍ୟବସ୍ଥା ଯେଉଁଠାରେ ଶେୟାର ବଜାରର ବୃଦ୍ଧି ହେଉଅଛି ତାକୁ ସୃଷ୍ଟି ହେଉଥିବା ଅର୍ଥ ବ୍ୟବସ୍ଥା ମାନି ନିଆଯାଇ ପାରିବ । ଶେୟାର ବଜାରକୁ କୌଣସି ବି ଦେଶର ଆର୍ଥିକ ବଳ ଓ ବିକାଶର ପ୍ରାଥମିକ ସଂକେତକ ମନେ କରାଯାଏ । ଲମ୍ବା ସମୟ ପର୍ଯ୍ୟନ୍ତ ବଢୁଥିବା ଶେୟାର ବଜାର ଦେଶରେ ବଢୁଥିବା ଆର୍ଥିକ ଗତିବିଧି ମାନଙ୍କର ସଙ୍କେତ ଦିଏ ଓ ଖସୁଥିବା ବଜାରର ଅର୍ଥ ହେଉଛି ଯେ ଆର୍ଥିକ ଗତିବିଧି ସଙ୍କୁଚିତ ହେଉଛି ।

ଶେୟାରର ମୂଲ୍ୟ ଘରୋଇ ନିବେଶ ଓ ବ୍ୟୟକୁ ମଧ୍ୟ ପ୍ରଭାବିତ କରି ପାରେ ସେଥିପାଇଁ କେନ୍ଦ୍ରୀୟ ବ୍ୟାଙ୍କ ଯେପରିକି ଆର ବି ଆଇ ଶେୟାର ବଜାରର ନିୟନ୍ତ୍ରଣ, ବ୍ୟବହାର ଓ ବିତ୍ତୀୟ ପ୍ରଣାଳୀର କାର୍ଯ୍ୟର ସୂଚାରୁ ରୂପେ ସଂଚାଳନ ଉପରେ ନଜର ରଖନ୍ତି । ବାସ୍ତବରେ ଦେଶରେ ବିତ୍ତୀୟ ସ୍ଥିରତା ଉପରେ ନଜର ରଖିବା ହିଁ ଆରି ବି ଆଇର ମୂଖ୍ୟ କାର୍ଯ୍ୟ ଅଟେ ।

ଏକ୍ସଚେଞ୍ଜ ପ୍ରତ୍ୟେକ ନେଣ-ଦେଣ ପାଇଁ କ୍ଲିୟରିଙ୍ଗ ହାଉସ ରୂପେ ମଧ୍ୟ କାର୍ଯ୍ୟ କରେ । ଯାହାର ଅର୍ଥ ହେଉଛି ଯେ ସେମାନେ ଶେୟାର ବିକିବା ବାଲା ଠାରୁ ଏକତ୍ର କରନ୍ତି ଓ କିଣିବା ବାଲାକୁ ବିତରଣ କରନ୍ତି ଓ ଶେୟାରକୁ ବିକ୍ରେତାକୁ ନେଣଦେଣର ଗ୍ୟାରେଣ୍ଟି ଦିଅନ୍ତି । ଯଦି କାଉଣ୍ଟର ପାର୍ଟି ନେଣ-ଦେଣ ଉପରେ ଡିଫଲ୍ଟ ହୋଇଯାଏ ତେବେ ସେହି ସ୍ଥିତିରେ ଷ୍ଟକ ଏକ୍ସଚେଞ୍ଜ ବ୍ୟକ୍ତିଗତ କ୍ରେତା ବା ବିକ୍ରେତାର ବିପଦକୁ ସମାପ୍ତ କରନ୍ତି ।

ବ୍ୟାଙ୍କ ଓ ଶେୟାର ବଜାର ମିଶି କୌଣସି ବି ଦେଶରେ ବିତ୍ତୀୟ ପ୍ରଣାଳୀର ସମୁଦ୍ର ପ୍ରସ୍ତୁତରେ ନିଜର ଯୋଗଦାନ ଦିଅନ୍ତି । ମୁକ୍ତ ତଥ୍ୟ ଅନୁସାରେ ବିଗତ ଦଶକରେ ଅଧିକତର ଦେଶରେ ଘରୋଇ ନିବେଶରେ ଶେୟାରର ଭାଗ ବହୁତ ଜୋରରେ ବଢ଼ିଯାଇଛି । ଆମ ଦେଶରେ ମଧ୍ୟ ବଢୁଥିବା ଶେୟାର ବଜାର ଏହିପରି ସଙ୍କେତ ଦେଉଛି । ସାମ୍ପ୍ରତିକ ବର୍ଷରେ ଆମ ଦେଶରେ ଯୁବକମାନଙ୍କର ପ୍ରବୃତ୍ତି ଏସଆଇପି ଓ ମ୍ୟୁଚୁଆଲ ଫଣ୍ଡ ଆଡ଼କୁ ଆଗେଇଛି । ଏହା ମଧ୍ୟ ଅପ୍ରତକ୍ଷ୍ୟ ରୂପେ ଶେୟାରରେ ନିବେଶ କରିବାର ପ୍ରଣାଳୀ ଅଟେ ।

ଶେୟାର ବଜାରର ମହତ୍ତ୍ୱ କୌଣସି ବି ଦେଶର ବିତ୍ତୀୟ ପ୍ରଣାଳୀକୁ ସୁଚାରୁ ରୂପେ ଚଳାଇବା ପାଇଁ ବହୁତ ଆବଶ୍ୟକ ହୋଇଯାଇଛି ଯାହାକୁ ଛାଡ଼ି ଆର୍ଥିକ ଗତି ବିଧିମାନଙ୍କୁ ସ୍ପିଡ ମିଳି ପାରୁନାହିଁ । ଆପଣ ବି ଶେୟାର ବଜାର ଶିଖନ୍ତୁ ଓ ବେଗରେ ଶାମିଲ ହୋଇଯାନ୍ତୁ ।

ଯେଉଁ ନିବେଶକ ବଜାର ଚରିତ୍ରକୁ ଏକା ଥରକେ ବୁଝିଗଲା ସେହି ନିବେଶକ ସଫଳତାର ନୂଆ କୀର୍ତ୍ତି ସ୍ଥାପନ କରି ପାରେ । ସେଥିପାଇଁ ନିଜର ଉଦ୍ଦେଶ୍ୟର ହିଁ ଖବର ଜାଣି ପାରିବା ନୁହେଁ ବରଂ ବଜାରର ଉଦ୍ଦେଶ୍ୟର ମଧ୍ୟ ଖବର ସଫଳତା ପାଇଁ ମହତ୍ତ୍ୱପୂର୍ଣ୍ଣ ସୋପାନ ଅଟେ ।

❑❑❑

୧୭- ଶେୟାର ନିବେଶକଙ୍କ ମନୋବିଜ୍ଞାନ

> ବିନା ସଫଳତାରେ ସଫଳତାର କୌଣସି ସ୍ୱାଦ ନଥାଏ । ତାର କୌଣସି ବୋଧଗମ୍ୟତା ନଥାଏ । - **ଗଲେନ ବେକ**

କୌଣସି ବି ନିବେଶକଙ୍କର ଏହା ଜାଣିବା ବହୁତ ଆବଶ୍ୟକ ଅଟେ ଯେ ପୂର୍ବର ନିବେଶକ କେଉଁ ପ୍ରକାରର ବ୍ୟବହାର କରନ୍ତି । ତାଙ୍କର ମନବିଜ୍ଞାନକୁ ବୁଝି ଆମେ ନିଜର ଆଗର ନୀତିକୁ ଠିକ୍ ରୂପେ ଲାଗୁ କରି ପାରିବା । ନିବେଶକଙ୍କର ମନବିଜ୍ଞାନ ହିଁ ତାଙ୍କୁ ସଫଳ ବା ଅସଫଳ ନିବେଶକ ରୂପେ ପରିଚୟ ସୃଷ୍ଟି କରାଏ । ଯଦି ନିବେଶକଙ୍କର ହୃଦୟ କାରବାର ବାଲା ହୋଇ ନଥାଏ ତେବେ ସେ ଅଧିକ ସମୟ ପର୍ଯ୍ୟନ୍ତ ବଜାରରେ ତିଷ୍ଠି ପାରିବେ ନାହିଁ ।

ଶେୟାର ବଜାର ନୂଆ ଶିଖର ଉପରେ ପହଞ୍ଚିବା ପରେ ଶେୟାର ବଜାରରେ ଦୃତ ହ୍ରାସ ଆସିଯାଏ । ଏହା ଦ୍ୱାରା ନିବେଶକ ଘାବରେଇ ଯାନ୍ତି । ସେମାନଙ୍କୁ ଲାଗେ ଯେ ବଜାର ଆଗକୁ ଆହୁରି ଖସି ପାରେ । ଏହି ସମୟରେ ମାର୍କେଟରେ କରେକ୍ସନ ହୁଏ, ସେତେବେଳେ ନିବେଶକ ସବୁଠାରୁ ବଡ଼ ଭୂଲ କରନ୍ତି । ଏପରି ଭୂଲର ସେମାନଙ୍କୁ ବହୁତ କ୍ଷତି ସହିବାକୁ ହୁଏ । ଏହି ସମୟରେ ମନବିଜ୍ଞାନ ରୂପେ ନିବେଶକଙ୍କୁ ନିଜେ ସମ୍ଭାଳିବାକୁ ପଡ଼େ ।

ଶେୟାର ବଜାରରେ ନିବେଶକ ଗୋଟିଏ ମୂଲ୍ୟ ସ୍ଥିର କରନ୍ତି ଓ ସେହି ଲେବଲ ପର୍ଯ୍ୟନ୍ତ ସେ ଶେୟାରକୁ ଧରି ରଖନ୍ତି । ସାଧାରଣତଃ ଏହି ପ୍ରାଇସ ଶେୟାରର କିଣା ମୂଲ୍ୟ ଅଟେ । କେତେକ ମାମଲାରେ ଏହି ଷ୍ଟକର ଅଲଟାଇମ ହାଇ ପ୍ରାଇସ ମଧ୍ୟ ହୋଇ ପାରେ । ନିବେଶକ ଏହି ଲେବଲକୁ ଧ୍ୟାନରେ ରଖି କୌଣସି ଶେୟାରରେ ସ୍ଥିର ରହିବା ବା ବାହାରି ଯିବାର ନିର୍ଣ୍ଣୟ କରନ୍ତି । ନିବେଶକଙ୍କୁ ମୂଲ୍ୟ ହ୍ରାସ ହେଉଥିବା ବଜାରରେ

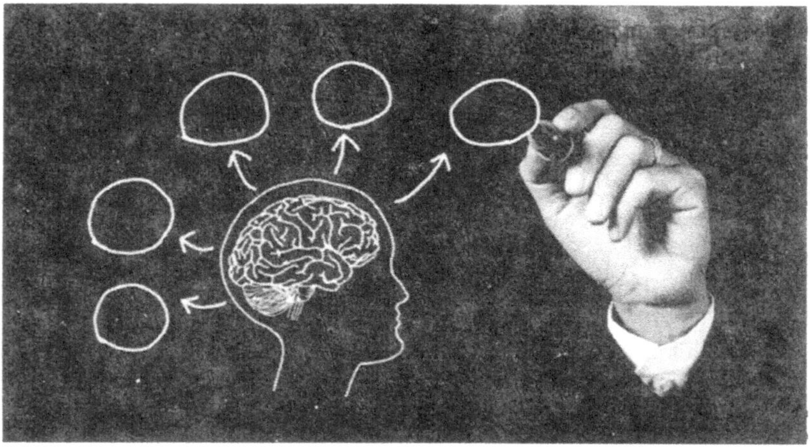

ସଠିକ୍ ପ୍ରାଇସର ମୋହ ଭାରୀ ପଡ଼ି ପାରେ । ଏହି ମନୋବୈଜ୍ଞାନିକ ଚାପ ଯୋଗୁଁ ନିବେଶକ ତା ଠାରୁ ଅଧିକ ସମୟ ପର୍ଯ୍ୟନ୍ତ ଶେୟାରକୁ ହୋଲ୍ଡ କରନ୍ତି, ଯେତିକି ସମୟ ପର୍ଯ୍ୟନ୍ତ ସମ୍ଭବ । ଶେୟାର ପ୍ରାଇସ୍‌ରେ କେତେକ କାରଣ ଯୋଗୁଁ ମୂଲ୍ୟହ୍ରାସ ହୋଇ ପାରେ, କିନ୍ତୁ ନିବେଶକ ସଠିକ୍ ପ୍ରାଇସର ମୋହରେ ଶେୟାରକୁ ହୋଲ୍ଡ କରି ରଖନ୍ତି । ନିବେଶକ ବିଶ୍ୱାସ କରନ୍ତି ଯେ ଶେୟାରର ମୂଲ୍ୟ ପୁଣି ସେହି ଲେବଲ ପର୍ଯ୍ୟନ୍ତ ପହଞ୍ଚିବ । ସେମାନେ ଏପରି କରିବା ସମୟରେ ଷ୍ଟକରେ ଫଣ୍ଡାମେଣ୍ଟାଲ୍ସର ସଂଶୋଧନ କରନ୍ତି ନାହିଁ ।

ବଜାରରେ ସମସ୍ତେ ଭୂଲ କିନ୍ତୁ କେତେକ ନିବେଶକ ଭୂଲ କରନ୍ତି, କିନ୍ତୁ କେତେକ ନିବେଶକ ଭୂଲ ବଢ଼ାଇ ଚାଲନ୍ତି । ଯଦି ଆପଣ କୌଣସି ଶେୟାର କିଣିଛନ୍ତି ଓ ତାର ମୂଲ୍ୟ ହ୍ରାସ ହେଉଛି ତେବେ ଏଭରେଜ ବାଇଂଗ ପ୍ରାଇସ୍ କମ କରିବା ପାଇଁ ଆଉ ଶେୟାର କିଣନ୍ତୁ ନାହିଁ । ନିବେଶକ କମ ମୂଲ୍ୟର ଶେୟାର କିଣି ନିଜର ଲସ କମାଇବାର ଚେଷ୍ଟା କରନ୍ତି । ମୂଲ୍ୟ ହ୍ରାସ ହେଉଥିବା ବଜାରରେ ଏହି ରଣ ନୀତି ଠିକ୍ ନୁହେଁ । ଯଦି ଆପଣ ଭୂଲ ଶେୟାର କିଣିଛନ୍ତି ତେବେ ସେଥିରେ ଅଧିକ ହ୍ରାସ ହୋଇପାରେ ।

ଯଦି ମଝିରେ ଆପଣ ସେହି ଶେୟାର ଆଉ କିଣନ୍ତି ତେବେ ତାହା ଆହୁରି ତଳକୁ ଖସିବା ପାରେ ଆପଣଙ୍କ କ୍ଷତି ବଢ଼ିବା ଏହି ବିଷୟରେ ସେଟ୍ରନ ୱେଲଥର୍ ଚିଫ୍ ଇନ୍‌ଭେଷ୍ଟମେଣ୍ଟ ଅଫିସର କୁଞ୍ଜୀ ବଂସଲ କହିଛନ୍ତି ଯେ ଗୋଟିଏ ଖରାପ ଷ୍ଟକରେ ଆଉ ଟଙ୍କା ଲଗାଇବା କୌଣସି ବୁଦ୍ଧିମାନ କାର୍ଯ୍ୟ ନୁହେଁ । ସେ କହିଛନ୍ତି "ଯଦି ଆପଣ

କୌଣସି ଷ୍ଟକରେ ନିବେଶ କରିଛନ୍ତି, ତାହା ଭଲ କ୍ୱାଲିଟୀର ଅଟେ ତେବେ ଦାମ କମ ହେବା ପରେ ସେଥିରେ ନିବେଶ ବଢ଼ାଯାଇ ପାରିବ । ଏହା ଛଡ଼ା କୌଣସି ବି ଅବସ୍ଥାରେ ମୂଲ୍ୟ ହ୍ରାସ ହେଲେ ଶେୟାରରେ ନିବେଶ ବଢ଼ାଇବା ଉଚିତ୍ ନୁହେଁ ।" ସେ କହିଛନ୍ତି ଯେ ଆପଣ କେଉଁ ଶେୟାରରେ କେତେ ନିବେଶ ବଢ଼ାଇବେ, ତାର ଏ ସୀମା ପ୍ରଥମରୁ ସ୍ଥିର କରି ରଖନ୍ତୁ ।

ଶେୟାର ବଜାରରେ ନିବେଶକମାନଙ୍କର ମନୋବିଜ୍ଞାନ ବହୁତ ଦୂର ପର୍ଯ୍ୟନ୍ତ ବଜାରର ବୃଦ୍ଧି ଓ ହ୍ରାସ ଦ୍ୱାରା ପ୍ରଭାବିତ ହୁଏ ସେତେବେଳେ ଲୋକମାନେ ଇନ୍‌ଭେଷ୍ଟମେଣ୍ଟ ନ୍ୟୁଜ ଓ ରିସର୍ଚ୍ଚ ରିପୋର୍ଟସ ଖୋଜିବାକୁ ଲାଗନ୍ତି, ସେମାନେ ସେଥିରୁ ଏପରି ସଂକେତ ଖୋଜନ୍ତି ଯାହା ଦ୍ୱାରା ତାଙ୍କର ଭାବନା ପ୍ରମାଣିତ ହେବନାହିଁ । ସେମାନେ ତାଙ୍କ ବିଚାର ସହିତ ମିଶୁ ନଥିବା ତଥ୍ୟକୁ ଦେଖି ନଦେଖିଲା ପରି ରୁହନ୍ତି । ବଜାରର ପରିବର୍ତ୍ତନ ସମୟରେ ଏପରି ଟ୍ରେଡ ଅଧିକ ଦେଖିବାକୁ ମିଳେ । ଏହି ଅବସ୍ଥାରେ ନିବେଶକ ଭୂଲ ନିର୍ଣ୍ଣୟ ନିଅନ୍ତି । ଯଦି ଆପଣ କୌଣସି ଶେୟାର କିଣିଛନ୍ତି ଓ ତା ବିଷୟରେ ନେଗେଟିଭ ନ୍ୟୁଜ ଆସେ ତେବେ ତାହା ଉପରେ ଭଲ ଭାବେ ଦୃଷ୍ଟି ଦେବା ଉଚିତ୍ । ଯେଉଁ ଷ୍ଟକ ଆପଣଙ୍କ ପୋର୍ଟଫୋଲିଓରେ ଅଛି ସେଗୁଡ଼ିକୁ ନେଇ ଆପଣ ଭାବନାରେ ବହିଯିବା ଉଚିତ୍ ନୁହେଁ । ଯଦି ବଜାରରେ ଚାପରେ ଥରେ ନିବେଶକ ଆସିଗଲା ତେବେ ସେ ବଡ଼ ଭୂଲ କରେ ।

ଜଣେ ନିବେଶକକୁ ଏହା ବୁଝିବା ଆବଶ୍ୟକ ଅଟେ ଯେ ଯଦି କୌଣସି ଶେୟାରର ମୂଲ୍ୟ ୫୨ ସପ୍ତାହର ଲୋ ଲେଭଲ ଉପରେ ପହଞ୍ଚିଯାଏ ତେବେ ହ୍ରାସ ହେଉଥିବା ବାଜରରେ କିଛି ନିବେଶକ ଭେଲ୍ୟୁ ଇନଭେଷ୍ଟମେଣ୍ଟ କରିବାକୁ ଲାଗନ୍ତି । ସେମାନେ ଆଗ୍ରେସିଭ ଉପାୟରେ ଏପରି ଶେୟାର ଖୋଜିବାକୁ ଲାଗନ୍ତି, ଯାହାର ମୂଲ୍ୟ ୫୨ ସପ୍ତାହର ଲୋ ଉପରେ ପହଞ୍ଚି ଯାଇଛି । ସେମାନଙ୍କୁ ଲାଗେ ଯେ ଏପରି ଶେୟାରରେ ପ୍ରଥମରୁ ହିଁ ହ୍ରାସ ଆସି ସାରିଛି, ସେଥିପାଇଁ ସେଥିରେ ନିବେଶ କଲେ ଭଲ ରିଟର୍ଣ୍ଣ ମିଳି ପାରିବ । ଏଗୁଡ଼ିକ ମଧ୍ୟରୁ କିଛି ଷ୍ଟକ୍ସ "ଭେଲ୍ୟୁ ଟ୍ରାପ" ପ୍ରମାଣିତ ହୋଇ ପାରନ୍ତି । ଏହି ବିଷୟରେ ଓମ୍ନିସାଇଂସ କ୍ୟାପିଟାଲର ସିଇଓ ବିକାଶ ଗୁପ୍ତା କହିଛନ୍ତି, "୫୨ ସପ୍ତାହର ଲୋ କୌଣସି ଷ୍ଟକକୁ ରିସର୍ଚ୍ଚ କରିବାର କାରଣ ହୋଇପାରେ । କିନ୍ତୁ କେବଳ ମୂଲ୍ୟ ଦେଖି ଏପରି ଶେୟାରରେ ନିବେଶ କରିବା ଭଲ ହୋଇ ନଥାଏ । "

କେବେ କେବେ ଏପରି ଦେଖିବାକୁ ଆସିଛି ଯେ କେତେକ ଛୋଟ ନିବେଶକ ବଜାରରେ ମୂଲ୍ୟ ହ୍ରାସ ହେବା ପରେ ସର୍ବଦା ଏସ ଆଇପୀ ରୋକି ଦିଅନ୍ତି । ଯେତେବେଳେ କି ମଣ୍ଡିର ବଜାରରେ ଏସ ଆଇ ପୀ ମାଧ୍ୟମରେ କରା ଯାଉଥିବା ନିବେଶ ଉପରେ

ଅଧିକ ରିଟର୍ଣ୍ଣ ମିଳିବାର ସମ୍ଭାବନା ଅଛି । ବାଜାରରେ କରେକସନ ହେବା ଦ୍ୱାରା ଏସ ଆଇ ପୀ ର ସେହି ଅର୍ଥରେ ଆପଣଙ୍କୁ ମ୍ୟୁଚୁଆଲ ଫଣ୍ଡସର ଅଧିକ ୟୁନିଟ ମିଳି ପାରିବ । ଏହା ଦ୍ୱାରା ମାର୍କେଟରେ ରିକଭରୀ ଉପରେ ଆପଣଙ୍କୁ ଅଧିକ ରିଟର୍ଣ୍ଣ ମିଳି ପାରିବ । ଏସ ଆଇ ପୀ ର କରେକସନ ହେବାକୁ ଆପଣ ରୋକିବେ ତେବେ ଏହା ଦ୍ୱାରା ଏହାର ଲକ୍ଷ୍ୟ ପୂରା ହୁଏ ନାହିଁ । ଏହି ରୂପେ ନିବେଶ କରିବା ବାଲାଙ୍କ ପାଇଁ ଲମ୍ବା ସମୟ ପର୍ଯ୍ୟନ୍ତ ବଜାରରେ ସ୍ଥିର ରହିବା ଆବଶ୍ୟକ ଅଟେ । ସେମାନଙ୍କୁ ମାର୍କେଟ ସେଣ୍ଟିମେଣ୍ଟକୁ ଖାତିର କରିବା ଦରକାର ନାହିଁ । ଶେୟାର ବଜାରର ନିବେଶକମାନଙ୍କର ମନୋବିଜ୍ଞାନକୁ ବୁଝିବା ଏତେ ସହଜ କାମ ନୁହେଁ । କିନ୍ତୁ ଏତିକିରେ ତ କୌଣସି ବି ନିବେଶକର ଖବର ମିଳି ପାରନ୍ତା, ନିଜର ଧନକୁ ଅତି କମ୍ କ୍ଷତି ଓ ଅଧିକ ଲାଭ କମାଇ ହୁଅନ୍ତା । କାରଣ ସମୟ ସମୟରେ ନିବେଶକମାନଙ୍କ ମନରେ ଅସ୍ଥିରତା ଦେଖିବାକୁ ମିଳେ । ଯଦି ପ୍ରତ୍ୟେକ ନିବେଶକ ବଜାରର ବୃଦ୍ଧି ଓ ହ୍ରାସ ଠାରୁ ଦୂରରେ ରହି ନିଜର ବିବେକ ଦ୍ୱାରା କାମ କରିବେ ତେବେ ଅତ୍ୟଧିକ ସମୟ ପର୍ଯ୍ୟନ୍ତ ବଜାରରେ ସ୍ଥିରତା ରକ୍ଷା କରି ପାରିବେ ।

❑❑❑

୧୮- ଶେୟାରରେ ହାରାହାରି ଯୋଜନା

> ଦୃଢ଼ ରହିବାର ଇଚ୍ଛାଶକ୍ତି ସର୍ବଦା ସଫଳତା ଓ ବିଫଳତା ମଧ୍ୟରେ ଥିବା ଅନ୍ତର ହୋଇଥାଏ ।   - **ଡେଭିଡ ସର୍ନୋଫ**

ଶେୟାର ମାର୍କେଟରେ କୌଣସି ବି ବଡ଼ ସିଦ୍ଧାନ୍ତ ଲାଗୁ ହୁଏନାହିଁ । ବରଂ ଭଲ ଭାବେ ନିଜର ରଖିବା ବାଲା ନିବେଶକ ହିଁ ସବୁଠାରୁ ଅଧିକ ଲାଭ ପାଇ ପାରିବ । ଶେୟାର ବଜାରରେ ହାରିହାରି ଯୋଜନାକୁ କୌଣସି ବି ନିବେଶକ ଲାଗୁ କରି ପାରନ୍ତି, କିନ୍ତୁ କେତେକ ଅପବାଦକୁ ମଧ୍ୟ ଧ୍ୟାନରେ ରଖିବାକୁ ହେବ । ଏହାକୁ ବୁଝିବା ପାଇଁ ଗୋଟିଏ କାହାଣୀ ମନେ ପଡୁଛି ।

ଗୋଟିଏ ସ୍କୁଲର ପିଲାମାନଙ୍କୁ ନଦୀ ପାର ହେବାର ଥିଲା । ପିଲାମାନେ କୂଳରେ ଠିଆ ହୋଇଥିଲେ । ମୁର୍ଖ ଅଧ୍ୟାପକ ନିଜ ଗଣିତ ଅନୁସାରେ ନଦୀର ଗଭୀରତାର ଅନୁମାନ ଲଗାଇଲା ଓ ଗୋଟିଏ ହାରାହାରି ଉଚ୍ଚତା ନିର୍ଣ୍ଣୟ କରି ବତାଇଦେଲା ଯେ ଏହି ହାରାହାରି ଉଚ୍ଚତା ବାଲା ସମସ୍ତ ବାଳକ ଅଟନ୍ତି ଅତେବ ସମସ୍ତ ବାଳକ ନଦୀ ପାର କରି ପାରିବେ । କିନ୍ତୁ ନଦୀର ମଝିରେ ଗଭୀରତା ଅଧିକ ଥିଲା ଓ ହାରାହାରି ବାଲା ବାଳକ ସେଥିରେ ବହିଗଲେ । ସେଥିପାଇଁ ଶେୟାର ବଜାରରେ ମଧ୍ୟ ହାରାହାରି ଯୋଜନାକୁ ଧ୍ୟାନର ସହିତ ପରଖିବାକୁ ହେବ ।

ଶେୟାର ବଜାରରେ ମୁଭିଙ୍ଗ ଆଭରେଜ କଣ ଅଟେ ? ସିମ୍ପଲ ମୁଭିଙ୍ଗ ଆଭରେଜ ଦ୍ୱାରା କୌଣସି ଆସେଟ ପ୍ରାଇସର ହାରାହାରି ଭେଲ୍ୟୁର ସୂଚନା ମିଳେ । ଏହି ଆସେଟ ଷ୍ଟକ, କମୋଡିଟି ବା ଇଣ୍ଡେକ୍ସ ହୋଇ ପାରେ । ମୁଭିଙ୍ଗ ଆଭରେଜକୁ ସ୍ଥିର ସମୟ, ଖଣ୍ଡ ପାଇଁ ୧୫ ଦିନ, ୫୦ ଦିନ, ୧୦୦ ଦିନ ବା ୨୦୦ ଦିନରେ ଦେଖାଯାଏ ।

ଯଦି କେହି ଏଇଆ କହେ ଯେ ଆମକୁ ନିଜର ନିବେଶ ଉପରେ ହାରାହାତି ରିଟର୍ଣ୍ଣ ଦ୍ୱାରା ଖୁସି ରହିବା ଉଚିତ୍ ତେବେ କେତେକ ଲୋକଙ୍କର ଏହି କଥା ହଜମ ହେବନାହିଁ । ହାରାହାରି ରେ ଅଧିକ ରିଟର୍ଣ୍ଣର ଲୋଭ ଏପରି ଜିନିଷ ଅଟେ, ଯାହା ସମସ୍ତଙ୍କୁ ଉପାର୍ଜନ କରିବା ଏକ ଯୁଦ୍ଧ ମଧ ଅଟେ । ତେବେ ଆମେ ସେହି ନିବେଶ ଲମ୍ବା ସମୟ ପର୍ଯ୍ୟନ୍ତ ସ୍ଥିର ରହିବା ପାଇଁ ନିଜକୁ ମନାଇ ନେଉ ।

ଆମେ ଏହା ମାନିବାକୁ ମଧ ପ୍ରସ୍ତୁତ ହୋଇଯାଉ ଯେ ହାରିହାରି ମଧ ଅଙ୍କ ବଢ଼ିବ । ଆମେ ଜିନିଷର ବଡ଼ ଛବି ହିସାବରେ ଦେଖୁନାହିଁ । ଯେତେବେଳେ ଆମେ ଶେୟାର ବଜାରକୁ ଦେଖୁ ସେତେବେଳେ ଆମେ ଟପ ପରଫର୍ମ କରିବା ବାଲା ଶେୟାରକୁ ଦେଖୁ । ଆମେ ସେହି ତଥ୍ୟକୁ ମନ ମଧରେ ଧରି ରଖୁ । ଯେତେବେଳେ ଆମେ କୌଣସି ଆଇ ପୀ ଓ ରେ ନିବେଶ କରୁ ସେତେବେଳେ ଆମେ ଏହା ଦେଖୁ ଯେ ତାହା ଲିଷ୍ଟିଙ୍ଗର ଦିନ କିପରି ପ୍ରଦର୍ଶନ କଲା ।

ନିବେଶକ ମ୍ୟୁଚୁଆଲ ଫଣ୍ଡକୁ ଦେଖନ୍ତି । ସେମାନେ ଜାଣିବାକୁ ଚାହାନ୍ତି ଯେ ବିଗତ କିଛି ଦିନରେ ଫଣ୍ଡର ପ୍ରଦର୍ଶନ କିପରି ରହିଛି ? ଆମେ ଏହି ସମ୍ଭାବନା ଉପରେ ବଡ଼ ବାଜି ଖେଳୁ । ଆମେ ବିଶ୍ୱାସ କରୁ ଯେ ବିଗତ ହାରାହାରି ଏହାର ପ୍ରଦର୍ଶନ ଅଧିକ ଭଲ ରହିବ । ଏଥିରେ ଆମ ସାମ୍ନାରେ ଦୁଇଟି ପୂର୍ବଗ୍ରହ ଥାନ୍ତି । ପ୍ରଥମଟି ଅସ୍ତିତ୍ୱ ପ୍ରସ୍ତୁତ କରି ରଖିବାର ଭାବନା । ଯେତେବେଳେ ଆମେ ପ୍ରଦର୍ଶନର କଥା କରୁ ସେତେବେଳେ ଆମେ ସଫଳ ବିଜିନେସକୁ ଦେଖୁ ଓ ତାର ବିଦ୍ୟମାନ କାର୍ଯ୍ୟକ୍ରମକୁ ଦେଖୁ ।

ଯେଉଁ କାରବାର ଫେଲ ହୋଇଗଲା, ଆମ ଆଖପାଖରେ ନାହିଁ, ଓ ଉପରେ ଚର୍ଚ୍ଚା ହୁଏନାହିଁ । ଆମେ ସିଷ୍ଟମେଟିକ ଉପାୟ ଦ୍ୱାରା ସେହି ରିଟର୍ଣ୍ଣର ଅନୁମାନ ଲଗାଉ ଯାହା ଆମେ କମାଇଥାଉ । ଏହାର କାରଣ ହେଉଛି ଅସଫଳ କାରବାରକୁ ନିଜ ସୂଚୀରୁ ବାହାର କରିଦେବା । ଏହା ପରେ ବାଛିବା ସମ୍ବନ୍ଧୀୟ ପୂର୍ବଗ୍ରହ । ଆମକୁ ଲାଗେ ଯେ ଏପରି ଗୋଟିଏ ବଢ଼ିଆ ଉପାୟ ଅଛି ଯାହା ସାହାଯ୍ୟରେ ଆମେ ଅଧିକ ଭଲ ଶେୟାର, ଫଣ୍ଡ ଆଇପୀଓ ବା ପୋର୍ଟଫୋଲଓ ପ୍ରସ୍ତୁତ କରି ପାରିବା । ଏହା ଆମକୁ ହାରାହାରି ରୁ ଅଧିକ ରିଟର୍ଣ୍ଣ ଦେଇ ପାରିବ । ଆମକୁ ପୂରା ବଶ୍ୱାସ ଥାଏ ଯେ ଏହି ଉପାୟ ଆମକୁ ହାରାହରିରୁ ଅଧିକ ରିଟର୍ଣ୍ଣ ଦେବାରେ ସଫଳ ପ୍ରମାଣିତ ହେବ ।

ବିତ୍ତୀୟ ବଜାରରେ ଏହିପରି ଅନୁମାନ ଲଗାଇବା ବହୁତ ବିପଦ ପୂର୍ଣ୍ଣ ହୋଇ ପାରେ । ଏହିପରି କୌଣସି ସିଷ୍ଟମ ନାହିଁ, ଯେଉଁଥିରେ ଫୁଲ ପ୍ରୁଫ ରେଜଲ୍ଟ ମିଳିବ । ସବୁ ଥର ଏହିପରି ହେବ, ଏହା ତ ବିଲକୁଲ ଆବଶ୍ୟକ ନାହିଁ ।

ଏପରି କୌଣସି ଉପାୟ ନାହିଁ ଯେଉଁଥିରେ ଆମକୁ ଅଧିକ ଭଲ ଶେୟାର ବାଛିବା ଓ ଜୋରଦାର ରିଟର୍ଣ୍ଣ କମାଇବାର ଭରସା ମିଳିବ । ଯାହା ଆଜି ଅଧିକ ଭଲ ଦେଖା ଯାଉଛି, ତାହା କାଲି ବେକାର ପ୍ରମାଣିତ ହୋଇପାରେ । ଯଦି ଆମେ ଏହା ମାନିବା ଯେ ଯେଉଁଠାରେ ଆମେ ଆଜି ଠିଆ ହୋଇଛେ ଓ କୌଣସି ଶେୟାର କିଣୁଛେ, କାଲି ତାହା ଅଧିକ ଭଲ ରିଟର୍ଣ୍ଣ ମଧ୍ୟ ଦେଇ ପାରେ ଏବଂ ଟଙ୍କା ଡୁବି ମଧ୍ୟ ଯାଇପାରେ । ଆମେ କୌଣସି କମ୍ପାନୀର ଫଳାଫଳ ଆଜି ଦେଖି ପାରିବା ନାହିଁ । ଆମକୁ ସମୟର ଆବଶ୍ୟକତା ହିସାବରେ ହାରାହାରିର ଆଦର କରିବା ସ୍ଥିର ଶିଖିବାକୁ ହେବ । ଆମକୁ ନିଜର ଆମୋଦ ପ୍ରମୋଦକୁ ମଧ୍ୟ ଏହା ଉପରେ ରଖିବାକୁ ହେବ ।

❑❑❑

୧୯- ଶେୟାର ବଜାର ଜୁଆ ନା କାରବାର ?

> ଆମର ଆଳସ୍ୟର ଦଣ୍ଡ କେବଳ ଆମର ଅସଫଳତା ନୁହେଁ; ଅନ୍ୟର ସଫଳତା ମଧ୍ୟ ଅଟେ ।   - **ଜୁଲ୍ସ ରୋନାର୍ଡ**

କେହି ବଡ଼ ଲେଖକ କହିଛନ୍ତି ଯେ ଜୀବନ ଗୋଟିଏ ଜୁଆ ଅଟେ । ଜଣା ନାହିଁ କେବେ, କାହିଁକି, କେଉଁଠାରେ ଜୀବନର ଅନ୍ତ ହୋଇଯିବ । କିନ୍ତୁ କଣ ପୁଣି ଥରେ ଜଣେ ମାନବ ନିଜ ଜୀବନ ବଢ଼ିଆ କରି ଗଢ଼ିବାକୁ ଚାହେଁ ! ନିଜ ଜୀବନରେ ବିଭିନ୍ନ ରଙ୍ଗ ଭରିବାକୁ ଚାହେଁ ! ଏହା ମଣିଷ ଜୀବନର ଏକ ମହତ୍ତ୍ୱପୂର୍ଣ୍ଣ ଦିଗ ହୋଇଯାଏ । ଶେୟାର ବଜାର ବିଷୟରେ ମଧ୍ୟ ଏହା କୁହାଯାଇ ପାରିବ ଯେ ଦେଖିବାକୁ ଏହା ମଧ୍ୟ ଏକ ଜୁଆ ଘର ପରି ଜଣାଯାଏ । କିନ୍ତୁ ଯଦି ଏହାକୁ ଥରେ ଭଲ ଭାବେ ବୁଝି ନିଆଯାଏ ତେବେ ଏହା ମଧ୍ୟ ଜୀବନରେ ଗୋଟିଏ ଭାଗ ହୋଇ ପାରିବ ।

ଶେୟାର ବଜାରରେ ଟଙ୍କା ଉପାର୍ଜନ କରବାକୁ କାହାକୁ ଭଲ ନଲାଗେ ଓ ଟଙ୍କା ଉପାର୍ଜନ କରିବାରେ ମଧ୍ୟ କୌଣସି ଅସୁବିଧା ନାହିଁ । କିନ୍ତୁ ଯେତେବେଳେ ଟଙ୍କା ଉପାର୍ଜନ କରିବାର ଇଚ୍ଛାରେ ଆପଣ ନିଜର ସବୁକିଛି ବାଜି ଲଗାଇ ଦିଅନ୍ତି ସେତେବେଳେ ତାହା ଜୁଆ ହୋଇଯାଏ ।

ଗୋଟେ ବୟସ ପରେ କେହି ହେଲେ ଶେୟାର ବଜାର ଆଡ଼କୁ ନଜର୍ କରେ କାରଣ ତାଙ୍କୁ ନିଜ ଟଙ୍କାର ନିବେଶ କରିବାକୁ ପଡ଼େ । କିନ୍ତୁ ଶେୟାର ବଜାରର ଜ୍ଞାନ ନଥିବା ହେତୁ ସେ ନିବେଶ ସ୍ଥାନରେ ଟଙ୍କା କମାଇବା ଲୋଭରେ ପଡ଼ିଯାନ୍ତି । ବ୍ରୋକର ଦ୍ୱାରା ଭଳିକି ଭଳି ସ୍ୱପ୍ନ ଦେଖାଯାଏ ଓ ସେହି ଲୋକଙ୍କର ଉଦାହରଣ ଦିଆଯାଏ ଯେଉଁମାନେ ଶେୟାର ମାର୍କେଟରୁ କୋଟି କୋଟି ଟଙ୍କା କମାଇଛନ୍ତି । ଶେୟାର ବଜାର

ଅନିଶ୍ଚିତତାର ବଜାର ଅଟେ, ଯେଉଁଠାରେ କିଛି ହେଲେ ନିଶ୍ଚୟ ନାହିଁ । ସେଥିପାଇଁ ନଭାବି ନସୁଝି କରା ଯାଇଥିବା ନିବେଶ ଆପଣଙ୍କ ପାଇଁ ଘାତକ ହୋଇ ପାରେ ।

ଦୁନିଆର ସୁବଠାରୁ ସଫଳ ନିବେଶକ ୱାରେନ ବଫେଙ୍କ ଅନୁସାରେ "ମୁଁ କେବେହେଲ ଶେୟାର ବଜାରରୁ ଟଙ୍କା ଉପାର୍ଜନ କରିବାର ଚେଷ୍ଟା କରେ ନାହିଁ । ମୁଁ ଏହି ଧାରଣାର ସହିତ ଶେୟାର କିଣେ ଯେ ବଜାର ଆସନ୍ତା କାଲି ବନ୍ଦ ହୋଇଯିବ ଓ ପାଞ୍ଚ ବର୍ଷ ପର୍ଯ୍ୟନ୍ତ ଖୋଲିବ ନାହିଁ ।"

ଶେୟାର ବଜାରରେ କୌଣସି ବି ବ୍ୟକ୍ତି ସବୁଦିନ ଟ୍ରେଡିଙ୍ଗ କରି ଟଙ୍କା ଉପାର୍ଜନ କରି ପାରିବ ନାହିଁ । ଏହାର ସବୁଠାରୁ ବଡ଼ କାରଣ ହେଉଛି ବଜାର ମୂଲ୍ୟର ଅନିଶ୍ଚିତତା । ଆପଣ କେବେହେଲ ମଧ୍ୟ କୌଣସି ଏକ୍ସପର୍ଟ ଉପରେ ଭରସା କରନ୍ତୁ ନାହିଁ, କାରଣ ଯଦି ସେ ବଜାରକୁ ଏତେ ଭଲ ଭାବେ ଜାଣିଥାନ୍ତା ତେବେ ସେ ନିଜେ ଟଙ୍କା କମାଇ ଥାନ୍ତା, ସେ ଆପଣଙ୍କୁ କାହିଁକି ଟଙ୍କା କମାଇବାର ଉପଦେଶ ଦିଅନ୍ତା ।

ଶେୟାର ବଜାରର ନିୟମ ଅଛି ଯାହାର ପାଳନ ପ୍ରତ୍ୟେକ ଟ୍ରେଡର (ଶେୟାର ବଜାରରେ କାମ କରିବା ବାଲା) କରେ । ଦୈନିକ (ଇଂଟ୍ରା ଡେ) ଟ୍ରେଡିଙ୍ଗ କରିବା ସମୟରେ ନିଜର ଷ୍ଟପ ଲସ (ଏକ ଉପାୟ ଯାହାଦ୍ୱାରା ଆପଣ ନିଜର କ୍ଷତି ପୂର୍ବରୁ ହିଁ ସ୍ଥିର କରିଦିଅନ୍ତି) ସ୍ଥିର କରିନିଅନ୍ତୁ ଓ ତାକୁ ଲାଗୁକରି ରଖନ୍ତୁ, ଏହା ଦ୍ୱାରା ଆପଣ କ୍ଷତିରୁ ବଞ୍ଚିଯାଇ ପାରନ୍ତି । ଶେୟାର ବଜାରରେ ଟ୍ରେଡିଙ୍ଗ କେବେହେଲେ ମଧ୍ୟ ନିଜର କ୍ଷତି ଭରଣା ପାଇଁ କରନ୍ତୁ ନାହିଁ । ଏହା ଦ୍ୱାରା ଆପଣ ସର୍ବଦା ନିଜର ହିଁ କ୍ଷତି କରିବେ ।

ଗୋଟିଏ ଟ୍ରେଡ (ସଉଦା) ରେ କ୍ଷତି ହେବା ପରେ କେବେହେଲେ ଅନ୍ୟ ଟ୍ରେଡ କରନ୍ତୁ ନାହିଁ । ଏହି ନିୟମ ଲାଭ ଉପରେ ମଧ୍ୟ ଲାଗୁ ହୁଏ । ଗୋଟେ ଥର ଲାଭ ହେବା ପରେ ବଜାରରୁ ତୁରନ୍ତ ବାହାରକୁ ବାହାରିଯାନ୍ତୁ, କାରଣ ବଜାର ଆପଣଙ୍କୁ ଯେଉଁ ଟଙ୍କା ଦିଏ ତାହା କିଛି କ୍ଷଣ ମଧ୍ୟରେ ଫେରସ୍ତ ମଧ୍ୟ ନେଇଯାଏ ।

ଯଦି ଆପଣଙ୍କର ଲାଭ ହୋଇଛି ତେବେ ଏହାର ଅର୍ଥ ହେଉଛି ଯେ ଆପଣଙ୍କ ପରି କୌଣସି ଅନ୍ୟ ବ୍ୟକ୍ତିର ମଧ୍ୟ କ୍ଷତି ହୋଇଥିବ । ଶେୟାର ବଜାର ଏହିପରି କାର୍ଯ୍ୟ କରିଥାଏ । ସେଥିପାଇଁ ଅଧିକ ଉତ୍ସାହ ଦେଖାଇବାର କୌଣସି ଆବଶ୍ୟକତା ନାହିଁ ।

ଶେୟାର ବଜାରରେ ପ୍ରତ୍ୟେକ ଦିନ ଟଙ୍କା କେବଳ ବ୍ରୋକର କମାନ୍ତି ଓ ଏକ୍ସପୋର୍ଟ କମାନ୍ତି ଯିଏ ଆପଣଙ୍କୁ ଟଙ୍କା ଲଗାଇବାକୁ ପରାମର୍ଶ ଦିଅନ୍ତି । ସାଧାରଣ ଲୋକ ସେତେବେଳେ ଶେୟାର ବଜାର ଦ୍ୱାରା ଟଙ୍କା କମାଏ ଯେତେବେଳେ ସେ ଗୋଟିଏ

ଭଲ କମ୍ପାନୀର ଲମ୍ବା ସମୟ ପାଇଁ ନିବେଶ କରେ । ଆପଣଙ୍କ ଦ୍ୱାରା କୌଣସି ବି କମ୍ପାନୀରେ ନିବେଶ କରିବା ପୂର୍ବରୁ ମଧ୍ୟ ଆପଣଙ୍କୁ କିଛି କଥାର ଜ୍ଞାନ ଥିବା ଆବଶ୍ୟକ ଅଟେ । ଯେପରି ଶେୟାର ବଜାରର ଅଟେ । ଯେପରି ଶେୟାର ବଜାରର ନିୟମ-କମ୍ପାନୀ କଣ କାମ କରେ ? ତାର ବଜାର କେତେ ବଡ଼ ? ଓ ସେ କେତେ ବେଗରେ ଆଗକୁ ବଢ଼େ ? କମ୍ପାନୀକୁ ଚଳାଉଥିବା ଲୋକ ଲୋକ କିପରି ଅଟନ୍ତି ? କଣ ସେହି କମ୍ପାନୀର ସଂସାଧନମାନଙ୍କର ପ୍ରୟୋଗ ଠିକ୍ ଦିଗରେ କରୁଛନ୍ତି ?

କମ୍ପାନୀର ବଜାର ମୂଲ୍ୟ ବାସ୍ତବିକ ମୂଲ୍ୟ ଠାରୁ ଅଧିକ ହୋଇନାହଁ ତ ?

କମ୍ପାନୀ ଉପରେ ଋଣଭାର କେତେ ? କଣ ଭବିଷ୍ୟତରେ ତାହା ଋଣ ସୁଝି ପାରିବ ?

କମ୍ପାନୀର ଆୟ ଓ ବ୍ୟୟର ଅନୁପାତ କେତେ ଅଟେ ? ତାହା କ୍ଷତିରେ ବେପାର କରୁନାହିଁ ତ ?

ଏହା ହେଉଛି ଶେୟାର ବଜାରର ନିୟମ, ତେଣୁ ଅନେକ ପ୍ରଶ୍ନମାନଙ୍କର ଉତ୍ତର ଜାଣିବା ଆବଶ୍ୟକ ଅଟେ । ଯଦି ଆପଣ ଏହି ସବୁ କଥା ବିଷୟରେ ଜାଣନ୍ତି ନାହିଁ ତେବେ ବାସ୍ତବରେ ଆପଣ ଶେୟାର ବଜାରରେ ଜୁଆ ଖେଳୁଛନ୍ତି ।

ମିଡ଼ିଆରେ ସମସ୍ତ ଜିନିଷ ସତ ନୁହେଁ । ମିଡ଼ିଆ ଆପଣଙ୍କୁ ସେଇଆ ଦେଖାଇଥାଏ ଯାହାକୁ ଦେଖାଇବା ପାଇଁ ତାକୁ କିଛି ସଫଳ ଲୋକ ଓ ଧନୀ ଲୋକଙ୍କ ଦ୍ୱାରା ଟଙ୍କା ଦିଆଯାଏ । ସେଥିପାଇଁ କାହା ଉପରେ ଭରସା କରନାହିଁ । ନିଜର ନିବେଶ ବୁଝିସୁଝି କର ।

ଯେପରିକି ଆମକୁ ଗୋଟିଏ ରାସ୍ତାରେ ଜଣେ ମୁର୍ଖ ଅଧ୍ୟାପକର କାହାଣୀ ଶୁଣା ଯାଇଥିଲା ଯିଏ ହାରାହାରିର ନିୟମ ଦ୍ୱାରା ମଧ୍ୟ କାମ କରି ବହୁତ ପିଲାମାନଙ୍କୁ ନଦୀରେ ବୁଡ଼ାଇ ଦେଇଥିଲା । ସେଥିପାଇଁ ଯଦି ଆମର ପାଠକ ଜଣେ ସଫଳ ନିବେଶକ ହେବାକୁ ଚାହାନ୍ତି ତେବେ ତାଙ୍କୁ ଗୋଟିଏ ଜାଗ୍ରତ ନାଗରିକ ପରି ନିଜ କାମ କରିବାକୁ ପଡ଼ିବ । ଏହିଠାରୁ କୌଣସି ନା କୌଣସି ରାସ୍ତା ନିଶ୍ଚୟ ବାହାରିବ ।

❑❑❑

୨୦- ଆପଣ ବିପଦରୁ ରକ୍ଷା ପାଇ ପାରିବେ

> ସକ୍ସେସର ଅର୍ଥ ହେଉଛି ଯେ ଆମ ପାଖରେ ଯାହା ଅଛି ତା ଦ୍ୱାରା ଆମେ ଯାହା ବେଷ୍ଟ କରି ପାରିବା ତାହା କରିବା । - **ଜିଗ ଜିଗଲର**

କୌଣସି ବି ନିବେଶକଙ୍କର ସବୁଠାରୁ ବଡ଼ ପ୍ରଶ୍ନ ଓ ସବୁଠାରୁ ପ୍ରଥମ ପ୍ରଶ୍ନ ହେଉଛି ଯେ ନିଜ ପରିଶ୍ରମର ଅର୍ଥକୁ କେଉଁଠାରେ ଲଗାଇବେ ? କିନ୍ତୁ ବଡ଼ ଦାର୍ଶନିକଙ୍କର କହିବା କଥା ହେଉଛି ଯେ ଜଣେ ନିବେଶକ ସର୍ବ ପ୍ରଥମେ ବୁଝିବା ଦରକାର ଯେ ନିଜ ଟଙ୍କା କେଉଁଠି ଲଗାଇବା ଉଚିତ୍ ନୁହେଁ ।

ନିଜର ପରିଶ୍ରମର ଅର୍ଥକୁ ବଞ୍ଚାଇ ରଖିବା ଓ ନିଜ ଭବିଷ୍ୟତ ସୁରକ୍ଷିତ କରିବାକୁ ଯଦି ଚାହାନ୍ତି ତେବେ ଗୋଟିଏ ଭଲ ଯୋଜନା ପ୍ରସ୍ତୁତ କରିବା ଉଚିତ୍, ଯେଉଁଠାରେ ଆପଣଙ୍କ ମୋଟା ରୋଜଗାର ଏକ ଜମା ଆକାରରେ ରହି ପାରିବ, ଯାହା ଆପଣଙ୍କ କାମରେ ଆସି ପାରିବ । ଯଦି ଆପଣ ଚାହାନ୍ତି ଯେ ଏପରି ହେଉ ତା ହେଲେ ଆପଣଙ୍କୁ ଏଥିପାଇଁ କେତେକ ଆବଶ୍ୟକ ପଦକ୍ଷେପ ଉପରେ ଧ୍ୟାନ ଦେବାକୁ ହେବ, ଯାହା ଫଳରେ କି ଆପଣ ଏହି ସମୟରେ ଚାଲିଥିବା ଠକାମିର ଶିକାର ହେବାରୁ ବଞ୍ଚିଯିବେ ।

କିଛି ବର୍ଷ ମଧ୍ୟରେ ଏହିପରି କେତେ ଘଟଣା ଘଟିଅଛି, ଯେଉଁଠାରେ ଆପଣଙ୍କ ଟଙ୍କାକୁ ଦୁଇଗୁଣ ବା କମ ସମୟରେ ଅଧିକ ଦେବାର ଲୋଭ ଦେଖାଯାଇଛି । କିନ୍ତୁ ପରେ ଆପଣଙ୍କ ଅର୍ଥ ନେଇ ଲୋକ ଫେରାର ହୋଇଯାନ୍ତି । ଆସନ୍ତୁ ପୀ.ଏସ୍.ଏଲ କଥା ହେବା, ଯାହା ଚେନ ସିଷ୍ଟମ ପରି ଲୋକମାନଙ୍କୁ ଜୋଡୁଥିଲା, ଅଜି ତାର ଲକ୍ଷ ଲକ୍ଷ ନିବେଶକ ନିଜ ଟଙ୍କା ନିବେଶ କରି ଫସିଗଲେ । ଏହି ସପ୍ତାହରେ ପୁଞ୍ଜି ବଜାରରେ ନିୟାମକ ସେବୀ ଦେଇଛି ଯେ ପୀ.ଏସୀ.ଏଲ. ର ବହୁତ ସମ୍ପତ୍ତି ବରାମଦ କରାଯାଇଛି

ଓ ତାହା ବିକ୍ରି କରି ନିବେଶକଙ୍କୁ ଟଙ୍କା ଫେରାଯିବ । କିନ୍ତୁ ଧ୍ୟାନ ଦିଅନ୍ତୁ ଯେ ଆପଣ ଯେପରି ଏହପରି ବିପଦରେ ନପଡ଼ନ୍ତୁ ।

ଚିଟ ଫଣ୍ଡ ପରି କମ୍ପାନୀଗୁଡ଼ିକ ବା ଆଉ କୌଣସି ବି ଏହିପରି ବ୍ୟକ୍ତି ଯିଏ ଆପଣଙ୍କୁ କହିବ ଯେ ଟଙ୍କା କମ ସମୟରେ ଦୁଇଗୁଣ ବା ତା ଉପରେ ଅଧିକ ସୁଧ କରାଇ ଦେବ, ତେବେ ଏହିପରି ଆକର୍ଷଣ ମଧ୍ୟକୁ ଟାଣି ହୁଅନ୍ତୁନାହିଁ । ମନେ ରଖନ୍ତୁ ଯେ ଦେଶରେ ସରକାରୀ ଯୋଜନା ଗୁଡ଼ୀକରେ ୯ ପ୍ରତିଶତ ପାଖାପାଖି ଓ ବ୍ୟାଙ୍କରେ ଏଫଡୀ ଉପରେ ମଧ୍ୟ ୭-୧୦ ପ୍ରତିଶତ ପାଖାପାଖି ବାର୍ଷିକ ସୁଧ ମିଳେ । ଏହା ଛଡ଼ା କୌଣସି ବି ଏପରି ସଂସାଧନ ନାହିଁ, ଯାହା ଆପଣଙ୍କ ରାଶିକୁ କମ ସମୟରେ ଦୁଇଗୁଣ କରିଦେବ ବା ଅଧିକ ସୁଧ ଦେବ ।

ଶେୟାର ବଜାରରେ ଆପଣ ଡାଇରେକ୍ଟ କୌଣସି ଶେୟାରରେ ନିବେଶ କରି କିଛି ସମୟ ପାଇଁ ଟଙ୍କା ଉପାର୍ଜନ କରି ପାରିବେ, କିନ୍ତୁ ଏହା ସର୍ବଦା ବିପଦର କାର୍ଯ୍ୟ ଅଟେ । ଅପେକ୍ଷାକୃତ ଭଲ ହେବ ଯଦି ଆପଣ ଏହି କାର୍ଯ୍ୟ କୌଣଶି ଏପରି ମ୍ୟୁଚୁଆଲ ଫଣ୍ଡ କମ୍ପାନୀକୁ ଦେଇଦେବେ, ଯାହାଙ୍କର ଅନୁଭବୀ ଓ ପେଶାଦାର ଫଣ୍ଡ ପ୍ରବନ୍ଧକ ଆପଣଙ୍କ ଅର୍ଥକୁ ନିବେଶ କରିବେ ଓ ଆପଣଙ୍କୁ ଅଧିକ ରିଟର୍ଣ୍ଣ ଦେବେ ।

କିଛି କମ୍ପାନୀ ଗୋଟିଏ ଚେନ ସିଷ୍ଟମ ଚଳାଉଥିଲେ, ଯାହା ନିବେଶକମାନଙ୍କ ଠାରୁ ୧୧,୦୦୦ ଟଙ୍କା ନେଇ ସେମାନଙ୍କୁ ଭଲ ଭଲ ଲୋଭନୀୟ ଅଫର ଦେଉଥିଲେ । କିନ୍ତୁ ସେମାନେ ମଧ୍ୟ ନିବେଶକଙ୍କ ଟଙ୍କା ଗାଏବ କରିଦେଲେ । ଓ ବର୍ତ୍ତମାନ ସେମାନଙ୍କ ଉପରେ ମାମଲା ଚାଲିଛି । ସେହିପରି ଯଦି ଆପଣ କୌଣସି କ୍ରେଡିଟ ସୋସାଇଟୀରେ ମଧ୍ୟ ଟଙ୍କା ଲଗାନ୍ତି ତେବେ କ୍ରେଡିଟ ସୋସାଇଟୀର କୌଣସି ଇତିହାସ ନଥାଏ ଓ ଜଣାନାହିଁ କେତେବେଳେ ସେମାନେ ଆପଣଙ୍କ ଟଙ୍କା ନେଇ ପଳାଇବେ । ଏହିପରି ଯଦି ଆପଣ ବୀସୀ ବା ଅନ୍ୟ ଚିଟିଫଣ୍ଡ କମ୍ପାନୀର ଟଙ୍କା ଲଗାନ୍ତି, ତେବେ ବି ଆପଣଙ୍କ ଟଙ୍କା, ଗାଏବ ହୋଇଯିବ । ଚେଷ୍ଟା କରନ୍ତୁ ଯେପରି ଏହି ପ୍ରକାରର ଲୋଭନୀୟ ଆକର୍ଷଣରେ ନ ପଡ଼ନ୍ତି ।

ନିବେଶକ ଚାହିଁଲେ ୧୦୦ ଟଙ୍କାର ଗୋଟିଏ ବ୍ୟାଙ୍କରେ ମ୍ୟୁଚୁଆଲ ଫଣ୍ଡରେ ବା ବିମାରେ ବା ସରକାରୀ ଯୋଜନାରେ ନିବେଶ କରି ପାରିବେ । ମନେ ରଖନ୍ତୁ, ସର୍ବଦା ନିବେଶ ପାଇଁ ଆପଣ ବ୍ୟାଙ୍କ, ସରକାରୀ ଯୋଜନା ବା ମ୍ୟୁଚୁଆଲ ଫଣ୍ଡ ପରି କମ୍ପାନୀର ସହାୟତା ନିଅନ୍ତୁ ।

ଏମାନଙ୍କ ପାଖରେ ଭଲ ଟ୍ରାକ ରେକର୍ଡ ଥାଏ ଓ ଏମାନଙ୍କ ପାଖରେ ଅନୁଭବୀ

ଫଣ୍ଡ ମ୍ୟାନେଜର ଥାନ୍ତି ଯିଏ ଆପଣଙ୍କ ଟଙ୍କାକୁ ବିଭିନ୍ନ ଯୋଜନାରେ ନିବେଶ କରି ଆପଣକୁ ଅଧିକ ଭଲ ରିଟର୍ଣ୍ଣ ଦିଅନ୍ତି । ଏହି ପଣ୍ଡ ସରକାରୀ ଯୋଜନା, ଶେୟାର ବଜାର ଓ ଅନ୍ୟ ମତିଭ୍ରମରେ ଟଙ୍କା ଲଗାନ୍ତି । ମ୍ୟୁଚୁଆଲ ଫଣ୍ଡ ଆଜି ଦିନରେ ସବୁଠାରୁ ପାରଦର୍ଶୀ ନିବେଶ ଅଟେ, ଯେଉଁଠାରେ ଆପଣ ସର୍ବଦା ନିଜ ନିବେଶର ମୂଲ୍ୟ ବା ରିଟର୍ଣ୍ଣ ଦେଖି ପାରିବେ । ଏହା ସହିତ ଏହାର ପରିଚାଳନା ସେବୀ କରେ ।

ନିବେଶକଙ୍କ ପାଇଁ ଏଫଡି ଏକ ଭରସାଦାୟକ ନିବେଶ ଅଟେ । ଏଠାରେ କମ ସୂଧ ମିଳେ । କିନ୍ତୁ ଆପଣଙ୍କ ଟଙ୍କା ସୁରକ୍ଷିତ ରୁହେ । ଆପଣ ଚାହାନ୍ତି ଯେ ଆପଣଙ୍କୁ କମ ରିଟର୍ଣ୍ଣ ମିଳୁ ଓ ଟଙ୍କା ସୁରକ୍ଷିତ ରହୁ ତେବେ ଆପଣ ବ୍ୟାଙ୍କ ଏଫଡୀର ସାହାଯ୍ୟ ନେଇ ପାରିବେ । ଏହା ଛଡ଼ା ଆପଣ ସରକାରୀ ଯୋଜନା ପରି ଏନପୀଏସ କିସାନ ବିକାଶ ପତ୍ର ବଣ୍ଡ ବା ଅନ୍ୟ କେଉଁଥିରେ ନିବେଶ କରି ପାରିବେ ।

ନିବେଶକ ଚାହିଁଲେ ବୀମା କମ୍ପାନୀମାନଙ୍କରେ ମଧ୍ୟ ଅଳ୍ପ ବହୁତ ନିବେଶ କରି ପାରିବେ, କିନ୍ତୁ ମନେ ରଖନ୍ତୁ ଯେ ଚେନ ସିଷ୍ଟମ ଅଧିକ ସୂଧ ଦେବା ବାଲା, କମ ସମୟରେ ଟଙ୍କାକୁ ଦୁଇଗୁଣ କରିବା ବା କୌଣସି ଲୋଭନୀୟ ଯୋଜନାରୁ ମୁକ୍ତ ରୁହନ୍ତୁ । ଆପଣଙ୍କ ଟଙ୍କା ଆପଣଙ୍କର ଅଟେ ଓ ଆପଣ ହିଁ ଏହାକୁ ସମ୍ଭାଳି ପାରିବେ । କିନ୍ତୁ ଏଥିପାଇଁ ଆପଣଙ୍କ ଟିକେ ଧ୍ୟାନ ଦେବାକୁ ପଡ଼ିବ । ଆପଣଙ୍କର ଅଟେ ଓ ଆପଣ ହିଁ ଏହାକୁ ସମ୍ଭାଳି ପାରିବେ । କିନ୍ତୁ ଏଥିପାଇଁ ଆପଣଙ୍କ ଟିକେ ଧ୍ୟାନ ଦେବାକୁ ପଡ଼ିବ ।

ଯଦି ନିବେଶକ ଥରେ ନିଜ କ୍ଷତି ବିଷୟରେ ଜାଣିଯିବେ ତେବେ ସେ ନିଜ ପୁଞ୍ଜିକୁ ଡୁବିବାରୁ ବଞ୍ଚାଇ ପାରିବେ । କିନ୍ତୁ କେହି ଠିକ କହିଛି ଯେ ଅଧିକ ଲାଭ ତ ଅଧିକ ବିପଦ ଉଠାଇ ହିଁ ପ୍ରାପ୍ତ କରାଯାଇ ପାରିବ । ଏହ ବିପଦ ସେହି ନିବେଶକମାନଙ୍କ ପାଇଁ ହିଁ ଲାଭଦାୟକ ଅଟେ ଯେଉଁମାନେ ଲମ୍ବା ସମୟ ପର୍ଯ୍ୟନ୍ତ ବଜାରର ଖେଳାଳୀ ହୋଇ ସାରିଛନ୍ତି । ନୂଆ ନିବେଶକମାନଙ୍କୁ ତ ଧିରେ ଧିରେ ବିପଦ ନେବା ଆରମ୍ଭ କରିବାକୁ ହେବ ଓ ଏହା ଧ୍ୟାନ ରଖିବାକୁ ହେବ ଯେ କେଉଁଠାରେ ନିଜ ଟଙ୍କା ଲଗାଇବା ଉଚିତ୍ ନୁହେଁ ।

❑❑❑

୨୧- ଶେୟାର ବଜାର : ଅସ୍ଥିରତା ଓ ବ୍ୟବସ୍ଥା

> ସଫଳତା କରିବାକୁ ହେବ, ପାଇବା ଉଚିତ୍ ନୁହେଁ, ସଫଳତା ପ୍ରୟାସରେ ଅଛି, ଜିତିବାରେ ନାହିଁ । - **ଜିଗ ଜିଗଲର**

ସମାଜରେ ରହୁଥିବା ପ୍ରତ୍ୟେକ ପ୍ରାଣୀ ସହଜ ଜୀବନ ବଞ୍ଚିବାକୁ ଚାହେଁ । କିନ୍ତୁ ବାହାରର ବାତାବରଣ ଯୋଗୁଁ ତା ଜୀବନରେ ସର୍ବଦା ଅସ୍ଥିରତା ଲାଗି ରୁହେ, କାହାକୁ ଚାକିରୀର ତ କାହାକୁ ନିଜର ଲାଭର । କିନ୍ତୁ ଦୁନିଆରେ ସେ ସବୁଠାରୁ ସଫଳ ବ୍ୟକ୍ତି ରୂପେ ଗ୍ରହଣ କରାଯାଇଛି, ଯିଏ କୁଶଳ ପ୍ରବନ୍ଧର ପ୍ରୟୋଗ କରିଛି ।

ଜଣେ ଆମେରିକୀୟ ନିବେଶକ, ରବର୍ଟ ଅରନାଟ କହିଛନ୍ତି, "ନିବେଶକରେ, ଯିଏ ମହାନ ସେ ବୋଧହୁଏ ଲାଭଦାୟକ ଅଟନ୍ତି ଯିଏ ୨୦୦ କୋଟି ଡଲାରରୁ ଅଧିକ ନିବେଶ କରିବାକୁ ପରାମର୍ଶ ଦିଅନ୍ତି ଯେତେବେଳେ ବାଷ୍ପଶୀଳତା ବଢ଼ିଯାଏ, ତେବେ ଲୋକ ସର୍ବଦା ଭବିଷ୍ୟତର ଶେୟାର ବିଷୟରେ ଜାଣିବାକୁ ଚାହାନ୍ତି, ସେମାନେ ଏହା ଜାଣିବାକୁ ଚାହାନ୍ତି ଯେ ବଜାର ମୂଲ୍ୟାଙ୍କନ କେବେ ଏପରି ସ୍ଥିତିକୁ ଆସିବ ଯେ ସେମାନଙ୍କୁ ଶେୟାର କିଣିବା ଓ ବିକିବା ସହଜ ହେବ । ସେମାନେ ସେହି ସମୟରେ ଗୋଟିଏ ପାଦ ଉଠାଇବାରେ ସାମିଲ କ୍ଷତିର ଆକଳନ କରିବାକୁ ଚାହାନ୍ତି । କିନ୍ତୁ ଆଉ ଗୋଟିଏ ବିପଦ ଅଛି ଯାହା ନିବେଶକଙ୍କ ଦ୍ୱାରା ବୋଧହୁଏ କେବେ କେବେ ସ୍ୱୀକାର କରାଯାଏ ଏବଂ ତାହା ହେଉଛି ଜଣେ ନିବେଶକର ନିଜ ବିଚାର ଓ ତାର ବ୍ୟବହାର ।"

ଏହା ସର୍ବଦା ଅଧିକ କ୍ଷତିର କାରଣ ହୁଏ । ଶେଷରେ, ଆପଣ ଲମ୍ବା ସମୟ ପର୍ଯ୍ୟନ୍ତ କିଣିବା ଓ ଧରି ରଖିବା ଦ୍ୱାରା ଶେୟାର ବାଜରର ଅସ୍ଥିରତାକୁ ଚଳାଇ ପାରିବା (ଧରି ନିଅନ୍ତୁ ଆପଣ ଗୋଟଏ ଭଲ ଷ୍ଟକ କିଣିଥିଲେ) । କିନ୍ତୁ ଆପଣ ଖରାପ ବା ଭୂଲ ନିର୍ଣ୍ଣୟର ବିପଦରୁ କିପରି ବଞ୍ଚି ପାରିବେ ? ଶେଷରେ, ଏପରି ଜିନିଷକୁ ବଦଳାଯାଇ ପାରିବ ନାହିଁ ।

କେତେକ ସାମାନ୍ୟ ଭୂଲ, ଯାହା ସାଧାରଣ ନିବେଶକ ସର୍ବଦା କରିବାର ଦେଖାଯାଇଛି । ଯଦି ନିବେଶକ ସାମାନ୍ୟ ଭୂଲ ନକରନ୍ତି ତେବେ ସମସ୍ତ ପରିବର୍ତ୍ତନ ସହିତ ସେମାନେ ନିଜର ନିବେଶକୁ ସୁରକ୍ଷିତ ରଖି ପାରିବେ ।

ପ୍ରବାହ ବାହରିବା ପରେ ଜଣାଯାଏ ଯେ, ଶେଷରେ କଣ ବଞ୍ଚିଛି । କେତେକ ନିବେଶକଙ୍କ ପାଇଁ ଏହି କଥା ଉପଯୁକ୍ତ ମନେହୁଏ, ଯିଏ ଉଛୁଳୁଥିବା ବଜାରକୁ କୁଦି ପଡ଼ନ୍ତି । ନିବେଶର ଭଲ ଭାବେ ପରିଭାଷିତ ସିଦ୍ଧାନ୍ତ ଓ ବିପଦର ଭାବନା ଗେଟ ବାହାରେ ରୁହେ ଓ ଶେୟାର କେବଳ ଗତିର ପିଛା କରିବା ପାଇଁ କିଣାଯାଏ । ଷ୍ଟକରେ ନିବେଶ କରିବା ପରିବର୍ତ୍ତେ, ଏହାର ପିଛା କରିବା ଶେୟାର ବଜାରରେ ଭାଗ ନେବା ବିଷୟରେ ଅଟେ ଯାହା ବର୍ତ୍ତମାନରେ "ବଜାରର ସ୍ୱାଦ" ଅଟେ । ପୁନଶ୍ଚ, ବଜାରରେ ସୁଧାର ଆସିବା ସଙ୍ଗେ ସଙ୍ଗେ, ଏହି ଉତ୍ସାହ ଓ ବିପଦ ନେବା ବାଲା ବ୍ୟବାହର ଉଭେଇଯାଏ । ତା'ପରେ ନିବେଶକଙ୍କର ନିବେଶ ଉପରେ କେତେକ ପ୍ରଶ୍ନ ଉଠାଇବା ସହିତ, ତାକୁ ବିନାଶର ରାସ୍ତାରେ ଛାଡ଼ି ଦିଆଯାଏ । ଏପରିକି ସ୍ଥିର ନିବେଶକ ନିଜ ନିବେଶକୁ ସ୍ଥିର କରି ଦିଅନ୍ତି ଓ ନିଜ ଅନୁଶାସନକୁ ଧରି ରଖନ୍ତି ।

ନିବେଶକମାନଙ୍କ ପାଇଁ ଆବଶ୍ୟକ ଅଟେ ଯେ ବହୁତ ଆସବାକ ପତ୍ରର ମାଲିକ ହେବା ପାଇଁ ଆପଣଙ୍କୁ ମାସ ମାସ ଧରି ନିଜ ଷ୍ଟକକୁ ରୋକି ରଖିବାକୁ ପଡ଼େ । କେବେ କେବେ ବର୍ଷ ବର୍ଷ ପର୍ଯ୍ୟନ୍ତ ଏଥିପାଇଁ ବହୁତ ଟଙ୍କା ଓ ଦୃଢ଼ ସଙ୍କଳ୍ପର ଆବଶ୍ୟକତା ଅଟେ । ଏହାଠାରୁ ଅଧିକ ମହତ୍ତ୍ୱପୂର୍ଣ୍ଣ କଥା ହେଉଛି ନିବେଶ କରିବା ପୂର୍ବରୁ ଆମକୁ ଶ୍ରମସାଧ ଅନୁସନ୍ଧାନର ଆବଶ୍ୟକତା ଥାଏ । ତେବେ ଯାଇ ଆପଣ ନିଜ ନିବେଶର ଗୁଣବତ୍ତା ବିଷୟରେ ସୁନିଶ୍ଚିତ ହୋଇ ପାରିବେ ।

ଯଦି କୌଣସି ବି ନିବେଶକଙ୍କ ପାଖରେ ପାଖାପାଖି ୨୫ ରୁ ୩୦ ଶେୟାରର ପୋର୍ଟଫୋଲିଓ ଅଛି ଯାହାଦ୍ୱାରା ଅତିତରେ ପ୍ରତି ବର୍ଷ ହାରାହାରି ୨୫% ରିଟର୍ଣ୍ଣ ମିଳି ସାରିଛି । କିନ୍ତୁ ଆପଣଙ୍କର ଅଧିକ ଇଚ୍ଛା ଥିଲେ ଆପଣ ନିଜ ବ୍ରୋକର ମିତ୍ରଙ୍କୁ ନିଜ ପୋର୍ଟ ଫୋଲିଓ ଦେଖିବା ପାଇଁ କହିବେ ଓ ସେ ଆପଣଙ୍କୁ ବତାଇବେ ଯେ କଣ ଭୂଲ ଅଛି । ସେ ଆପଣଙ୍କୁ ଅଧା ଶେୟାର ବିକିବାର ପରାମର୍ଶ ଦେଇ ପାରନ୍ତି ଓ ଅନ୍ୟ ଶେୟାର କିଣିବାକୁ କହି ପାରନ୍ତି । ଏପରି ଅବସ୍ଥାରେ ଆପଣ କଣ କରିବେ ? ବହୁତ ନିବେଶକ, ଭୂଲରେ ଏପରି ମାନି ନିଅନ୍ତି ଯେ କୌଣସି ମିତ୍ର ବା ପ୍ରତିନିଧୀ ବ୍ରୋକର୍ସ ହାଉସ ଦ୍ୱାରା ପରିଚାଳିତ ଶେୟାର ସେହି ଷ୍ଟକ ତୂଳନାରେ ଅଧିକ ଭଲ ଯାହା ତାଙ୍କ ପାଖରେ ପୂର୍ବରୁ ଅଛି । ଶେଷରେ ଆପଣ ଦେଖିବେ ଯେ ସେହି ଷ୍ଟକ ଅଧିକ ରିଟର୍ଣ୍ଣ

ଦେଉନାହିଁ ଯେତେ ତାଙ୍କର ସାଙ୍ଗ, ସହଯୋଗୀ ବା ପଡ଼ୋଶୀକୁ ମିଳୁଛି ।

ନିବେଶକ ତାଙ୍କ ପଡ଼ୋଶୀ ବା ଅନ୍ୟ ଲୋକଙ୍କ ତୁଳନାରେ ଅଧିକ କମାନ୍ତୁ, କଥା ଠିକ ସେଇଆ ନୁହେଁ । ସେ ବଜାରରେ ଶ୍ରେଷ୍ଠତା ପ୍ରଦର୍ଶନ କରିବା ଦରକାର । ଯେତେବେଳେ ବଜାର ଭଲ ଥିଲା ସେତେବେଳେ ସେ ଶେୟାର କିଣିଛନ୍ତି ଓ ବିଜେତା ରୂପେ ମାର୍କେଟକୁ ଓହ୍ଲାଇଛନ୍ତି । ତେଣୁ ସେ ଧ୍ୟାନ ରଖିବା ଦରକାର ଯେ ଷ୍ଟକର ମୂଲ୍ୟ କମିବା ପରେ ମଧ୍ୟ, ଏହା 'ଶସ୍ତା' ହୋଇ ପାରିବ ନାହିଁ, ଏହାର ପୁଷ୍ଟି ସାଧନ ପାଇଁ ଏହାର ମୂଲ୍ୟରୁ ହୋଇଥିବା ଲାଭର ଅନୁପାତକୁ ଦେଖନ୍ତୁ । ଏହା ଦ୍ୱାରା ନିବେଶକଙ୍କୁ ବୋଧଗମ୍ୟ ହୋଇ ପାରିବ ଆପଣ ରୋଜଗାର କରିଥିବା ଲାଭର ପ୍ରତ୍ୟେକ ଟଙ୍କା ପାଇଁ କେତେ ଟଙ୍କାର ନେଣଦେଣ କରୁଛନ୍ତି । ଏହା ଯେତେ ଉଚ୍ଚକୁ ଉଠିବ ଷ୍ଟକ ସେତେ ମହଙ୍ଗା ହେବ ।

କେତେକ ନିବେଶକ 'କିଣା ଓ ଧରିରଖିବା ।' କାହିଁକି କରନ୍ତି ? ଏପରି ନୁହେଁ ଯେ ତାଙ୍କର ଗୋଟେ ବିଶେଷ ଲକ୍ଷ୍ୟ ଅଛି । ଷ୍ଟକ କେତେକ ନିବେଶକ 'କିଣା ଓ ଧରିରଖିବା ।' କାହିଁକି କରନ୍ତି ? ଏପରି ନୁହେଁ ଯେ ତାଙ୍କର ଗୋଟେ ବିଶେଷ ଲକ୍ଷ ଅଛି । ଷ୍ଟକ କିଣିବା ସମୟରେ ତାଙ୍କ ପାଖରେ 'ନିବେଶର ସମୟ' ମଧ୍ୟ ହୋଇ ନପାରେ । ଏହାର କାରଣ ହେଉଛି ଯେପର୍ଯ୍ୟନ୍ତ କ୍ଷତି ଲାଭରେ ପରିଣତ ନହୋଇଛି ସେପର୍ଯ୍ୟନ୍ତ ତାକୁ ଧରି ରଖିବାର ଅଛି ।

ଜଣେ ନିବେଶକ ଦୀର୍ଘକାଳୀନ ଦୃଷ୍ଟିକୋଣରୁ ଷ୍ଟକ କିଣିଥାଇ ପାରନ୍ତି । କିନ୍ତୁ ୨୫ମାସ ପରେ ସେ ଦେଖିଲେ ଯେ ଷ୍ଟକ ଭଲ ରିଟର୍ଣ୍ଣ ଦେଉଛି । ହଠାତ୍ ଯେତେବେଳେ ବଜାରରେ ସୁଧାର ଆଣିବାର ହାୱା ବହିବାକୁ ଆରମ୍ଭ କରେ, ନିବେଶକଙ୍କୁ ଡର ହୋଇଯାଏ ଯେ ସେ କେବେହେଲେ ଆଗପରି ରିଟର୍ଣ୍ଣ ପାଇ ପାରିବେ ନାହିଁ । ତେଣୁ ଷ୍ଟକ ରିଟର୍ଣ୍ଣ ଦେବା ପାଇଁ ପ୍ରସ୍ତୁତ ହୋଇଯାନ୍ତି । ଏହା ଜଙ୍ଗଲୀ ଘାସକୁ ପାଣି ଦେଇ ଫୁଲକୁ କାଟି ଫୋପାଡ଼ିବା ପରି ଅଟେ ।

ଇକ୍ୱିଟୀ ନିବେଶ ସ୍ୱାଭାବିକ ଭାବେ ବିପଦରେ ପୂର୍ଣ୍ଣ ଅଟେ । ମୂଲ୍ୟ ୧୦-୧୫% ପ୍ରତିଶତ ସ୍ୱିଙ୍ଗ କରି ପାରେ । ଏହା ସେତେବେଳେ ହୁଏ ଯେତେବେଳେ ଆପଣ ଶେୟାରକୁ ଲାଭ ବା କ୍ଷତିକୁ ନ ଦେଖି ନିଜ ନିବେଶର ମୂଲ୍ୟର ମୂଲ୍ୟରେ ପରିବର୍ତ୍ତନ ଦେଖନ୍ତି । ମୌଳିକ ଲାଭ ବା କ୍ଷତି ଉପରେ ଧ୍ୟାନ ଦିଅନ୍ତୁ ନାହିଁ । ଆପଣ ସଂଭାବିତ ବିଜେତାଙ୍କ କଥା ଭାବି ଡରିଯାନ୍ତି । ଆପଣ ଶହ ଶହ ସଫଳ କାହାଣୀ ପଢ଼ିଥାନ୍ତୁ ପଛେ ଠିକ୍ କାରଣକୁ ଚିହ୍ନିବା ପାଇଁ ମନୋବୈଜ୍ଞାନିକ ଶକ୍ତିର ଆବଶ୍ୟକତା ରହିଛି ।

ଜଣେ ସିଧା ନିବେଶକ ବା ମୂଲ୍ୟବାନ ନିବେଶକ ସେତେବେଳେ ହୁଅନ୍ତି ଯେତେବେଳେ ନିବେଶକ ଷ୍ଟକ ନିରୁପଣ କରନ୍ତି । ଏପରି ସମୟରେ ନିବେଶକ ବିଶ୍ୱାସ ରଖନ୍ତି ଯେ ଶେୟାର ପୂର୍ବ ଅବସ୍ଥାକୁ ଫେରି ଆସିବ ଓ ଅନୁଭବୀ ନିବେଶକ ସେମାନଙ୍କୁ ଧୈର୍ଯ୍ୟକୁ ପରୀକ୍ଷା ମଧ୍ୟ କରି ପାରନ୍ତି ।

ନିବେଶକମାନେ ସ୍ପଷ୍ଟତାର ସହିତ ଚକ୍ରାକାରରେ ନିୟମିତ ରୂପେ ନିବେଶ କରିବା ସର୍ବୋତ୍ତମ ଅଟେ । ସମୟ ସମୟରେ ଧନ ଆବଣ୍ଟନ ସାବଧାନତାର ସହିତ କରିବା ମଧ୍ୟ ମହତ୍ତ୍ୱପୂର୍ଣ୍ଣ ଅଟେ । ଏହିପରି ଅନୁଶାସନ ଆପଣଙ୍କୁ ସ୍ୱାଭାବିକ ରୂପେ କମ ଦରରେ କିଣିବା ଓ ଅଧିକ ଦରରେ ବିକିବାର ଅନୁମତି ଦେବ ଏବଂ ଲୋଭ ଓ ଭୟରୁ ମୁକ୍ତ କରିବ ।

ଭୂଲ କରିବା ଅନିବାର୍ଯ୍ୟ ଅଟେ, କିନ୍ତୁ ଏହା ମଧ୍ୟ ଅନିବାର୍ଯ୍ୟ ଅଟେ ଯେ ଆପଣ ଏହାକୁ ନ ଦୋହରାନ୍ତୁ । ଏହା ସଫଳତାପୂର୍ବକ ନିବେଶ କରିବାରେ ସହାୟକ ହୁଏ ଓ ବିଶ୍ୱାସ ଉତ୍ପନ୍ନ କରିବାରେ ସହାୟକ ହୁଏ ।

ବିପଦରେ କୁଶଳତା ଯେଉଁ ନିବେଶକ ଆପଣେଇ ଥାଏ, ସେ ବହୁତ ସହଜରେ ନିଜ ଲକ୍ଷ୍ୟ ପର୍ଯ୍ୟନ୍ତ ପହଞ୍ଚିଯାଏ । ଜଣେ ନିବେଶକ ପାଇଁ ବଜାରର ଦୃଷ୍ଟିକୋଣ କୁ ବୁଝିବା ଓ ତା ଅନୁସାରେ ନୀତି ପ୍ରସ୍ତୁତ କରିବା କଠିନ କାର୍ଯ୍ୟ ଅଟେ, କିନ୍ତୁ ଆବଶ୍ୟକ ମଧ୍ୟ ଅଟେ, ଯଦି ନିବେଶକ ଲମ୍ବା ରେସରେ ଦୌଡ଼ିବାକୁ ଚାହାନ୍ତି ।

❑❑❑

୨୨- ଶେୟାର ବଜାରରେ ଫଣ୍ଡାମେଣ୍ଟାଲ ଆନାଲିସିସ୍

> ସଫଳତା ପ୍ରସନ୍ନତାର ଚାବି ନୁହେଁ । ପ୍ରସନ୍ନତା ସଫଳତାର ଚାବୀ ଅଟେ । ଯଦି ଆପଣ ଯାହା କରୁଛନ୍ତି ତାକୁ ପ୍ରେମର ସହିତ କରନ୍ତି ତେବେ ଆପଣ ସଫଳ ହେବେ ।
> - ହର୍ମନ ଜେନ

ଜୀବନର ଧାଁ ଦୌଡ଼ରେ ଜଣେ ବ୍ୟକ୍ତିକୁ ନିଜର ଦିନସାରା କାର୍ଯ୍ୟର ମୂଲ୍ୟାଙ୍କନ କରିବା ଉଚିତ୍, ତେବେ ଯାଇ ସେ ଆସନ୍ତା ଦିନମାନଙ୍କରେ କୌଣସି ଟାର୍ଗେଟ ପ୍ରାପ୍ତ କରି ପାରିବ । ସେ ନିଜର କ୍ଷମତା ଓ କମଜୋରୀର ମଧ୍ୟ ଧ୍ୟାନ ରଖିବା ଆବଶ୍ୟକ ଅଟେ । ସେହିପରି ଶେୟାର ବଜାରର ନିବେଶକମାନେ ମଧ୍ୟ ଲଗାତର କିଛି ନା କିଛି ସମୟ ସମୟରେ ନିଜ ଧାରଣାମାନଙ୍କର ଜାଞ୍ଚ କରିବା ଉଚିତ୍ ।

ଜଣେ ନବେଶକ ଅଧିକରୁ ଅଧିକ ରିଟର୍ଣ୍ଣ ପାଇବା ପାଇଁ ଶେୟାର ବଜାରରେ ପ୍ରବେଶ କରନ୍ତି । ସେ ଏପରି ଶେୟାର କିଣନ୍ତି, ଯାହାର ମୂଲ୍ୟ ବୃଦ୍ଧିର ଆଶା ଥାଏ ଓ ସେହି ଶେୟାରକୁ ବିକ୍ରି କରିଦିଅନ୍ତି, ଯେଉଁମାନଙ୍କ ପାଖରେ ସ୍ଥିରତା ନଥାଏ । ଏପରି ଶେୟାରକୁ ଚିହ୍ନିବା ପାଇଁ ଟେକନିକାଲ ଓ ଫଣ୍ଡାମେଣ୍ଟାଲ ଆନାଲିସିସ୍‌ର ସାହାଯ୍ୟ ନିଆଯାଏ ।

ଟେକନିକାଲ ଓ ଫଣ୍ଡାମେଣ୍ଟାଲ ବିଶ୍ଳେଷଣର ଉପାୟ ଭିନ୍ନ ଭିନ୍ନ ହୋଇଥାଏ । ଟେକନିକାଲ ବିଶ୍ଳେଷଣର ବ୍ୟବହାର ସବୁ ପ୍ରକାରର ବଜାରରେ କରାଯାଏ । ଏଥିରେ କମୋଡିଟୀ, ଫାଁରେକ୍ସ, ଶେୟାର ବା ବଣ୍ଡ ମିଳିତ ଥାଏ । ଏହାକୁ ବୁଝିବା ପାଇଁ ଆମକୁ କେତେକ କଥା ଉପରେ ବିଶେଷ ଧ୍ୟାନ ଦେବାକୁ ପଡ଼ିବ ।

ଯେପରି ଫଣ୍ଡାମେଣ୍ଟାଲ ବିଶ୍ଳେଷଣ କଣ ? କୌଣସି ଶେୟାରର ସମ୍ଭାବିତ ଭବିଷ୍ୟତର

ଆକଳନ କେତେକ ବ୍ୟାପକ ସଂକେତ ଦ୍ୱାରା କରାଯାଏ । ଏଥିରେ ଦେଶର ଜିଡିପି, ମହଙ୍ଗା ଦର, ସୂଧ ଦର ସହିତ କମ୍ପାନୀର ବିକ୍ରି, ଲାଭ କ୍ଷମତା, ରିଟର୍ଣ୍ଣ, ନଗଦ ସ୍ଥିତି ଓ ଲାଇବିଲିଟି ମିଳିତ ଥାଏ ।

ସେହିପରି ଟେକନିକାଲ ବିଶ୍ଳେଷଣକୁ ମଧ୍ୟ ବୁଝିବାକୁ ହେବ । ଟେକନିକାଲ ବିଶ୍ଳେଷଣରେ ବଜାରର ଐତିହାସିକ ଅଙ୍କର ବ୍ୟବହାର କରାଯାଏ । ଏଥିରେ ଶେୟାରର ବୃଦ୍ଧି-ହ୍ରାସ, ଭଲ୍ୟୁମ, ଓପନ ଇଣ୍ଟେରେଷ୍ଟ ଆଜି ମିଳିତ ଥାନ୍ତି । ଏହାର ଆଧାର ଉପରେ କୁହାଯାଇ ପାରିବ ଯେ ଭବିଷ୍ୟତରେ ଶେୟାରର ଦିଗ କଣ ହେବ ।

ଟେକନିକାଲ ବିଶ୍ଳେଷଣ ଫଣ୍ଡାମେଣ୍ଟାଲ ଅଙ୍କକୁ ନିଚା ଦେଖେ । ଏହାର କାରଣ ନୁହେଁ ଯେ ଏହାର ପ୍ରାସଙ୍ଗିକତା ନାହିଁ । ବରଂ ବଜାର ଏହା ଉପରେ ପୂର୍ବରୁ ଦୃଷ୍ଟି ରଖିସାରିଛି । ସେଥିପାଇଁ ଦ୍ୱିତୀୟ ଥର ସେଗୁଡ଼ିକର ବିଶ୍ଳେଷଣର ଆବଶ୍ୟକତା ନାହିଁ । ଏହି ମେଥଡ଼ର ପ୍ରଥମ ସିଦ୍ଧାନ୍ତ ହେଉଛି 'ମୂଲ୍ୟରେ ସମସ୍ତ ଜିନିଷ ମିଳିତ ହୁଅନ୍ତି ।'

ଏହା କହିବା କଷ୍ଟକର ଅଟେ ଯେ ଦୁଇ ଜଣଙ୍କ ମଧ୍ୟରୁ କିଏ ଅଧିକ ଭଲ ଅଟେ । ଏହାର କାରଣ ହେଉଛି ଯେ ଟେକନିକାଲ ବିଶ୍ଳେଷଣ ଅଳ୍ପ ସମୟ ମଧ୍ୟରେ ଟ୍ରେଡିଂ ଓ ନିବେଶ ମାଧ୍ୟମରେ କାରବାର କରେ । ଫଣ୍ଡାମେଣ୍ଟାଲ ଆନାଲିସିସ୍ ଲମ୍ବା ସମୟ ପାଇଁ ନିବେଶରେ ଉପଯୋଗୀ ହୋଇଥାଏ । କାରଣ ଦୁଇଟିଯାକ ମେଥଡ଼ ଲାଭଦାୟକ ଅଟେ, ସେଥିପାଇଁ ଅଧିକତର ବ୍ରୋକର୍ସ, ଫାର୍ମ ଦୁଇଟିଯାକ ବିଶ୍ଳେଷଣର ବ୍ୟବାହର କରନ୍ତି ।

ସଫଳ ନିବେଶକ ଦୁଇଟିଯାକ ବିଶ୍ଳେଷଣର ପ୍ରୟୋଗ କରନ୍ତି । ଫଣ୍ଡାମେଣ୍ଟାଲ ବିଶ୍ଳେଷଣ ଜଣାଇଦିଏ ଯେ କେଉଁ ଶେୟାରର ନିବେଶ କରିବା ଉଚିତ୍ । ଟେକନିକାଲ ବିଶ୍ଳେଷଣ ଜଣାଇଦିଏ ଯେ ଏଥିରେ କେତେ ଟଙ୍କା ଖଟାଇଲେ ଲାଭବାନ ହେବେ ।

ଯେପରିକି ପ୍ରଥମରୁ କୁହାଯାଇଛି ଯେ ଯେପରି ଗୋଟିଏ ଘରର ଖର୍ଚ୍ଚ ଚଳାଇବା ପାଇଁ କେବଳ ବର୍ତ୍ତମାନର ବସ୍ତୁମାନଙ୍କର ମୂଲ୍ୟ ଆକଳନ କରିବାକୁ ପଡ଼େନାହିଁ, ବରଂ ଭବିଷ୍ୟତରେ ହେବାକୁ ଥିବା ଦରବୃଦ୍ଧି ବିଷୟରେ ମଧ୍ୟ ଧ୍ୟାନ ଦେବାକୁ ପଡ଼େ, ଗୋଟିଏ ଉଦାହରଣରୁ ଆପଣ ବୁଝି ପାରିବେ । ମୋର ଜଣେ ମିତ୍ର ଗାଡ଼ି କିଣିବାର ପ୍ଲାନ ପ୍ରସ୍ତୁତ କଲେ । ସେ ଗାଡ଼ି ବାଛି ମଧ୍ୟ ନେଲେ । କିନ୍ତୁ ଜଣେ ମିତ୍ର ତାକୁ ପରାମର୍ଶ ଦେଲେ ଯେ ପେଟ୍ରୋଲ ବହୁତ ମହଙ୍ଗା ପଡ଼ିବ । ଅତେବ ସି.ଏନ୍.ଜୀ ବାଲା ଗାଡ଼ି ନେବା ଭଲ ହେବ । ସେ ସେହିପରି କଲେ । କାରଣ ତାର ଆବଶ୍ୟକତା ସ୍ଥାନୀୟ ଥିଲା । ଏହାର ଅର୍ଥ ହେଉଛି ଶେୟାର ବଜାରର ଜାଞ୍ଚ କେବଳ ବଜାର ଅନୁସାରେ କରନ୍ତୁ ନାହିଁ, ବରଂ ନିଜର ଆବଶ୍ୟକତା ମୁତାବକ ମଧ୍ୟ କରନ୍ତୁ ।

❑❑❑

୨୩- ଅନ୍ତର୍ରାଷ୍ଟ୍ରୀୟ ନିବେଶ ଓ ବିବିଧତା

ସଫଳତା ସରଳ ଅଟେ । ଯାହା ଠିକ୍ ତାହା କରନ୍ତୁ, ଠିକ ଉପାୟରେ କରନ୍ତୁ, ଠିକ ସମୟରେ କରନ୍ତୁ । - **ଆର୍ଣ୍ଡୋଲ୍ଡ ଏଚ ଗ୍ଲାସଗୋ**

ଆଜିର ଦୁନିଆ ବହୁତ ଛୋଟ ହୋଇଯାଇଛି । ସବୁ ଦେଶର ଅର୍ଥ ବ୍ୟବସ୍ଥା ଜଣେ ଅନ୍ୟ ଜଣକ ସହିତ ଏପରି ମିଶିଯାଇଛି, ଯେପରି ଆଜି ଗୋଟିଏ ଦେଶରେ ସଙ୍କଟ ଆସିଲେ ତାହା ଗୋଟିଏ ଦେଶରେ ସୀମିତ ହୋଇ ରହୁନାହିଁ । ବରଂ ସାରା ଦୁନିଆରେ ତାର ପ୍ରତ୍ୟକ୍ଷ୍ୟ/ଅପ୍ରତ୍ୟକ୍ଷ୍ୟ ପ୍ରଭାବ ପଡୁଛି । ଏପରି ସମୟରେ ଶେୟାର ବଜାର ତ ସାଧାରଣ କଥା । ଏଥିରେ କାର୍ଯ୍ୟ କରୁଥିବା ଦୁନିଆର ବଡ଼ ଅର୍ଥ ଲାଗି ରହିଛି । ଯେତେବେଳେ ଥରେ ନିବେଶକ ଶେୟାର ବଜାରରେ ନିଜ ନିବେଶ କରିବାକୁ ଚାହେଁ । ସେତେବେଳେ ତାକୁ ଥରେ ଅନ୍ତରାଷ୍ଟ୍ରୀୟ ଫଣ୍ଡ ବିଷୟରେ ମଧ୍ୟ ଭାବିବା ଦରକାର ।

ନିବେଶ ପରାମର୍ଶଦାତାମାନଙ୍କର କହିବା କଥା ହେଉଛି ଯେ ପୋର୍ଟଫୋଲିଓରେ ବିବିଧତା (Diversification) ଆଣିବା ପାଇଁ ନିବେଶକଙ୍କୁ ଅନ୍ୟ ଦେଶମାନଙ୍କର ମ୍ୟୁଚୁଆଲ ଫଣ୍ଡରେ ନିବେଶ କରିବା ଉଚିତ୍ । ସେମାନେ ଫିଡର ଫଣ୍ଡ ବା ଅନ୍ତାରାଷ୍ଟ୍ରୀୟ ଫଣ୍ଡରେ ନିବେଶ ଦ୍ୱାରା ଏହି କାର୍ଯ୍ୟ କରି ପାରିବେ । ଏହି ଫଣ୍ଡ ଅନ୍ୟ ଦେଶର ଶେୟାର ବା ଫିକ୍ସଡ ଇନକମ ସିକ୍ୟୁରିଟୀରେ ନିବେଶ କରନ୍ତି ।

ବହୁତ ଲୋକଙ୍କର ଛୁଟିରେ ବିଦେଶ ଯିବାର ଇଚ୍ଛା ବଢ଼ିବାରେ ଲାଗିଛି । କେତେକ ଛାତ୍ର/ଛାତ୍ରୀ ମଧ୍ୟ ବିଦେଶରେ ଉଚ୍ଚ ଶିକ୍ଷା ହାସଲ କରିବାକୁ ଚାହାନ୍ତି । ଏପରି ଅବସ୍ଥାରେ ପୋର୍ଟଫୋଲିଓରେ ଭୌଗଳିକ ରୂପେ ବିବିଧତା ଆଣିବା ବୁଦ୍ଧିମାନର କାମ । ଏହା ସହିତ ଭାରତୀୟ ଅର୍ଥ ବ୍ୟବସ୍ଥାର ପ୍ରଦର୍ଶନ କେବେହେଲେ ଭଲ ରହୁ ନଥିବାରୁ ଏହି ବିଦେଶୀ ଫଣ୍ଡ ଆପଣଙ୍କୁ ଭଲ ରିଟର୍ଣ୍ଣ ଦେଇ ପାରିବେ । ଅଟୋମୋବାଇଲ,

ଟେକ୍‌ନୋଲୋଜୀ, ଇଣ୍ଟରେନଟର କେତେକ ବିଶ୍ୱ ସ୍ତରୀୟ କମ୍ପାନୀ ଆମେରିକା ଓ ୟୁରୋପରୁ ଆସନ୍ତି । ଇଣ୍ଟରନ୍ୟାସନାଲ ଫଣ୍ଡରେ ନିବେଶ ଆପଣଙ୍କୁ ଏହିପରି ଭାବେ ବିଦେଶ କମ୍ପାନୀମାନଙ୍କରେ ନିବେଶର ଅବସର ପ୍ରଦାନ କରେ ।

ଭାରତୀୟ ନିବେଶକମାନଙ୍କ ପାଇଁ କେତେ ପ୍ରକାରର ଇଣ୍ଟରନ୍ୟାସନାଲ ଫଣ୍ଡ ବଜାରରେ ଉପଲବ୍ଧ ଅଛି । ଏହି ଶ୍ରେଣୀର ଫଣ୍ଡ ରାଜ୍ୟ ଆଧାରିତ ହୋଇପାରେ, ଯାହା କ୍ରମଶଃ କୌଣସି ରାଜ୍ୟ (ଆମେରିକା, ବ୍ରାଜୀଲ ଆଦି), ନିବେଶ କ୍ଷେତ୍ର (ୟୁରୋପ ସଂଘ) ବା ବିଷୟ (ଟେକ୍‌ନୋଲୋଜି) ଆଦିରେ ନିବେଶ କରନ୍ତି । ନିୟମାନୁସାରେ ଭାରତୀୟ ନିବେଶକ ଏହି ଫଣ୍ଡରେ ଭାରତୀୟ ଟଙ୍କାରେ ନିବେଶ କରି ପାରିବେ । ଆପଣ ଫଣ୍ଡ ବାଛିବା ପରେ ନେଣଦେଣ ଚେକ ଦ୍ୱାରା ଟଙ୍କାରେ କରି ପାରିବେ । ଏହି ଫଣ୍ଡରେ ଅନଲାଇନ ନିବେଶ ମଧ୍ୟ କରାଯାଇ ପାରିବ ।

ଭାରତୀୟ ନିବେଶକଙ୍କୁ ଇଣ୍ଟରନ୍ୟାସନାଲ ନିବେଶ ଅଫର କରୁଥିବା ଫଣ୍ଡ ଦୁଇଟି ଉପାୟରେ ବିଦେଶୀ ବଜାରରେ ନିବେଶ କରନ୍ତି । ପ୍ରଥମଟି ହେଉଛି, ସେମାନେ ସିଧା ବିଦେଶୀ ବଜାରରେ ଶେୟାରରେ ନିବେଶ କରି ପାରିବେ । ଅନ୍ୟଟି ସେମାନେ କୌଣସି ବିଦେଶୀ ଫଣ୍ଡରେ ନିବେଶ କରି ପାରିବେ । ଏହାକୁ ଫିଡର ରୂଟ କୁହାଯାଏ ।

ଶେୟାରରେ ନିବେଶର ବିପଦ ସହିତ ଇଣ୍ଟରନ୍ୟାସନାଲ ଫଣ୍ଡ ସହିତ କରେଂସୀର

ହ୍ରାସ ବୃଦ୍ଧିର ବିପଦ ମଧ୍ୟ ସଂପୃକ୍ତ ଅଛି । ଏହି ବିପଦ ବିଦେଶୀ ବଜାରରେ ଘରୋଇ କରେଂସୀର ମୂଲ୍ୟ ହ୍ରାସ ବା ବୃଦ୍ଧି ଯୋଗୁଁ ସୃଷ୍ଟି ହୋଇ ପାରେ । ଘରୋଇ ନିବେଶକ ଟଙ୍କାରେ ନିବେଶ କରନ୍ତି, କିନ୍ତୁ ଫଣ୍ଡ୍ସ କୁ ବିଦେଶୀ ମୁଦ୍ରାରେ ନିବେଶ କରିବାକୁ ପଡ଼େ । ଏହି କାରଣରୁ ନିବେଶକଙ୍କୁ ଏହି ଫଣ୍ଡଗୁଡ଼ିକ ପ୍ରତି ଅଧିକ ସଚେତନ ରହିବା ଆବଶ୍ୟକ ଅଟେ । ସେମାନଙ୍କର ନେଟ ଆସେଟ ଭାଲ୍ୟୁ (NAV) ବହୁତ ଦୂର ପର୍ଯ୍ୟନ୍ତ ପ୍ରଭାବିତ ହୋଇ ପାରେ । ଉଦାହରଣ ସ୍ୱରୂପ ଯଦି ଡଲାରର ତୁଳନାରେ ଟଙ୍କାର କମଜୋରୀ ଆସିଯାଏ, ତେବେ ଆମରିକୀ ଫଣ୍ଡରେ ନିବେଶ କରିବା ବାଲାଙ୍କୁ ଲାଭ ମିଳିବ । ଏହାର ଓଲଟା ମଧ୍ୟ ହୋଇ ପାରେ ।

ଇଣ୍ଟରନ୍ୟାସନାଲ ଫଣ୍ଡ ଉପରେ ଟ୍ୟାକ୍ସର ନିୟମ ଡେଟ ମ୍ୟୁଚୁଆଲ ଫଣ୍ଡ ପରି ଅଟେ । ତିନି ବର୍ଷର ସମୟ ପର୍ଯ୍ୟନ୍ତ ଚାଲୁ ରଖିବା ଦ୍ୱାରା ନିବେଶକଙ୍କୁ ଶର୍ଟ ଟର୍ମ କ୍ୟାପିଟାଲ ଗେନ ଟ୍ୟାକ୍ସ ଦେବାକୁ ପଡ଼େ । ଏହା କରିବା ଦ୍ୱାରା ଉପାର୍ଜନ କରାଯାଇଥିବା ଲାଭ ଉପରେ ନିଜର ଟ୍ୟାକ୍ସ ସ୍ଲାବର ଆଧାର ଉପରେ ଦିଆଯାଏ । ତିନି ବର୍ଷରୁ ଅଧିକ ସମୟ ପର୍ଯ୍ୟନ୍ତ ଚାଲୁ ରଖିବା ଦ୍ୱାରା ନିବେଶକଙ୍କୁ ରୋଜଗାର କରାଯାଇଥିବା ଲାଭ ଉପରେ ୨୦ ପ୍ରତିଶତର ଲଙ୍ଗ ଟର୍ମ କ୍ୟାପିଟାଲ ଗେନ ଟ୍ୟାକ୍ସ ଦେବାକୁ ପଡ଼େ । ଏହା ଉପରେ ଇଣ୍ଡେକ୍ସେଶନର ଲାଭ ମଧ୍ୟ ଦିଆଯାଏ ।

❑❑❑

୨୪- ଶେୟାର ବଜାରରେ ଦ୍ରୁତ ନିବେଶ ଓ ସାବଧାନତା

> ଆପଣଙ୍କ ଜୀବନର ସବୁଠାରୁ ଭଲ ବର୍ଷ ହେଉଛି ଯେଉଁଥିରେ ଆପଣ ସ୍ଥିର କରନ୍ତି ଯେ ଆପଣଙ୍କ ପ୍ରୋବ୍ଲେମ ଆପଣଙ୍କ ନିଜର ଅଟେ । ଆପଣ ତାର ଦୋଷ ନିଜ ମାଁ, ଇକୋଲୋଜୀ ବା ପ୍ରେସିଡେଣ୍ଟଙ୍କୁ ଦିଅନ୍ତିନାହିଁ । ଆପଣ ରିଅଲାଇଜ କରନ୍ତି ଯେ ଆପଣ ନିଜ ଭାଗ୍ୟକୁ ନିଜେ କଣ୍ଟ୍ରୋଲ କରନ୍ତି । **- ଆଲବର୍ଟ ଏଲିସ**

ଦେଖିବାକୁ ମିଳେ ଯେ ଦୁନିଆର ସବୁଠାରୁ ଅଧିକ ଦୁର୍ଘଟଣା ଦ୍ରୁତ ଗତିରେ ହୁଏ । ଅର୍ଥାତ ସ୍ପୀଡ ଯୋଗୁଁ ହୁଏ । ଅର୍ଥାତ୍ ଶୀଘ୍ରତା ଯୋଗୁଁ ମଧ୍ଯ ହୁଏ । ଶେୟାର ବଜାରରେ ମଧ୍ଯ ଯେତେବେଳେ ସ୍ପୀଡ ଆସେ ସେତେବେଳେ ନିବେଶକଙ୍କ ଚେହେରା ଖେଳିଉଠେ । ବହୁତ ଲୋକ ଏହି ସ୍ପିଡର ଶିକାର ମଧ୍ଯ ହୋଇଯାନ୍ତି । ଏହାର ଅର୍ଥ ହେଉଛି ଯେ ସ୍ପିଡ ଯେଉଁ କ୍ଷେତ୍ରରେ ହେଉ ନା କାହିଁକି ଦୁର୍ଘଟଣାର ସମ୍ଭାବନା ରହିଥାଏ । ସେଥିପାଇଁ ଶୋୟାର ବଜାରରେ ନିବେଶକଙ୍କୁ ଭାବି ଚିନ୍ତି ପାଦ ରଖିବାକୁ ହେବ ।

ବାଲାଂସ୍ଡ ଫଣ୍ଡରେ ଡିବିଡେଣ୍ଡ ପାଇଁ ନିବେଶ ବାଲଂଶ୍ଡ ଫଣ୍ଡ ନିବେଶ ପାଇଁ ଭଲ ବିକଳ୍ପ ଅଟେ । ଏଥିରେ ସୁରକ୍ଷା ସହିତ ଇକ୍ୱିଟୀ ଦ୍ୱାରା ରୋଜଗାରର ସୁଯୋଗ ମିଳେ । ଏହାକୁ ଲୋକମାନଙ୍କର ଡିବିଡେଣ୍ଡ ଅପଶନର ଲୋଭ ସହିତ ବିକ୍ରି କରାଯାଏ । ବହୁତ ବାଲାଂସ୍ଡ ଫଣ୍ଡ ପୂର୍ବରୁ ବାର୍ଷିକ ଡିବିଡେଣ୍ଡ ଦେଉଥିଲେ, ଏବେ ତ୍ରୈମାସିକ ବା ମାସିକ ଡିବିଡେଣ୍ଡ ଦେଉଛନ୍ତି । ନିବେଶକଙ୍କ ହାତରେ ଏହି ଡିବିଡେଣ୍ଡ ଟ୍ୟାକ୍ସ ଫ୍ରୀ ଅଟେ, ଏହିପରି ନିବେଶକମାନଙ୍କୁ ଏହି ଟ୍ୟାକ୍ସ ଫ୍ରୀ ଆମଦାନୀର ବିକଳ୍ପ ରୂପେ ବିକ୍ରି କରାଯାଉଛି ।

ଏହି ଡିବିଡେଣ୍ଡ ବର୍ଷ ବର୍ଷ ଧରି ଆୟ କରାଯାଇଥିବା ସରପ୍ଲସ ଆୟ ରୂପେ ନିବେଶକଙ୍କୁ ଦିଆଯାଏ । ଏଥିରୁ ମିଳୁଥିବା ଅର୍ଥ ମୂଲ୍ୟବାନ ହେବାର କୌଣସି ଗ୍ୟାରେଣ୍ଟୀ

ନାହିଁ । ଯଦି କୌଣସି ନିବେଶକ ଏହି ଭରସାରେ ବାଲାଂସ୍‌ଡ ଫଣ୍ଡରେ ନିବେଶ କରନ୍ତି ତେବେ ତାହା ଠିକ୍ ନୁହେଁ । ପ୍ଲାନ ରୂପୀ ଇନଭେଷ୍ଟମେଣ୍ଟ ସର୍ଭିସେସର ସଂସ୍ଥାପକ ଆମୋଲ ଜୋଶୀ କହିଛନ୍ତି, 'କୌଣସି ଇକ୍ୱିଟୀ ଓରିଏଣ୍ଟେଡ ଫଣ୍ଡରେ ନିବେଶ କେବଳ ମାସିକ ଆମଦାନୀ ବିଚାର ଦ୍ୱାରା ବହୁତ ଭୂଲ ନିଷ୍ପତ୍ତି ଅଟେ । '

ଯଦି ଆପଣ ବର୍ତ୍ତମାନ କୌଣସି ଇକ୍ୱିଟୀ ଫଣ୍ଡରେ ଶୋଷିବା ଆରମ୍ଭ କରିବାକୁ ଚାହାନ୍ତି ତେବେ ଦ୍ୱିତୀୟ ଥର ଭାବି ନିଅନ୍ତୁ । ଆପଣଙ୍କୁ ଏହ ନିବେଶ ଦ୍ୱାରା ଲାଭ କମେଇବା ପାଇଁ ଲମ୍ବା ସମୟ ପର୍ଯ୍ୟନ୍ତ ଫଣ୍ଡରେ ସଂପୃକ୍ତ ରହିବାକୁ ପଡ଼ି ପାରେ ।

ମ୍ୟୁଚୁଆଲ ଫଣ୍ଡରେ ନିବେଶ ବଢ଼ିବା ସହିତ ଏବେ ତାର ଅର୍ଥର ପରିଷ୍କାରତା ମଧ୍ୟ ବଢ଼ିଛି । ଇଣ୍ଡଷ୍ଟ୍ରୀର ତଥ୍ୟ ଶୋଷିବା କହେ ଯେ ଇକ୍ୱିଟୀ ଫଣ୍ଡ ଦ୍ୱାରା କୋଟି କୋଟି ଟଙ୍କାର ପରିଷ୍କାରତା ବର୍ଷକୁ ବର୍ଷ ବଢୁଛି ।

ବହୁତ ନିବେଶକ ସ୍କୀମ ବିକ୍ରି କରିଦେଲେ, ଯେତେବେଳେ କି କେତେକ ନିବେଶକ ସିପ ବିକ୍ରି କରିଦେଲେ । ଲମ୍ବା ସମୟ ମଧ୍ୟରେ କ୍ଷତି ଘଟି ପାରେ । ଶେୟାର ବଜାରରେ କମଜୋରୀର ଆଶଙ୍କା ଲାଗି ରହିଥାଏ । ବିଗତ କିଛି ବର୍ଷମାନଙ୍କରେ ଲାଭ କରିଥିବା ନିବେଶକଙ୍କ ପାଇଁ ଏହା ଏକ ଝଟକା ପରି ଲାଗି ପାରେ । ଯଦ କମଜୋରୀ ଆଶଙ୍କାରେ ଆପଣ ଆପଣଙ୍କର ପୋର୍ଟଫୋଲିଓକୁ ମାରିଦିଅନ୍ତି ତେବେ ଆପଣ କମ୍ପାଉଡିଙ୍ଗ ଲାଭରୁ ବଞ୍ଚିତ ହୋଇ ପାରନ୍ତି । କୌଣସ ଲକ୍ଷ୍ୟ ପାଇଁ ଆପଣ ଅର୍ଥ ଏକଜୁଟ କରିବା ପାଇଁ ମଧ୍ୟ ବଞ୍ଚିତ ହୋଇ ପାରନ୍ତି ।

ମିଡ ବା ସ୍ମଲ କ୍ୟାପରେ ଅଧିକ ନିବେଶ (ଏକ୍ସପୋଜର) ବିଗତ ତିନି ବର୍ଷରେ ମିଡ କ୍ୟାପର ରିଟର୍ଣ୍ଣ ୨୩ ଓ ସ୍ମଲ କ୍ୟାପର ୧୭ ପ୍ରତିଶତ ରହିଛି । ଏହି ଫଣ୍ଡ ମଲ୍ଟୀ ଓ ଲାର୍ଜ କ୍ୟାପ ଫଣ୍ଡର ପ୍ରଦର୍ଶନକୁ ବହୁତ ପଛରେ ପକାଇ ଦେଇଛି । ଏହି କାରଣରୁ ବହୁତ ନିବେଶକ ଏଥିରେ ନିବେଶ ପାଇଁ ଆଗକୁ ପାଦ ବଢ଼ାଇଛନ୍ତି । ଗେଟିଙ୍ଗ ୟୁ ରଚର ସଂସ୍ଥାପକ ରୋହିତ ଶାହ କହିଛନ୍ତି, 'ନିବେଶକ ମିଣ୍ଡ ଓ ସ୍ମଲ କ୍ୟାପର ବିଗତ ପ୍ରଦର୍ଶନକୁ ଦେଖି କେବଳ ଏତିକି ଏକ୍ସପୋଜର ଚାହାନ୍ତି ।' ବିଶେଷଜ୍ଞମାନଙ୍କର ଉପଦେଶ ହେଉଛି ଯେ ଏହି ସେଗମେଣ୍ଟରେ ଭେଲ୍ୟୁଏସନ ବହୁତ ବଢ଼ି ରହିଛି ।

କେତେକ ଲୋକ ସାଧାରଣତଃ ଭାବେ କମ ରେଟିଙ୍ଗ ବାଲା କର୍ପୋରେଟ୍ ବଣ୍ଡରେ ନିବେଶ କରନ୍ତି । ସେମାନେ କ୍ରେଡିଟ୍ ରେଟିଙ୍ଗ ବଢ଼ିବାର ବିଶ୍ୱାସ ଥିବା ବଣ୍ଡରେ ନିବେଶର ସୁଯୋଗ ଖୋଜନ୍ତି । ଏହି ପ୍ରକାରର ଫଣ୍ଡ ଦ୍ୱାରା ଅଧିକତର ରିଟର୍ଣ୍ଣ ଯୋଗୁଁ ନିବେଶକ ଏହି ସେଗମେଣ୍ଟ ଆଡ଼କୁ ଆଶାପୂର୍ଣ୍ଣ ଚାହାଣୀରେ ଦେଖୁଛନ୍ତି । ମନୀ ଓ୍ୱାର୍କ୍ସ

ଫାଇନେନ୍ସିୟାଲ ଆଡଭାଇଜର୍ସଙ୍କର ସଂସ୍ଥାପକ ନିସରୀନ ମାମାଜୀ କହିଛନ୍ତି, 'ବଣ୍ଡ ଫଣ୍ଡର ନିବେଶକ ସୁରକ୍ଷିତ ରହିବା ଉଚିତ୍ । କ୍ରେଡିଟ ଅପରଚ୍ୟୁନିଟିଜ ଫଣ୍ଡରେ ଯିବା ବର୍ତ୍ତମାନ ସମୟରେ ଅନାବଶ୍ୟକ ବିପଦ ଉଠାଇବା ସଙ୍ଗେ ସମାନ ।'

ନିବେଶକଙ୍କର ବିଶ୍ୱାସ ଉପରେ ଏହି ବାସ୍ତବତାର ପ୍ରଭାବ ପଡ଼ିନାହିଁ । ଠିକ୍ ସମୟରେ ଫଣ୍ଡ ମ୍ୟାନେଜରଙ୍କ କଲ ଉଠାଇ ନ ପାରିବା କାରଣରୁ ନିବେଶକ ସେଥିରେ କ୍ଷତିଗ୍ରସ୍ତ ହେଲେ । ଆପଣ ମଧ୍ୟ ଡେଟ ଫଣ୍ଡର ବିକଳ୍ପ ରୂପେ ଡାଇନାମିକ ବଣ୍ଡରେ ନିବେଶ କରନ୍ତୁ ନାହିଁ ।

ଉପଦେଷ୍ଟା ବିନା ଡାଇରେକ୍ଟ ପ୍ଲାନରେ ସ୍ୱିଚ କରିବା, ମ୍ୟୁଚୁଆଲ ଫଣ୍ଡର ଡାଇରେକ୍ଟ ପ୍ଲାନର ନିବେଶକମାନଙ୍କୁ ଅଧିକ ରିଟର୍ଣ୍ଣ ମିଳେ । ଏଥିରେ ଆପଣ ଫଣ୍ଡ ହାଉସରୁ ସିଧା ପ୍ଲାନ କିଣି ପାରିବେ । ଏଥିରେ ଖର୍ଚ୍ଚ କମ ହୋଇଥାଏ । କିନ୍ତୁ ଆବଶ୍ୟକ ହେଉଛି ଯେ ସ୍ୱିଚ କରିବା ପୂର୍ବରୁ ଆପଣ ଏ ବିଷୟରେ କୌଣସି ପରାମର୍ଶଦାତାଙ୍କ ସହିତ ସମ୍ପର୍କ କରନ୍ତୁ । ଯଦି ଆପଣ ନିଜେ ଏହା କରିବେ ତେବେ ଠିକ୍ ଫଣ୍ଡ ବାଛିବାରେ କୌଣସି ବି ଭୂଲ ଆପଣଙ୍କୁ ଅଧିକ କ୍ଷତି ପହଞ୍ଚାଇ ପାରେ ।

ଯେପରିକି ପ୍ରଥମରୁ ମୁଁ କହିଛି ମାର୍କେଟରେ ସ୍ୱିଡ ସମୟରେ ବହୁତ ଲୋକ ଅଧିକରୁ ଅଧିକ ଟଙ୍କା ରୋଜଗାର କରିବାକୁ ଚାହାନ୍ତି । ଏହି ବିରାଗ ରେ ବହୁତ ଲୋକ ବିପଦର ସମ୍ମୁଖୀନ ହୁଅନ୍ତି । ଶେୟାର ବଜାରର ମାମଲା (ମେଣ୍ଢା) ବାଲା ନୁହେଁ ବରଂ ବହୁତ ସାବଧାନାର ସହିତ କାର୍ଯ୍ୟ କରିବାକୁ ହୁଏ । ଅତି କମ୍‌ରେ ସେତେବେଳେ ଯେତେବେଳେ ଅଧିକ ଲାଭ ପାଇବାକୁ ଚାହାନ୍ତି । ନିବେଶକଙ୍କର ସତର୍କତା ହିଁ ସୁରକ୍ଷା କବଚର କାର୍ଯ୍ୟ କରେ ।

❑❑❑

୨୫- ଶେୟାର ବଜାର ଭୁଲରୁ ରକ୍ଷା ପାଇବା କିପରି ?

> ଆପଣଙ୍କୁ ପ୍ରତ୍ୟେକ ସକାଳ ଡେଟରମିନେଶନର ସହିତ ଉଠିବାକୁ ପଡ଼ିବ ଯଦି ଆପଣ ପ୍ରତ୍ୟେକ ରାତ୍ରିରେ ସୈଟିସଫେକ୍ସନର ସହିତ ବିଛଣା ଉପରକୁ ଯିବାକୁ ଚାହାନ୍ତି । **- ଜର୍ଜ ଲୋରିମର**

ଯେଉଁ ଲୋକମାନେ ବ୍ୟବସାୟ କରନ୍ତି ସେମାନଙ୍କ ପାଇଁ ଗୋଟିଏ ଲୋକକଥା ସର୍ବଦା ଲାଗୁ ହୋଇଥାଏ, ମାନ୍ଦା ହେଉ ବା ତେଜ ହେଉ, ସେମାନଙ୍କ ପାଇଁ ଏହି ଦୁଇଟି ଅବସର ଲାଭ ଆଦାୟ ପାଇଁ ହୋଇଥାଏ । ସେଥିପାଇଁ ନିବେଶକଙ୍କ ସାମ୍ନାରେ ଏପରି ଅବସର ସର୍ବଦା ଆସୁଥିବ ଓ ଯାଉଥିବ । ଏମାନଙ୍କ ଠାରୁ ଦୂରେଇ କେହି ବି ନିବେଶକ ଲାଭ ହାସଲ କରି ପାରିବ ନାହିଁ ।

ଯେପରିକି ଆପଣ ଅବସର ଖୋଜନ୍ତି ନୂଆ ଶିଖର ଉପରେ ପହଞ୍ଚିବା ପରେ ଶେୟାର ବଜାରରେ ଜୋରଦାର ହ୍ରାସ ଦେଖାଗଲା । ଏହା ଦ୍ୱାରା ନିବେଶକ ଘାବରାଇ ଯାଆନ୍ତି । ମାର୍କେଟ ବିଶେଷଜ୍ଞମାନେ କୁହନ୍ତି ଯେ ବଜାର ଦର ଆଗକୁ ହ୍ରାସ ହୋଇ ପାରେ । ଏପରି ଦେଖାଯାଉଛି ଯେତେବେଳେ ମାର୍କେଟରେ ସୁଧାର ଆସେ, ସେତେବେଳେ ନିବେଶକ ସବୁଠାରୁ ବଡ଼ ଭୂଲ କରନ୍ତି । ଏହି ଭୂଲ ପାଇଁ ସେମାନଙ୍କୁ ବହୁତ ଭାରୀ ମୂଲ୍ୟ ଦେବାକୁ ପଡ଼ିଥାଏ । ଏହିପରି ସାଧାରଣ ଭୂଲ ବିଷୟରେ କହୁଛି, ଯାହାଠାରୁ ନିବେଶକମାନେ ଦୂରରେ ରହିବା ଉଚିତ୍ ।

ନିବେଶକ ଗୋଟଏ ମୂଲ୍ୟ ସ୍ଥିର କରନ୍ତି ଓ ସେହି ଲେବଲ ପର୍ଯ୍ୟନ୍ତ ଶେୟାରକୁ ହୋଲ୍ଡ କରି ରଖନ୍ତି । ସାଧାରଣତଃ ଏହି ପ୍ରାଇସ ଶେୟାରର କିଣା ମୂଲ୍ୟ ଅଟେ । କେତେକ ଅବସ୍ଥାରେ ଏହା ଷ୍ଟକର ଅଲ ଟାଇମ ହାଇ ପ୍ରାଇସ ମଧ୍ୟ ହୋଇପାରେ ।

ନିବେଶକ ଏହି ଲେବଲକୁ ଧ୍ୟାନରେ ରଖି କୌଣସି ଶେୟାରକୁ ଧରି ରଖିବା ବା ଖସେଇ ଦେବାର ନିଷ୍ପତ୍ତି କରନ୍ତି । ଯେହେତୁ ହ୍ରାସ ହେଉଥିବା ବଜାରରେ ଭଲ ପ୍ରାଇସର ମୋହ ଭାରୀ କ୍ଷତି ଆଣି ଦେଇଥାଏ । ସେଥିପାଇଁ ନିବେଶକ ସେଥିରେ ଆଧିକ ସମୟ ପର୍ଯ୍ୟନ୍ତ ଶେୟାରକୁ ହୋଲ୍ଡ କରନ୍ତି, ଯେତେ ସମୟ ପର୍ଯ୍ୟନ୍ତ ଆବଶ୍ୟକ । ଶେୟାର ପ୍ରାଇସରେ କେତେକ କାରଣରୁ ହ୍ରାସ ଆସିପାରେ, କିନ୍ତୁ ନିବେଶକ ଭଲ ପ୍ରାଇସର ମୋହରେ ଶେୟାରକୁ ହୋଲ୍ଡ କରି ରଖେ ।

ଯଦି ଆପଣ କୌଣସି ଶେୟାର କିଣିଛନ୍ତି ଓ ତାର ମୂଲ୍ୟ ହ୍ରାସ ହେଉଛି ତେବେ ଏଭରେଜ ବାଇଙ୍ଗ ପ୍ରାଇସ କମ୍ କରିବା ପାଇଁ ଆଉ ଶେୟାର କିଣନ୍ତୁ ନାହିଁ । ନିବେଶକ କମ ମୂଲ୍ୟରେ ଶେୟାର କିଣି ନିଜ ଲସ କମାଇବାକୁ ଚେଷ୍ଟା କରନ୍ତି । ହ୍ରାସ ହେଉଥିବା ବଜାରରେ ଏହି ରଣନୀତି ଠିକ୍ ନୁହେଁ । ଯଦି ଆପଣ ଭୂଲ ଶେୟାର କିଣିଛନ୍ତି ତେବେ ସେଥିରେ ବହୁତ ହ୍ରାସ ଘଟି ପାରେ । ଯଦି ଆପଣ ମଝିରେ ସେହି ଶେୟାର ଆହୁରି କିଣନ୍ତି ତେବେ ଆପଣଙ୍କ କ୍ଷତି ବଢ଼ିବ । ଏହି ବିଷୟରେ ସେଣ୍ଟ୍ରମ ୱେଲଥର ଚିଫ୍ ଇନଭେଷ୍ଟମେ ଅଫିସର କୁଞ୍ଜ ବଂସଲ କହିଛନ୍ତି ଯେ ଏକ ଖରାପ ଷ୍ଟକରେ ଆହୁରି ଟଙ୍କା ଲଗାଇବା ବୁଦ୍ଧିମାନର କାର୍ଯ୍ୟ ନୁହେଁ । ସେ କହିଛନ୍ତି, 'ଯଦି ଆପଣ କିଣିଥିବା ଷ୍ଟକ ଭଲ' କ୍ୱାଲିଟୀର ଅଟେ ତେବେ କମ୍ ହୋଇଥିଲେ ମଧ୍ୟ ସେଥିରେ ନିବେଶ ବଢ଼ା ଯାଇ ପାରିବ । ଏହା ଛଡ଼ା କୌଣସି ଅବସ୍ଥାରେ ମୂଲ୍ୟ ହ୍ରାସ ହେଲେ ଶେୟାରରେ ନିବେଶ କରିବା ଉଚିତ୍ ନୁହେଁ ।

ଯେତେବେଳେ ଶେୟାର ପ୍ରାଇସରେ ହ୍ରାସ ହୁଏ ସେତେବେଳେ ଲୋକମାନେ ଇନଭେଷ୍ଟମେଣ୍ଟ ଓ ରିସର୍ଚ୍ଚ ରିପୋର୍ଟସ ଖୋଜିବାକୁ ଲାଗନ୍ତି, ଯାହାଦ୍ୱାରା ତାଙ୍କର ବିଚାର ଠିକ୍ ପ୍ରମାଣିତ ହେବ । ସେମାନେ ସେହି ତଥ୍ୟକୁ ଅଣଦେଖା କରନ୍ତି ଯାହା ଦ୍ୱାରା ତାଙ୍କ ବିଚାର ଭୂଲ ପ୍ରମାଣିତ ହେବ । ବଜାରରେ ସୁଧାର ଆସିବା ସମୟରେ ଏହି ଟ୍ରେଡ ଅଧିକ ଦେଖାଯାଏ । ନିବେଶକ ଏହି ଅବସ୍ଥାରେ ଭୂଲ କରିବାର ଦେଖାଯାଏ । ଯଦି ଆପଣ କୌଣସି ଶେୟାର କିଣିଛନ୍ତି ଓ ତା ବିଷୟରେ ନେଗେଟିଭ ନ୍ୟୁଜ ଆସେ ତେବେ ତା ପ୍ରତି ଧ୍ୟାନ ଦେବାକୁ ପଡ଼ିବ । ଯେଉଁ ଷ୍ଟକ ଆପଣଙ୍କ ପୋର୍ଟଫୋଲିଓରେ ଅଛି ତାକୁ ନେଇ ଆପଣ ଭାବନାରେ ବହିଯିବା ଉଚିତ୍ ନୁହେଁ ।

ଯଦି କୌଣସି ଶେୟାର ୫୨ ସପ୍ତାହର ଲୋ ଲେବଲ ଉପରେ ପହଞ୍ଚିଯାଏ ତେବେ ହ୍ରାସ ହେଉଥିବା ବଜାରରେ କିଛି ନିବେଶକ ଭେଲ୍ୟୁ ଇନଭେଷ୍ଟମେ   କରିବାରେ ଲାଗିଯାନ୍ତି । ସେମାନେ ଏପରି ଶେୟାରକୁ ଖୋଜନ୍ତି, ଯାହାର ମୂଲ୍ୟ ୫୨ ସପ୍ତାହର ଲୋ ଉପରେ ପହଞ୍ଚି ଯାଇଛି । ସେମାନଙ୍କୁ ଲାଗେ ଯେ ଏପରି ଶେୟାରରେ ଆଗରୁ ମୂଲ୍ୟ ହ୍ରାସ ହୋଇସାରିଛି, ସେଥିପାଇଁ ଏଥିରେ ନିବେଶ କଲେ ଭଲ ରିଟର୍ଣ୍ଣ ମିଳିପାରେ । ଏମାନଙ୍କ ମଧ୍ୟରୁ କିଛି ଷ୍ଟକ୍ସ 'ଭେଲ୍ୟୁ ଟ୍ରେପ' ପ୍ରମାଣିତ ହୋଇ ପାରେ । ଏହି ବିଷୟରେ ଓମ୍ନିସାଇନ୍ସ କ୍ୟାପିଟାଲର ସିଇଓ ବିକାଶ ଗୁପ୍ତା କହିଛନ୍ତି, "୫୨ ସପ୍ତାହର ଲୋ କୌଣସି ଷ୍ଟକକୁ ରିସର୍ଚ୍ଚ କରିବାର କାରଣ ହୋଇପାରେ, କିନ୍ତୁ କେବଳ ମୂଲ୍ୟ ଦେଖି ଏପରି ଶେୟାରର ନିବେଶ କରିବା ଭଲ ହେବନାହିଁ ।"

ହ୍ରାସ ହେଉଥିବା ବଜାରରେ କେତେ ବ୍ରୋକର୍ସ ହାଉଶ ନିବେଶକମାନଙ୍କୁ ଲୀଓ୍ୱରେ ଉପରେ ବାଜି ଲଗାଇବାକୁ କହିଥାନ୍ତି । ଏହି ପ୍ରକାରର ବାଜିରେ କ୍ଷତିର ଆଶା ଅଧିକ । ଏପରି ଅବସ୍ଥାରେ, ଅସ୍ଥିର ବଜାରରେ ନିବେଶ କରିବାରୁ ବଞ୍ଚିତ ରହିବା ଭଲ । ଟଙ୍କା ଋଣ କରି ନିବେଶ କରିବା ଠିକ୍ ନୁହେଁ । ଏପରି କରିବା ଠକ୍ ହେବ ଯଦି ଋଣର ସୁଧ ଠାରୁ ରିଟର୍ଣ୍ଣ ଅଧିକ ହେବ, ଯାହା ହ୍ରାସ ହୋଇଥିବା ବଜାରରୁ ମିଳିବା କଷ୍ଟକର । ଏହା ସହିତ ଆପଣଙ୍କୁ ନିବେଶର ସମୟସୀମା ଉପରେ ମଧ୍ୟ ଧ୍ୟାନ ଦେବାକୁ ହେବ ।

ମାର୍କେଟରେ ବଡ଼ ଧାରଣର ମୂଲ୍ୟ ହ୍ରାସ ନିବେଶକମାନଙ୍କ ମଧ୍ୟରେ କ୍ରୋଧୋନ୍ମତ୍ତ ଖେଳାଇବା ପାଇଁ ଯଥେଷ୍ଟ । କେତେକ ନିବେଶକ ଏପରି ବଜାରରେ ନିବେଶ କରିବା ପାଇଁ ଲୋଭ କରନ୍ତି, ସେହି ନିବେଶକମାନେ ମାନନ୍ତି ଯେ ଏପରି ଅବସ୍ଥାରେ ବଜାରରୁ ଅର୍ଥ କାଢ଼ିନେବା ହିଁ ବୁଦ୍ଧମାନର କାର୍ଯ୍ୟ । ବଜାରରେ ସୁଧାର ଆସିବା ସମୟରେ ନିବେଶକ ନିଜର ଯୋଜନା କୁ ସଠିକ୍ ରୂପେ କାର୍ଯ୍ୟ କରି ନିବେଶ କରନ୍ତି । ଟୀବୀଏନଜୀ

କ୍ୟାପିଟାଲ ଆଡଭାଇଜର୍ସର ସଂସ୍ଥାପକ ଓ ସିଇଓ ତରୁଣ କିରାନୀ କୁହନ୍ତି, "ଏପରି ସମୟରେ ନିବେଶକ ଧୈର୍ଯ୍ୟ ହରାଇ ଦିଅନ୍ତି ଓ ଟଙ୍କା ହରାଇବାକୁ ଲାଗନ୍ତି । ଅଧିକ ଭଲ ହେବ ଯଦି ଲଙ୍ଗ ଟର୍ମ ଫାଇନାନ୍ସିଆଲ ଗୋଲ୍ସ ଉପରେ ଧ୍ୟାନ ଦିଆଯାଏ ।"

କେତେକ ଛୋଟ ନିବେଶକ ବଜାରରେ ହ୍ରାସ ହୋଇଥିବା ବେଳେ ସର୍ବଦା ଏସ ଆଇ ପୀ ରୋକି ଦିଅନ୍ତି । ପରନ୍ତୁ, ସତ୍ୟ ହେଉଛି ମନ୍ଦୀର ବଜାରରେ ଏସ ଆଇ ପୀ ମାଧ୍ୟମରେ କରା ଯାଇଥିବା ନିବେଶ ଉପରେ ଅଧିକ ରିଟର୍ଣ୍ଣ ମିଳିବାର ସମ୍ଭାବନା ଥାଏ । ବଜାରରେ କରେକ୍ସନ ହେବା ପରେ ଏସ ଆଇ ପୀ ର ସେହି ଅର୍ଥରେ ଆପଣଙ୍କୁ ମ୍ୟୁଚୁଆଲ ଫଣ୍ଡସର ଅଧିକ ୟୁନିଟ ମିଳେ । ଏହା ଦ୍ୱାରା ମାର୍କେଟରେ ରିକଭର ହେବା ଦ୍ୱାରା ଆପଣଙ୍କୁ ଅଧିକ ରିଟର୍ଣ୍ଣ ମିଳେ । ଏସ ଆଇ ପୀ କରେକ୍ସନ ହେବା ପରେ ଯଦି

ଆପଣ ରୋକନ୍ତି ପୂରା ହୁଏ ନାହିଁ । ଏସ ଆଇ ପୀ କରେକ୍ସନ ହେବା ପରେ ଯଦି ଆପଣ ରୋକନ୍ତି ତେବେ ଏହା ଦ୍ୱାରା ଏହାର ଲକ୍ଷ୍ୟ ପୂରା ହୁଏ ନାହିଁ । ଏସ ଆଇ ପୀର ଲମ୍ବା ସମୟ ପର୍ଯ୍ୟନ୍ତ ବଜାରରେ ରହିବା ଆବଶ୍ୟକ ଅଟେ ।

ମ୍ୟୁଚୁଆଲ ଫଣ୍ଡ ଆପଣଙ୍କ ବିପଦକୁ କମ କରେ, କିନ୍ତୁ କେତେକ ସମୟରେ ରିଟେଲ ନିବେଶକ ମଧ୍ୟ ମ୍ୟୁଚୁଆଲ ଫଣ୍ଡର ରାସ୍ତାରେ ଚାଲି ନିଜ ପୋର୍ଟଫୋଲିଓରେ ବିବିଧତା ଆଣିବାକୁ ଚେଷ୍ଟା କରନ୍ତି । କେତେକ ନିବେଶକ ଗୋଟିଏ ସେକ୍ଟରର କେତେକ କମ୍ପାନୀରେ ଏକା ସାଥିରେ ନିବେଶ କରନ୍ତି । ଏହିପରି ଭୂଲ ଆପଣଙ୍କ ଟଙ୍କାକୁ ବିପଦରେ ପକାଏ, ତା ସହିତ ଆପଣଙ୍କ ପୋର୍ଟଫୋଲିଓକୁ ମଧ୍ୟ କମଜୋର କରେ । ପୋର୍ଟଫଲିଓରେ ବିବିଧତା ଭଲ କଥା, କିନ୍ତୁ ଏଥିରେ ବୁଝିସୁଝି କାର୍ଯ୍ୟ କରବା ଆବଶ୍ୟକ । ଏକା ସାଥିରେ କେତେଗୁଡ଼ିଏ ଡଙ୍ଗାର ଯାତ୍ରା ଆପଣଙ୍କୁ ଡୁବାଇ ଦେଇ ପାରେ ।

ଏବେ ଆପଣ ବୁଝି ସାରିବେଣି ଯେ ନିବେଶକଙ୍କର ବୁଝିସୁଝି କାର୍ଯ୍ୟ କରିବା ହିଁ ତାଙ୍କୁ ବିପଦରେ ମଧ୍ୟ ଲାଭ ଦେଇ ପାରେ ଓ ଅନ୍ଧ ବେଖାତିର ଭାବ ମଧ୍ୟ ତାଙ୍କର ଟଙ୍କାକୁ ଡୁବାଇ ଦେଇ ପାରେ । ସେଥିପାଇଁ କୌଣସି ବି ପ୍ରଲୋଭନରେ ପଡ଼ିବା ବଦଳରେ ତାର୍କିକ ରୂପେ ନିବେଶର ପ୍ଲାନିଙ୍ଗ କରନ୍ତୁ ଓ ଠିକ୍ ସମୟରେ ଠିକ୍ ନିର୍ଣ୍ଣୟ ନିଅନ୍ତୁ ।

ଜଣେ ବହୁତ ବଡ଼ ମନୋବୈଜ୍ଞାନିକ ଅଟନ୍ତି । ସେ ବୁଝାଇଛନ୍ତି ଯେ ଭୂଲ କରିବା ମାନବ ସ୍ୱଭାବର ଅଭିନ୍ନ ଅଙ୍ଗ ଅଟେ । ଭୂଲ କରି ମଧ୍ୟ ମାନବ ସମାଜ ଆଜି ଆଧୁନିକ ସଭ୍ୟତା ପର୍ଯ୍ୟନ୍ତ ପହଞ୍ଚିଛି କିନ୍ତୁ ଗୋଟେ କଥା ମନେ ରଖିବା ଉଚିତ୍ ଯେ କାଳ ଅନୁସାରେ ଭୂଲ ବାରମ୍ବାର ଦୋହାରାଇବା ଉଚିତ୍ ନୁହେଁ । କେହି ଜଣେ ଠିକ୍ କହିଛନ୍ତି, ହାତ ଜଳାଇ ଅନୁଭବ କରିବା ବାଲା ମୁର୍ଖ ଅଟନ୍ତି । ସେଥିପାଇଁ ଶେୟାର ବଜାରରେ ଛୋଟ ଧରଣର ଭୂଲ ଆପଣଙ୍କ ଅର୍ଥକୁ ବରବାଦ କରିଦେଇ ପାରେ ।

❑❑❑

୨୬- ଶେୟାର ବଜାର : ଆଦର୍ଶ ପୋର୍ଟଫୋଲିଓ

ଯଦି ଆପଣ ଗୋଟିଏ ସହଜ କାମକୁ କଠିନ କରିବାକୁ ଚାହାନ୍ତି, ତେବେ ତାକୁ ଟାଳି ଚାଲନ୍ତୁ । - **ଓଲିନ ମିଲର**

ମାନବ ଜୀବନରେ ସଫଳ ନିବେଶକ ସିଏ ଅଟେ ଯିଏ ନିଜ ସମୟର ଯୁଦ୍ଧ ଡାକରାକୁ କଡ଼ା ମୁକାବିଲା କରିଛି । ଯୁଦ୍ଧର ସମ୍ମୁଖୀନ ସିଏ କରି ପାରିବ, ଯିଏ ଭବିଷ୍ୟତକୁ ନେଇ ନିଜର ପୂରା ପ୍ଲାନିଙ୍ଗ କରି ରଖିଛି । ଏପରି ବି ହୋଇପାରେ ଯେ ପ୍ଲାନିଙ୍ଗ କେବେ କେବେ ଫେଲ ମଧ୍ୟ ହୋଇଯାଏ । ସେଥିପାଇଁ ଜଣେ ସଫଳ ନିବେଶକକୁ କେତେକ ପ୍ଲାନ ଏକା ସାଥିରେ ରଖିବାକୁ ହୋଇଥାଏ । ତେବେ ଯାଇ ସେ ନିଜ ଯୋଜନା ମାଧ୍ୟମରେ ସଫଳ ନିବେଶକ ହୋଇ ପାରିବ ।

ଟଙ୍କା ରୋଜଗାର କରିବାର ପ୍ରକ୍ରିୟା ଅଳ୍ପକାଳୀନ ହୋଇପାରେ, କିନ୍ତୁ ଏଥିପାଇଁ ପ୍ରସ୍ତୁତ ହେବା ପାଇଁ ସମୟ ଲାଗେ । ସେଥିପାଇଁ ଧୈର୍ଯ୍ୟ ସହିତ ଖବର ପାଇବାର ଆବଶ୍ୟକତା ଥାଏ । ଗୋଟିଏ ଶକ୍ତ ପୋର୍ଟଫୋଲିଓ ପ୍ରସ୍ତୁତ କରିବାକୁ ପଡ଼ିଥାଏ ।

ସମୟ ସହିତ ଟଙ୍କା ରୋଜଗାର କରିବା ପାଇଁ ଷ୍ଟକ ମାର୍କେଟରେ ନିବେଶ ଏକ ବିଶ୍ୱସନୀୟ ପ୍ରଣାଳୀ ହୋଇପାରେ । ତଥାପି ଏପରି କେତେକ ଲୋକ ଅଛନ୍ତି ଯେଉଁମାନେ ଶେୟାର ବଜାରରେ ନିବେଶ କରିବାରୁ ବଞ୍ଚିତ ଅଟନ୍ତି । ସେମାନଙ୍କୁ ଏହା ବହୁତ ଭୟଙ୍କର ଲାଗେ । ଯେତେବେଳେ କି ସତ୍ୟ ହେଉଛି ଶେୟାରରେ ନିୟମିତ ରୂପେ ନିବେଶ କରି ଠିକ୍ ଉପାୟରେ କାରବାର କଲେ ଧନ ଅର୍ଜନ କରାଯାଇ ପାରିବ । ସେହପରି, ଆପଣଙ୍କୁ ଚତୁରତାର ସହିତ କାର୍ଯ୍ୟ କରିବାକୁ ହେବ । ଷ୍ଟକ ମାର୍କେଟରେ ନିବେଶର ସବୁଠାରୁ ଉପଯୁକ୍ତ ପ୍ରଣାଳୀର ସୂଚନା ହାସଲ କରିବାକୁ ହେବ । ମନେ

ରଖନ୍ତୁ, ଟଙ୍କା ରୋଜଗାର କରିବାର ପ୍ରକ୍ରିୟା ଅଳ୍ପକାଳୀନ ହେଉ ପଛକେ, କିନ୍ତୁ ଟଙ୍କା ରୋଜଗାର ହେବାକୁ ଦୀର୍ଘ ସମୟ ଲାଗେ ।

ଟଙ୍କା ଉପାର୍ଜନ କରିବା ପାଇଁ ଧୈର୍ଯ୍ୟ ସହିତ ସୂଚନାର ଆବଶ୍ୟକତା ଅଛି । ସେଥିପାଇଁ ଗୋଟିଏ ଶକ୍ତ ପୋର୍ଟଫୋଲିଓ ପ୍ରସ୍ତୁତ କରିବାକୁ ପଡ଼େ । ବ୍ୟକ୍ତିଗତ ନିବେଶକ ହିସାବରେ ପ୍ରଥମେ ଆପଣଙ୍କର ଜାଣିବା ଆବଶ୍ୟକତା ହେଉଛି ଯେ ନିଜ ବ୍ୟକ୍ତିଗତ ଲକ୍ଷ ଓ ରଣନୀତି ହିସାବରେ ସର୍ବଶ୍ରେଷ୍ଠ ଆସେଟ ଆବଣ୍ଟନ କିପରି କରାଯାଏ । ଅନ୍ୟ ଶବ୍ଦରେ କହିବାକୁ ଗଲେ ଆପଣଙ୍କ ଭବିଷ୍ୟତର ଆବଶ୍ୟକତା ସହତ ଏପରି ହେବା ଉଚିତ୍ ଯାହା ଦ୍ୱାରା ମନର ଶାନ୍ତି ସୁନିଶ୍ଚିତ ମିଳିବ । ଯାହା ପାଖରେ ଏକ ଡର୍ଜନ କମ୍ପାନୀ ଅଛନ୍ତି ବା ଯାହା ପାଖରେ ଶହେ ଟଙ୍କାର ଶେୟାର ଅଛି, ଉଭୟଙ୍କ ପାଇଁ ଏହା ମହତ୍ତ୍ୱପୂର୍ଣ୍ଣ ଅଟେ ।

ଏହା ଠିକ୍ କଥା ଯେ ପର୍ଯ୍ୟାପ୍ତ ରିଟର୍ଣ୍ଣ ଦେଉଥିବା ଆଦର୍ଶ ପୋର୍ଟଫୋଲିଓ ପ୍ରସ୍ତୁତ କରିବା ପାଇଁ ଅନେକ କଥା ଉପରେ ଧ୍ୟାନ ଦେବାକୁ ପଡ଼େ । ଏଥିରେ ବୟସ ଛଡ଼ା ନିବେଶର ସମୟ ସୀମା, ନିବେଶ ରାଶି ତଥା ଭବିଷ୍ୟତରେ ବାଞ୍ଛିତ ରାଶି ଆଦି ମିଳିତ ଥାଏ । ସାଧାରଣ ଭାବେ ଅଧିକ ବିପଦ ଉଠାଇ ପାରୁଥିବା ଲୋକ ଅଧିକ ଶକ୍ତିଶାଳୀ ପୋର୍ଟଫୋଲିଓ ପ୍ରସ୍ତୁତ କରିବା ପାଇଁ ଇକ୍ୱିଟୀରେ ଅଧିକ ଓ ବଣ୍ଡ ତଥା ଫିକ୍ସଡ ଇନକମ ସିକ୍ୟୁରିଟରେ କମ ରାଶି ନିବେଶ କରନ୍ତି ।

ଇକ୍ୱିଟୀ ଆବ ନର ସବୁଠାରୁ ଅଧିକ ଫଳପ୍ରଦ ଓ ଲୋକପ୍ରିୟ ଅନୁପାତ ୧୦୦ ରୁ ବୟସକୁ ବିୟୋଗ କରି ପ୍ରାପ୍ତ କରାଯାଏ । ଉଦାହରଣ ସ୍ୱରୂପ ଯଦି ମୋର ବୟସ ୩୫

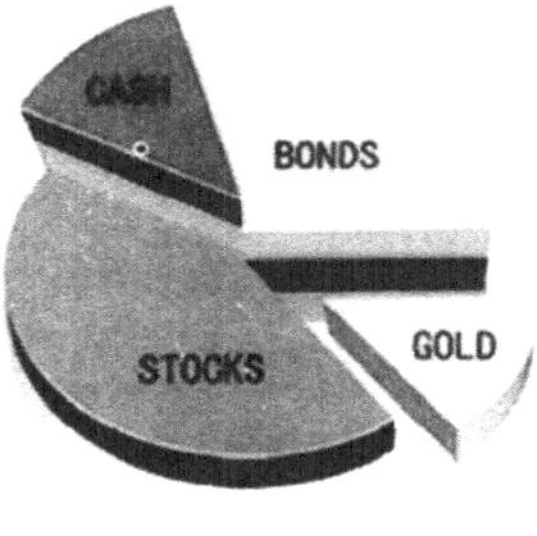

ବର୍ଷ ଅଟେ ତେବେ କୌଣସି ଏକ ସମୟରେ ମୋର ଇକ୍ୱିଟୀରେ ନିବେଶ ୬୦-୬୫ ପ୍ରତିଶତ ହେବ ! ଜୋରଦାର ପୋର୍ଟଫୋଲିଓ ପ୍ରସ୍ତୁତ କରିବା ବ୍ୟକ୍ତିଗତ ନିବେଶକଙ୍କ ପାଇଁ ଅସମ୍ଭବ ନୁହେଁ । ଏହା ଅସୁବିଧା ସମୟରେ ଆପଣଙ୍କ ନିବେଶକୁ ସୁରକ୍ଷିତ ରଖେ । ସେଥିପାଇଁ ନିଜର ଖୋଜିବା ସେହି ଉଦ୍ୟୋଗ ବା ସେକ୍ଟର ଉପରେ କେନ୍ଦ୍ରିତ କରନ୍ତୁ ଯେଉଁଥିରେ ଆପଣ ନିବେଶ କରିବାକୁ ଚାହାନ୍ତି । ଯେପରିକି ଏଫ ଏମ ସି ଜୀ, ଟେକ୍ନୋଲୋଜୀ, ଇଲୋକ୍ଟ୍ରୋନିକ୍ସ, କେମିକାଲ୍ସ ଇତ୍ୟାଦି । ସେକ୍ଟରର ନାମ ବାଛି ସାରିବା ପରେ ଯାଇ (ମାର୍କେଟ କ୍ୟାପିଟାଲାଇଜେସନ) ତଥା ଏହାର ଇକ୍ୱିଟୀ ଉପରେ ପୂର୍ବରୁ ପ୍ରାପ୍ତ, ରିଟର୍ଣ୍ଣର ରେକର୍ଡ ଅନୁସାରେ କମ୍ପାନୀ ବାଛନ୍ତୁ ।

ସେଥିପାଇଁ ଆପଣ ଉଦ୍ୟୋଗ/ ସେକ୍ଟର, ମାର୍କେଟ କ୍ୟାପିଟାଲାଇଜେସନ ତଥା ଗ୍ରୋଥ ଅନୁପାତ ଆଦିକୁ ମାପ କରିପାରନ୍ତି । ଏହି ଅନୁସନ୍ଧାନର ଆଧାର ଉପରେ ଆପଣ କମ୍ପାନୀମାନଙ୍କର ଏକ ତରିକା ପ୍ରସ୍ତୁତ କରି ପାରିବେ । ମୋଗଲଙ୍କ ମାଧ୍ୟମରେ ଆପଣଙ୍କୁ ନିବେଶର ଅବସର ବିଷୟରେ ସବିଶେଷ ସୂଚନା ମିଳିଯିବ । ଏହା ଛଡ଼ା ଏପରି ଅନେକ ଟୁଲ ମଧ୍ୟ ଉପଲବ୍ଧ ଅଟେ ଯାହା ମାଧ୍ୟମରେ କୌଣସି ମଧ୍ୟ ସେକ୍ଟର, କମ୍ପାନୀ, ତାର କ୍ୟାପଟାଲାଇଜେସନ, ସ୍ଥାନ, ଶେୟାରହୋଲ୍ଡର ଆଦିଙ୍କ ବିଷୟରେ ସମସ୍ତ ସୂଚନା ପ୍ରାପ୍ତ କରାଯାଇ ପାରିବ । ଗୋଟିଏ ଦଶକ ପୂର୍ବେ ଏହି ସୂଚନା ମିଳିବା କଠିନ ବ୍ୟାପାର ଥିଲା । କିନ୍ତୁ ଏବେ ସହଜ ଅଟେ ।

ସେଥିପାଇଁ ବିଶେଷ ଭାବେ ଏହି ଫର୍ମୁଲା ଗ୍ରହଣ କରାଯାଏ । ପ୍ରାୟ ୫୦ ପ୍ରତିଶତ ନିବେଶ ବ୍ଲୁଚିପ ଅଥବା ଭଲ କମ୍ପାନୀରେ କରନ୍ତୁ । ଏହାପରେ ବଳୁଥିବା ଅର୍ଥରୁ ମିଡ-କ୍ୟାପ କମ୍ପାନୀର ଆଗାମୀ ଶେୟାରରେ ତଥା ଶେଷ ୨୫ ପ୍ରତିଶତ ଅପେକ୍ଷାକୃତ ଅଜଣା ଛୋଟ କମ୍ପାନିରେ ଲଗାନ୍ତୁ । ପ୍ରତ୍ୟେକ ଷ୍ଟକରେ କ୍ଷତିକୁ ଯଥାସମ୍ଭବ କମ କରିବା ପାଇଁ ଚେଷ୍ଟା କରିବା ଉଚିତ୍ । ସର୍ବଦା ଏପରି କମ୍ପାନୀର ଷ୍ଟକରେ ଟଙ୍କା ଲଗାନ୍ତୁ ଯାହାର କ୍ୟାସ ଫ୍ଲୋ ପିରିୟଡ କମ ହୋଇଥିବ । ପ୍ରତ୍ୟେକ କମ୍ପାନୀର ବିତୀୟ ସ୍ଥିତି ଅଥବା ବାଲାଂଶଶୀଟ ଏପରି ହେବା ଉଚିତ୍ ଯାହା ଫଳରେ କି ପରିବର୍ତ୍ତନ ଦ୍ୱାରା ଉତ୍ପନ୍ନ ହେଉଥିବା ଉଚ୍ଚ ସ୍ତରୀୟ ବିତ୍ତୀୟ ଏବଂ ଅପରେଟିଙ୍ଗ ବିବିଧତାର ସମ୍ମୁଖୀନ ହୋଇ ପାରିବେ ।

ପୋର୍ଟଫୋଲିଓ ପ୍ରସ୍ତୁତ କରିବାର ଅସଲୀ ଯୁଦ୍ଧ ଡାକରା ହୋଲ୍ଡିଙ୍ଗ ପିରିୟଡରେ ହୋଇଥିବା ଆୟକୁ ଅଧିକତମ ବଢ଼ାଇବାର ଅଛି । ଜଣେ ନିବେଶକ ହିସାବରେ ଆପଣଙ୍କ ଲକ୍ଷ ଏତିକି ହେବା ଦରାକର ଯେ ବୁଝି ପାରୁଥିବା କୌଣସି ଏପରି ବ୍ୟବସାୟରେ ସତର୍କ ସଙ୍ଗତ ମୂଲ୍ୟ ଉପରେ କିଣନ୍ତୁ ଯାହା ଆୟରେ ଭବିଷ୍ୟତରେ ୫, ୧୦ ବା ୨୦ ବର୍ଷରେ ବୃଦ୍ଧି ପ୍ରାୟତଃ ନିର୍ଦ୍ଦିଷ୍ଟ ଅଟେ । ସମୟ ଅତିବାହିତ ହେବା ସହିତ ଆପଣ ଜାଣି ପାରିବେ ଯେ କେବଳ ଅଳ୍ପ କେତେକ କମ୍ପାନୀ ଏହି ମାନଦଣ୍ଡ ଉପରେ ବାସ୍ତବରେ ପହଞ୍ଚେ । ସେଥିପାଇଁ ଯେତେବେଳେ ଏପରି କୌଣସି କମ୍ପାନୀ ଦୃଷ୍ଟିଗୋଚର ହେବ ସେତେବେଳେ ଆପଣ ଯଥେଷ୍ଟ ପରିମାଣ କିଣି ନିଅନ୍ତୁ ।

ଯଦି ଦୀର୍ଘକାଳୀନ ଶେୟାରରେ ନିଶା ଅଛି ତେବେ ଗୋଟିଏ ସମୟରେ ଆପଣଙ୍କ ପାଖରେ ମାର୍କେଟ କ୍ୟାପିଟାଲାଇଜେସନ, ପ୍ରଫିଟ ସିଏ ଜୀ ଆର, ରିଟର୍ଣ୍ଣର ତୂଳନାରେ ନିବେଶରେ ବିପଦ ଆଦି ମାନଦଣ୍ଡର ଆଧାର ଉପରେ ବଛା ଯାଇଥିବା ଅଧିକତମ ୫-୧୦ କମ୍ପାନୀମାନଙ୍କର ଷ୍ଟକ୍ସ ହିଁ ରହିବା ଦରକାର । ବିବିଧୀକରଣ ପାଇଁ ଆପଣ ନିଶ୍ଚୟ ଏହାଠାରୁ ଅଧିକ କମ୍ପାନୀମାନଙ୍କର ପୋର୍ଟଫୋଲିଓରେ ମିଶି ପାରନ୍ତି । ଯଦି ବାଛିବା ଠିକ୍ ହେଲା ନାହିଁ ତେବେ ଆପଣ ୧୫ ହେଉ ବା ତା ଠାରୁ ଅଧିକ କମ୍ପାନୀର ଶେୟାର କିଣି ନିଅନ୍ତୁ । ପରିଣାମ ସେଇଆ ରହିବ ।

- ପାଖାପାଖି ୫୦ ପ୍ରତିଶତ ନିବେଶ ବ୍ଲୁଚିପ ବା ସୁସ୍ଥାପିତ କମ୍ପାନୀମାନଙ୍କର କରନ୍ତୁ ।
- ଏପରି ଷ୍ଟକରେ ଟଙ୍କା ଲଗାନ୍ତୁ ଯାହାର କ୍ୟାସଫ୍ଲୋ ପେ ବ୍ୟାକ ସମୟ କମ ହୋଇଥିବ ।

- ପ୍ରତ୍ୟେକ କମ୍ପାନୀର ବିତ୍ତୀୟ ସ୍ଥିତି ଅଥବା ବାଲାଂଶଶୀଟକୁ ଦେଖନ୍ତୁ ।
- ଆକ୍ରମଣାତ୍ମକ ପୋର୍ଟଫୋଲିଓ ପ୍ରସ୍ତୁତ କରିବା ପାଇଁ ଇକ୍ୱିଟୀର ଅଧିକ ଓ ବଣ୍ଡ ତଥା ଫିକ୍ସଡ ଇନକମ ସିକ୍ୟୁରିଟିରେ କମ ରାଶି ନିବେଶ କରନ୍ତୁ ।
- ବୟସ, ନିବେଶର ସମୟ, ନିବେଶ ରାଶି ଓ ଭବିଷ୍ୟତରେ ବଞ୍ଚିତ ହେବାକୁ ଥିବା ରାଶିର ଧ୍ୟାନ ଦିଅନ୍ତୁ ।

ଗୋଟିଏ ବିବିଧ ପୋର୍ଟଫୋଲିଓର ଲାଭ

ବିବିଧୀକରଣ ଆପଣଙ୍କୁ ବିଭିନ୍ନ ପ୍ରକାରର ଷ୍ଟକ ବାଛିବାର ସ୍ୱତନ୍ତ୍ରତା ଦେବାରେ ସାହାଯ୍ୟ କରେ । ଆପଣଙ୍କୁ ଆପଣଙ୍କ ଦ୍ୱାରା ବଛାଯାଇଥିବା ସମସ୍ତ ଶେୟାରକୁ ଆସାଧାରଣ କରିବାର ଆବଶ୍ୟକତା ଅଛି । ଯଦି ଅଧିକାଂଶ ଷ୍ଟକ ଭଲ ପ୍ରଦର୍ଶନ ହେଉଛି, ତେବେ ଆପଣଙ୍କ ପୋର୍ଟଫୋଲିଓ ସବୁ ମିଶି ଲାଭରେ ରହିବ । ପୌରାଣିକ ନିବେଶକ ୱାରେନ ବଫେଟ କୁହନ୍ତି, 'ଆପଣଙ୍କୁ କେବଳ ନିଜ ଜୀବନରେ ବହୁତ କମ ଜିନିଷ କରିବାର ଅଛି ଯେପର୍ଯ୍ୟନ୍ତ ଆପଣ ବହୁତ ଜିନିଷ ଭୂଲ କରନ୍ତି ନାହିଁ ।'

କେବେ କେବେ କେତେକ କ୍ଷେତ୍ର କମ ପ୍ରଦର୍ଶନ କରନ୍ତି ଓ ଯେଉଁ କାରଣରୁ ଷ୍ଟକ କମ ପ୍ରଦର୍ଶନ କରିବ । ଯଦି ବ୍ୟାଙ୍କ କ୍ଷେତ୍ର ପ୍ରଦର୍ଶନ କରିବ । ଯଦି ବ୍ୟାଙ୍କ କ୍ଷେତ୍ର ପ୍ରଦର୍ଶନ କରେ ନାହିଁ ତେବେ ଆପଣଙ୍କର ବ୍ୟାଙ୍କ ଷ୍ଟକ କ୍ଷତିରେ ରହିବ । ତେଣୁ ଅନ୍ୟ ସବୁ କ୍ଷେତ୍ର (ଆଇଟୀ, ଅଟୋ, ଏଫ.ଏମ.ସୀ.ଜୀ ଇତ୍ୟାଦି) ଗୋଟିଏ ସମୟରେ ପ୍ରଦର୍ଶନ କରିବେ ନାହିଁ । ଏପରି ସମୟରେ ବିବିଧୀକରଣ ଆପଣଙ୍କୁ ଅନ୍ୟ କ୍ଷେତ୍ରରେ ଶେୟାରଗୁଡ଼ିକୁ ରୋକିବାରେ ଓ ଲାଭ ରଖିବାରେ ସାହାଯ୍ୟ କରି ପାରିବ ।

ଏହାଛଡ଼ା ଯଦି କିଛି ଅପ୍ରତ୍ୟାଶିତ କାରଣରୁ ଆପଣଙ୍କ ଷ୍ଟକମାନଙ୍କ ମଧ୍ୟରୁ କେହି ହେଲେ ଭଲ ପ୍ରଦର୍ଶନ କରୁନାହାନ୍ତି, କିନ୍ତୁ ଆପଣଙ୍କର ବିଶ୍ୱାସ ଅଛି ଯେ ଏହା ଭବିଷ୍ୟତରେ ଭଲ ପ୍ରଦର୍ଶନ କରିବ, ତଥାପି ମଧ୍ୟ ଆପଣ ଅନ୍ୟ ଭଲ ପ୍ରଦର୍ଶନ କରୁଥିବା ଶେୟାର ଗୁଡ଼ିକର ଭାଗିଦାର ଉପରେ ଷ୍ଟକ ରଖି ପାରନ୍ତି । ଆପଣଙ୍କୁ କେବଳ ଲାଭ ଉଠାଇବାର ଅଛି । ଅବିଭାଜିତ ମାମଲାରେ ଯଦି ଆପଣଙ୍କ ଷ୍ଟକ ପ୍ରଦର୍ଶନ କରୁନାହିଁ, ତେବେ ଆପଣ ବହୁତ କ୍ଷତିରେ ରହିବେ ଓ ଯାହା ଆପଣଙ୍କୁ ସେହି ସମ୍ଭାବିତ ଷ୍ଟକକୁ ବିକ୍ରି କରିବା ପାଇଁ ପ୍ରେରିତ କରିପାରେ ।

❑❑❑

୨୭- ଶେୟାର : କେବେ, କାହିଁକି, କେଉଁଠାରେ ଓ କିପରି କିଣିବେ ଓ ବିକିବେ ?

> ପ୍ରଥମେ ନିଜକୁ ଭଲ ପାଆନ୍ତୁ ଓ ବାକି ସବୁକିଛି ଠିକ୍ ହୋଇଯିବ । ଏହି ଦୁନିଆରେ କିଛି ବି କରିବା ପାଇଁ ଆପଣଙ୍କୁ ସତକୁ ସତ ନିଜକୁ ଭଲ ପାଇବାକୁ ହେବ ।
>
> **- ଲୁସିଲେ ବାଁଲ**

ଶେୟାର ବଜାରର ନିବେଶକଙ୍କୁ ଏକା ପ୍ରକାରର ଗୋଟଏ କୃଷକ ପରି ହେବା ଉଚିତ୍, ଯିଏ ପାଣିପାଗର ପରିବର୍ତ୍ତନ ଅନୁସାରେ ହେଉଥିବା ପରିବର୍ତ୍ତନ ଅନୁସାରେ ଫସଲ ଉତ୍ପନ୍ନ କରିବାକୁ ସ୍ଥିର କରେ । କେବେ ଓ କେଉଁ ଫସଲ ଲଗେଇବାକୁ ହେବ ଏହା କୃଷକ ଉପରେ ନିର୍ଭର କରେନାହିଁ । ବରଂ ପାଣିପାଗ ଉପରେ ନିର୍ଭର କରେ । ସେଥିପାଇଁ ଶେୟାର ବଜାର ପାଇଁ କେବେ, କାହିଁକି ଓ କିପରି ଏକ ଉପଯୁକ୍ତ ପ୍ରଶ୍ନ ଅଟେ ଯାହା ପ୍ରତ୍ୟେକ ନିବେଶକଙ୍କୁ ବୁଝିବାକୁ ପଡ଼ିବ ।

କେବେ, କାହିଁକି, କେଉଁଠାରେ ଓ କିପରି ଏହି ପ୍ରଶ୍ନ ପ୍ରାୟ ସମସ୍ତଙ୍କ ପାଇଁ ଆସେ ଯେ ଶେୟାର ବଜାରକୁ କିପରି ଶିଖିବା ଓ କେତେବେଳେ, କାହିଁକି, କେଉଁଠାରେ ଏବଂ କିପରି ନିବେଶ କରିବା ଉଚିତ୍ ? ସମସ୍ତେ କେବଳ ଏଇଆ ବୁଝନ୍ତି ଯେ ଏହା କେବଳ ଚାଟାର୍ଡ ଆକଉଟା ବା ସେହି ବ୍ୟକ୍ତି ବୁଝି ପାରିବ ଯିଏ ଫାଇନନ୍ସ ବିଷୟରେ ଜାଣେ । ମୋ ଅନୁସାରେ ତ ଏପରି ବିଲକୁଲ ନୁହେଁ । ମୁଁ କତେକ ଲୋକଙ୍କୁ ଦେଖିଛି ଯେଉଁମାନେଙ୍କର ଫାଇନାନ୍ସ କିଛି ଜାଣି ନାହାନ୍ତି ଓ ସେମାନେ ଶେୟାର ବଜାରରେ ନିବେଶ କରି ଭୂଲ ଅର୍ଥ ଉପାର୍ଜନ କରୁଛନ୍ତି ।

ଅର୍ଥ ହେଉଛି ବଜାରର ଦର ହ୍ରାସ ହେଉଛି ବା ବୃଦ୍ଧି ହେଉଛି, ଆପଣ ବୁଝି ପାରିବା ଦରକାର, ଯଦି ବଜାର ଦର ହ୍ରାସ ହେଉଛି ତେବେ ଆପଣଙ୍କୁ ଏବେ ନ କିଣିବା ଉଚିତ୍, ଯେତେବେଳେ ଭଲ ମୁଲ୍ୟ ଆସିଯିବ ଅର୍ଥାତ୍ ମୂଲ୍ୟ କମ ହୋଇଯିବ

ସେତେବେଳେ ମନ ମୁତାବକ ଶେୟାର କିଣନ୍ତୁ । ସେହିପରି ଯେତେବେଳେ ବଜାର ଦର ବୃଦ୍ଧି ହେଉଛି ସେତେବେଳେ ଆପଣ ବହୁତ ଶେୟାର ନ କିଣିବା ଉଚିତ୍ କାରଣ ଅଳ୍ପ କରେକ୍ସନରେ ଶେୟାର ମୂଲ୍ୟ କମି ପାରେ, ତେଣୁ ଆପଣ ଆପଣଙ୍କ ଟାର୍ଗେଟ ଅନୁସାରେ ଶେୟାର ବିକିଦେବା ଉଚିତ୍ ।

ଆପଣ କୌଣସି ବି ଶେୟାରକୁ ଯେତେବେଳେ ବି କିଣନ୍ତି ସେତେବେଳେ ବିକିବା ପାଇଁ କିଣନ୍ତି, ଭାବନ୍ତି ଯେ ଶେୟାରର ମୂଲ୍ୟ ବଢ଼ିଗଲେ ବିକ୍ରି କରି ଲାଭ ଉପାର୍ଜନ କରିବି । ତେଣୁ ବିକ୍ରି କରିବାର ମୂଲ୍ୟ ଠାରୁ କିଣିବାର ମୂଲ୍ୟ କମ ହେବା ଉଚିତ୍ । ବ୍ରୋକର୍ସଙ୍କର ଗଣନା କରିବା ଉଚିତ୍ । ଆଜିକାଲି ସବୁକିଛି କମ୍ପ୍ୟୁଟରୀକୃତ ଅଟେ । ତେଣୁ ବ୍ରୋକର୍ସଙ୍କର ଗଣନା ସର୍ବଦା ଭୂଲ ହୁଏନାହିଁ । ଲାଭ ଦ୍ୱାରା ଆପଣଙ୍କୁ ନିଜର ଶେୟାର ମାନଙ୍କର ସଂଖ୍ୟା ବଢ଼ାଇବା ଦରକାର ।

ଯଦି ଆପଣଙ୍କୁ କମ୍ପ୍ୟୁଟର ଚଳାଇବା ଆସେନାହିଁ ଓ ଆପଣ ଶେୟାର ବଜାରରେ ଟ୍ରେଡିଙ୍ଗ କରିବାକୁ ଚାହାନ୍ତି ତେବେ ଆଜିକାଲି ପ୍ରାୟ ସବୁ ବ୍ରୋକର୍ସ ହାଉସର ମୋବାଇଲ ଆପ ଉପଲବ୍ଧ ଅଟେ । ଆପଣ ଆପରେ ଟ୍ରେଡିଙ୍ଗ କରି ପାରିବେ । ଏହା ବହୁତ ସହଜ ଓ ସୁରକ୍ଷିତ ମଧ୍ୟ ଅଟେ । ଆପଣଙ୍କୁ ପ୍ରଥମେ ନିଜର ଅନଲାନ ବ୍ୟାଙ୍କ ଆକାଉ ରୁ ଟଙ୍କା ବ୍ରୋକରଙ୍କ ଖାତାରେ ଜମା କରିବାକୁ ହେବ । ତା ପରେ ବ୍ରୋକର ଆପଣଙ୍କ ଟ୍ରେଡିଙ୍ଗ ଆକାଉ ରେ ନିଜର ଅର୍ଥର ଲିମିଟି ଦେଇଦେବ । ଏହିପରି ଆପଣ ଅନଲାଇନ ଶେୟାର କିଣି ପାରିବେ ।

ନୂଆ ନବେଶକଙ୍କ କୌଣସି ଅପବାଦ ଉପରେ ଦୃଷ୍ଟିଦେବା ଆବଶ୍ୟକ ନାହିଁ । ସାଧାରଣତଃ ବ୍ରୋକରମାନେ ଖରାପ ଶେୟାରକୁ ଚଢ଼ା ଦର କୁହନ୍ତି ଓ ଯାହା ଦ୍ୱାରା ଲାଭ ହୁଏ ନାହିଁ ଓଲଟା କ୍ଷତି ହୁଏ । ସର୍ବଦା ଭଲ କମ୍ପାନୀର ଶେୟାର କିଣନ୍ତୁ । ଯେଉଁ କମ୍ପାନୀର ଜିନିଷ ଆପଣ ବ୍ୟବହାର କରୁଛନ୍ତି ସେଇ କମ୍ପାନୀର ଶେୟାର କିଣନ୍ତୁ । ଯେପରିକି ଟୁଥ ପେଷ୍ଟ, ଡାଲି, ତେଲ, ଘିଅ, ସେଭିଙ୍ଗ କ୍ରୀମ, ସାବୁନ, କାର, ସ୍କୁଟର ଓ ବାଇକ ଇତ୍ୟାଦି । କାରଣ ଏହି ଜିନିଷର ବିକ୍ରି ଆପଣ କରିବା ସହିତ ଅନ୍ୟମାନେ ମଧ୍ୟ ବହୁଳ ଭାବେ ବ୍ୟବହାର କରୁଛନ୍ତି । ଅର୍ଥାତ୍ ଏହା ଭଲ କମ୍ପାନୀ ଅଟେ ଓ ଏହାର ରୋଜଗାର ଭଲ ଅଟେ ଓ ବିତ୍ତୀୟ ରୂପେ ମଜଭୂତ୍ ଅଟେ ।

ଆପଣଙ୍କ ବିତ୍ତୀୟ ଜୀବନର ଲକ୍ଷପ୍ରାପ୍ତି ପାଇଁ ଆପଣଙ୍କୁ ଶେୟାର ବଜାରରେ ଯେକୌଣସି ଉପାୟରେ ନିବେଶ କରିବା ଦରକାର । ଯଦି ଆପଣ ଆପଣଙ୍କ କଷ୍ଟ ଅର୍ଜିତ ଧନକୁ କେବଳ ଫିକ୍ସଡ ଡିପୋଜିଟରେ ଲଗାଇବେ ତେବେ ଆପଣଙ୍କ ସେଭିଙ୍ଗସକୁ

ମୁଦ୍ରାସ୍ଫୀତି ଖାଇଦେବ ଓ ଆପଣଙ୍କର ଲକ୍ଷପ୍ରାପ୍ତିର ସମୟ ବଢ଼ି ଚାଲିବ । ନିଜର ମହତ୍ତ୍ୱପୂର୍ଣ୍ଣ ଭବିଷ୍ୟତ ପାଇଁ ଅତି କମ୍ ରେ ନିଜ ସେଭିଙ୍ଗ୍‌ସର ୨୦-୨୫ ପ୍ରତିଶତ ଭାଗ ପ୍ରତ୍ୟେକ ମାସରେ ଶେୟାର ବଜାରରେ ସଳଖ ଭାବେ ବା ମ୍ୟୁଚୁଆଲ ଫଣ୍ଡ ମାଧ୍ୟମରେ ନିଶ୍ଚୟ ନିବେଶ କରନ୍ତୁ ।

ଏହା ସବୁଠାରୁ ବଡ଼ ପ୍ରଶ୍ନ ଅଟେ ଯେ କେବେ କିଣିବେ, ମୋ ହିସାବରେ ତ କିଣିବା ପାଇଁ ସବୁ ସମୟ ଠିକ୍ ଅଟେ । ବଜାର ଦର ଚଢ଼ା ଥାଉ ବା ନିମ୍ନରେ, ଆପଣଙ୍କ ଦ୍ୱାରା ବଛା ଯାଇଥିବା ଶେୟାର ଭଲ ହୋଇଥିବା ଉଚିତ୍ । ଯାହାର ବଜାରର ବୃଦ୍ଧି-ହ୍ରାସ ସହିତ କୌଣସି ସମ୍ପର୍କ ନଥାଏ । କୌଣସି ସେକ୍ଟର ସମ୍ବନ୍ଧୀୟ କୌଣସି ଭଲ ଖବର ଥିଲେ ସେହି ସେକ୍ଟରର ଶେୟାରର ମୂଲ୍ୟ ବଢ଼ିବାର ସମ୍ଭାବନା ଅଧିକ ଥାଏ ।

ଏହା ଗୋଟିଏ ବହୁତ ବଡ଼ ପ୍ରଶ୍ନ ଅଟେ, ଭଲ ଭଲ ନିବେଶକ ଏଠାରେ ହାରି ଯାନ୍ତି, ଯେପରି କିଣିଥିବା ଶୋୟରକୁ କେବେ ବିକିବେ । କେତେକ ନିବେଶକ ନିଜର ଭଲ ଲାଭକୁ ମଧ୍ୟ ଭୂଲି ପାରନ୍ତି ନାହିଁ । ସେମାନେ ଭାବନ୍ତି ଯେ ଶେୟାରର ମୂଲ୍ୟ ଆହୁରି ବଢ଼ିବ କିନ୍ତୁ ଓଲଟା ହୋଇଥାଏ । ତେଣୁ ସେମାନଙ୍କୁ ଲାଭରୁ ବଞ୍ଚିତ ହେବାକୁ ପଡ଼ିଥାଏ । ଯେତେବେଳେ ବି ଶେୟାର କିଣନ୍ତୁ ନା କାହିଁକି ନିଶ୍ଚିତ ସମୟ ପାଇଁ ଶେୟାର କିଣନ୍ତୁ । ମୂଲ୍ୟ ବୃଦ୍ଧି ହେଉ ବା ହ୍ରାସ ହେଉ ପୂର୍ବ ନିର୍ଦ୍ଧାରିତ ସମୟ ଅନୁଯାୟୀ ବିକ୍ରି କରି ଦିଅନ୍ତୁ । ଫଳରେ ଲାଭ ହେଲେ ଭଲ, କ୍ଷତି ହେଲେ କମ କ୍ଷତି ହେବ । ଅଧିକ ଲୋଭ ସର୍ବଦା ଖରାପ ଅଟେ । ତେଣୁ ଅଧିକ ଲୋଭ କରନ୍ତୁ ନାହିଁ ଓ ନିଜ ଟାର୍ଗେଟ ଉପରେ ଧ୍ୟାନ ଦିଅନ୍ତୁ । ଯଦି କମ୍ପାନୀ ବଜାରରେ ବିଶ୍ୱାସ ଠାରୁ ଅଧିକ ଉନ୍ନତି ବା ଲାଭ କରୁଛି ତେବେ ଟାର୍ଗେଟର ସମୟ ବଢ଼ାଇ ଦିଅନ୍ତୁ ଓ ନଜର ରଖନ୍ତୁ ।

କାରଣ ବଜାରରେ ପ୍ରବେଶ କରିବା ଓ ସେଥିରୁ ବାହାରିବା ସମୟକୁ ସହଜରେ ବିତାଯାଇ ପାରିବ ନାହିଁ । ସେଥିପାଇଁ ନିବେଶକଙ୍କୁ ନିଜ ପାଇଁ ନିଜେ ସହଜ ରାସ୍ତା ବାଛିବାକୁ ପଡ଼ିବ । ସେ ତାଙ୍କ ନିବେଶକୁ ଉପଲବ୍ଧ କରିବାକୁ ଚାହାନ୍ତି ବା ବାହାରି ଆସିବାକୁ ଚାହାନ୍ତି, ଏହା ତାଙ୍କ ବିତ୍ତୀୟ ଲକ୍ଷ ଉପରେ ନିର୍ଭର କରିବା ଉଚିତ୍ । ଯଦି ନିବେଶକଙ୍କର ଲକ୍ଷ ଦୀର୍ଘ ସମୟ ଅଟେ ତେବେ ସେ ଶେୟାରରେ ନିଜର ନିବେଶକୁ ଉପଲବ୍ଧ କରିବା ଉଚିତ୍ । ଏହା ତାଙ୍କୁ ବଢୁଥିବା ମହଙ୍ଗା ଅବସ୍ଥାରୁ ବଞ୍ଚାଇବ । ଏହା ସହିତ ତାଙ୍କର ଧନ ମଧ୍ୟ ବୃଦ୍ଧି ହେବ ।

ଇକ୍ୱିଟୀରୁ ଅଧିକ ଲାଭ ମିଳୁଥିଲେ ମଧ୍ୟ, ପ୍ରତ୍ୟେକ ବର୍ଷ ଏକାପରି ମିଳେନାହିଁ । ଏଥିରେ ହ୍ରାସ-ବୃଦ୍ଧି ହୋଇଚାଲେ । ଏବେ ଶେୟାର ବଜାରରୁ ବାହାରି ନିବେଶକ ଶୀଘ୍ର

ଫାଇଦା ଉଠାଇବାର ସୁଯୋଗକୁ ହରାଇ ପାରନ୍ତି । ଦୀର୍ଘ ଦିନ ପର୍ଯ୍ୟନ୍ତ ନିବେଶକୁ ଉପଲବ୍ଧ ରଖି ହିଁ ସେ ଇକ୍ୱିଟୀରୁ ଭଲ ରିଟର୍ଣ୍ଣର ବିଶ୍ୱାସ ରଖି ପାରନ୍ତି ।

ନିବେଶକୁ ଉପଲବ୍ଧ ରଖିବା ବା ଏହାକୁ ବାହାର କରିନେବାର ନିର୍ଣ୍ଣୟ ନିର୍ଭର କରେ ଯେ ନିବେଶକ ନିଜ ଲକ୍ଷ ପାଇଁ ଅଧିକ ରିଟର୍ଣ୍ଣ ଚାହାନ୍ତି ନା ନାହିଁ । ମୂଲ୍ୟ ବୃଦ୍ଧି ହେଉ ବା ହ୍ରାସ ବଜାରରେ ସବୁ ସମୟରେ ନିବେଶ କରି ସେ ଲାଭ ହାସଲ କରି ପାରିବେ । ନିବେଶକ କେବଳ ସେତେବେଳେ ଶେୟାରରୁ ଟଙ୍କା ଉଠାଇନେବା ଉଚିତ୍ ଯେତେବେଳେ ସେ ଏହା ମାନିନେବେ ଯେ ଶେୟାର ବଜାର ତାଙ୍କ ପାଇଁ ଉଦ୍ଦିଷ୍ଟ ନୁହେଁ । ଯଦି ଏପରି ନୁହେଁ ତେବେ ତାଙ୍କୁ ନିଜର ଲକ୍ଷ ସାଧନ ପାଇଁ ନିବେଶ ବଢ଼ାଇ ଚାଲିବା ଉଚିତ୍ । ଶେୟାର ବଜାରରେ ବାରମ୍ବାର ଭିତର-ବାହାର ହେବା ଦ୍ୱାରା କୌଣସି ବିଶେଷ ଲାଭ ହୁଏନାହିଁ । ନିବେଶକଙ୍କୁ ଲଗାତାର ଭାବେ ନିଜ ଜମା ରାଶିରୁ କିଛି ଅଂଶ ଶେୟାରରେ ଲଗାଇ ଚାଲିବା ଉଚିତ୍ ।

ଶେୟାର ବଜାରରେ ଜଣେ ନିବେଶକ ପାଇଁ ମହତ୍ତ୍ୱପୂର୍ଣ୍ଣ ଦିଗ ହେଉଛି ଯେ ସେ ନିଜ ଶେୟାର କେବେ, କେଉଁଠାରେ, କାହିଁକି ଓ କିପରି କିଣିବେ ଓ ବିକିବେ ? ଯଦି ଏହି ପ୍ରଶ୍ନର ଉତ୍ତର ନିବେଶକଙ୍କୁ ଜଣାଅଛି ତେବେ ସେ କେବେହେଲେ କ୍ଷତି ସହିବେ ନାହିଁ ।

❑❑❑

୨୮- ଶେୟାର ବଜାର ଟଙ୍କା : ଟଙ୍କା ରୋଜଗାର କରିବା କଠିନ, ଅସମ୍ଭବ ନୁହେଁ !

> ନଶିଖିବା ବାଲା ବସି ରୁହନ୍ତି ଓ ପ୍ରେରଣାର ଅପେକ୍ଷାରେ ରୁହନ୍ତି, ବାକି ସମସ୍ତେ ବାସ୍ ଉଠନ୍ତି ଓ କାମ ଉପରେ ନଜର ଦିଅନ୍ତି । - **ସ୍ଟୀଫେନ କିଙ୍ଗ**

କୌଣସି ବି ସଫଳ ନିବେଶକର କାହାଣୀ ପଢ଼ିକରି ଦେଖି ନିଅନ୍ତୁ । ସେ ପ୍ରଥମେ ଏକ ସ୍ୱପ୍ନ ଦେଖିଲେ, ଲୋକମାନେ ମନା କଲେ ଓ କହିଲେ ଏପରି ସ୍ୱପ୍ନ ପୂରା କରିବା ବହୁତ କଠିନ ଅଟେ । କିନ୍ତୁ ସଫଳ ବ୍ୟକ୍ତି ଓ ସାଧାରଣ ବ୍ୟକ୍ତି ମଧ୍ୟରେ ଅନ୍ତର ଦେଖିବାକୁ ମିଳେ ।

ଶେୟାର ବଜାରରେ ଟଙ୍କା ରୋଜଗାର କରିବା ସେହି ଲୋକମାନଙ୍କ ପାଇଁ କଷ୍ଟ ଅଟେ ଯେଉଁମାନେ ଏହାକୁ ଟଙ୍କା କମାଇବାର ବଜାର ଭାବନ୍ତି । ଯଦି ନିବେଶକ ଶେୟାର ବଜାରକୁ ନିଜ ବେପାରର ଗୋଟିଏ ଭାଗ ମାନିବେ ତେବେ ତାଙ୍କର ନଜରରେ ତୁରନ୍ତ ପରିବର୍ତ୍ତନ ଆସିଯିବ । ନିବେଶକ ଦୀର୍ଘ ସମୟ ପର୍ଯ୍ୟନ୍ତ, ୫ ରୁ ୧୦ବର୍ଷ ପର୍ଯ୍ୟନ୍ତ ବା ତାହା ଠାରୁ ମଧ୍ୟ ଅଧିକ ସମୟ ପର୍ଯ୍ୟନ୍ତ ସମ୍ଭାଳି ରଖନ୍ତି । କିଛି ମାସ ବା ବର୍ଷ ବଜାର ମାନ୍ଦା ରହିଲେ ବି ଶେୟାର ବିକିବାର ଲୋଭକୁ ତ୍ୟାଗ କରନ୍ତୁ । ଦୀର୍ଘକାଳୀନ ବଜାରର ଦିଗ ସର୍ବଦା ଉପରକୁ ରହିବ । ଅନ୍ୟ ଦିଗରେ ଲାଭ (ବିକ୍ରୀ) ର ଲୋଭ ଠାରୁ ମଧ୍ୟ ଦୂରରେ ରୁହନ୍ତୁ, ଯଦିଓ ଆପଣଙ୍କ ଶେୟାର ୫୦% ବା ତା ଠାରୁ ଅଧିକ ଉପରକୁ ଗତି କରିଛି ତେବେ ମଧ୍ୟ । ଯେ ପର୍ଯ୍ୟନ୍ତ କମ୍ପାନୀର ଅବସ୍ଥା ଭଲ ଅଛି, ସେପର୍ଯ୍ୟନ୍ତ ନିଜ ଶେୟାର ବିକନ୍ତୁ ନାହିଁ, ଯଦି ଶୋୟରର ମୂଲ୍ୟ ନିଜ ଭେଲ୍ୟୁ ଠାରୁ ଅଧିକ ବଢ଼ିଯାଇଛି । (ଏହି ଚରଣର ତୃତୀୟ କ୍ରମାଙ୍କ ପଢ଼ନ୍ତୁ) ଉନ୍ନତ ଧରଣର ପରିବର୍ତ୍ତନ ସେତେବେଳ ଠାରୁ ଆସିଯାଇଛି ଯେତେବେଳ ଠାରୁ ଆପଣ ଶେୟାର କିଣିଛନ୍ତି ବା କମ୍ପାନୀ ଏବେ ଲାଭରେ ନାହିଁ ।

ଡଲାର କଷ୍ଟ ଏଭରେଜିଙ୍ଗ ଆପଣଙ୍କୁ ବାଧ କରେ ଯେ ଆପଣ ସସ୍ତାରେ କିଣନ୍ତୁ ତଥା ମହଙ୍ଗାରେ ବିକନ୍ତୁ ଏବଂ ଏହା ଏକ ସଶକ୍ତ ରଣନୀତି ଅଟେ । ନିଜର ସମସ୍ତ ଆୟର କିଛି ପ୍ରତିଶତ ଶେୟାର କିଣିବା ପାଇଁ ଅଲଗା ରଖନ୍ତୁ ।

ମନେ ରଖନ୍ତୁ ଯେ ମାନ୍ଦା ବଜାର କିଣିବା ପାଇଁ ଭଲ । ଯଦି ଶେୟାର ବଜାର ଅତି କମ୍‌ରେ ୨୦% ହ୍ରାସ ହୁଏ ତେବେ ଶେୟାରରେ ଆହୁରି ଟଙ୍କା ଲଗାନ୍ତୁ । ଯଦି ବଜାର ୫୦% ହ୍ରାସ ହୁଏ ତେବେ ତେବେ ଯେତେ ଟଙ୍କା ପାରୁଛନ୍ତି ସେତେ ଲଗାନ୍ତୁ । ଏହା ଭୟଙ୍କର ଲାଗିବ, କିନ୍ତୁ ବଜାର ସର୍ବଦା ଫେରିଆସିବ ଓ ବୃଦ୍ଧି ହେବ, ୧୯୨୯ ଓ ୧୯୩୨ ରେ ଯେତେବେଳେ ବଜାର ନଷ୍ଟ ହୋଇଯାଇଥିଲା ସେତେବେଳେ ମଧ୍ୟ ତାହା ପୂର୍ବ ଅବସ୍ଥାକୁ ଫେରିଥିଲା ଓ ବୃଦ୍ଧି ହୋଇଥିଲା । ସବୁଠାରୁ ସଫଳ ନିବେଶକ ସେତେବେଳେ ଶେୟାର କିଣିଥିଲେ ଯେତେବେଳେ ତାହା "ବିକ୍ରିଯୋଗ୍ୟ" ଥିଲା ।

ଆବଶ୍ୟକ ହେଉଛି ଯେ ଆପଣ ନିଜ ଆପେକ୍ଷା ନିଜ ଶେୟାରର କାର୍ଯ୍ୟ ସମ୍ପାଦନ (performance)କୁ ଉପଯୁକ୍ତ ମାନଦଣ୍ଡ ଭାବି ତୁଳନା କରନ୍ତୁ । ମାନକ (standard) ବିକାଶ କରନ୍ତୁ, ଯଦି ଆପଣ ନିଜ ନିବଶରେ ପ୍ରଗତି ଚାହାନ୍ତି । କେବଳ ସେଇ ଶୋୟରକୁ ରଖନ୍ତୁ ଯାହା ରଖିବା ଯୋଗ୍ୟ ଅଟେ । ଏହି ମାନଦଣ୍ଡ କେତେକ ବଜାରର ଇଣ୍ଡେକ୍ସ ଉପରେ ଆଧାରିତ ଅଟେ । ଏହା ଆପଣଙ୍କୁ ମାନ ନିର୍ଧାରଣରେ ସାହାଯ୍ୟ କରେ ଯେ ଆପଣଙ୍କ ନିବେଶ ବଜାର ଅପେକ୍ଷା ଠିକ୍ କାର୍ଯ୍ୟ କରୁଅଛି ।

ଅନ୍ତର୍ଦୃଷ୍ଟିର ବିପରୀତ ଯଦି କୌଣସି ଶେୟାର ଉପରକୁ ଯାଉଅଛି, ତେବେ ଆବଶ୍ୟକ ନାହିଁ ଯେ ତାହା ଭଲ ନିବେଶ ଅଟେ, ଯେତେବେଳେ କି ତାହା ନିଜ ପାଖରେ ଥିବା ଶେୟାରମାନଙ୍କ ପରି ଗତିରେ ଧିରେ ଧିରେ ଉପରକୁ ଯାଉଛି । ତାର ବିପରୀତ ସମସ୍ତ ହ୍ରାସ ହେଉଥିବା ନିବେଶ ଆବଶ୍ୟକ ନାହିଁ ଯେ ହାର ଅଟେ (ଯେତେବେଳେ ସେମାନଙ୍କ ପରି ନିବେଶ ଆହୁରି ଖରାପ ପ୍ରଦର୍ଶନ କରୁ ଅଛି) ।

ଆପଣ ସମସ୍ତ ନିବେଶକୁ ନିଜ ଅପେକ୍ଷା ବା କମ୍ ମୂଲ୍ୟ ଜାଣିବା ପାଇଁ ପରୀକ୍ଷା କରନ୍ତୁ । ଏହା ଦ୍ୱାରା ଆପଣ ଅନ୍ୟ ନିବେଶ ପାଇଁ ନିର୍ଣ୍ଣାୟକ ମୂଲ୍ୟାଙ୍କନ କରି ପାରିବେ । ଯେଉଁ ନିବେଶ ଆପଣଙ୍କୁ ଠିକ୍ ଲାଗିବା ନାହିଁ ତାକୁ ବିକି ଅନ୍ୟ କେଉଁଠି ନିବେଶ କରନ୍ତୁ, ଯେ ପର୍ଯ୍ୟନ୍ତ ଆପଣଙ୍କୁ ବିଶ୍ୱାସ ନ ହୋଇଛି ଯେ ଆପଣଙ୍କ ଅପେକ୍ଷା ଶୀଘ୍ର ପୂରା ହେବ । ଆପଣ ନିବେଶକୁ କାମ କରିବାକୁ ଦିଅନ୍ତୁ । ଜଣେ ଦୀର୍ଘକାଳୀନ ନିବେଶକଙ୍କ ପାଇଁ ବର୍ଷେରୁ ତିନି ବର୍ଷର ପ୍ରଦର୍ଶନ ଅର୍ଥହୀନ ଅଟେ । ଶେୟାର ବଜାର ଅଳ୍ପ କାଳ ପାଇଁ

ମତଦାନ ଯନ୍ତ୍ର (voting machine), ଦୀର୍ଘ କାଳ ପାଇଁ ଭାରୋତ୍ତଳନ ଯନ୍ତ୍ର (weighing machine) ଅଟେ ।

ଯେତେବେଳେ ଆପଣ ଶେୟାର କିଣି ନେଇଛନ୍ତି, ସେତେବେଳେ ଆପଣଙ୍କୁ ସମୟ ସମୟରେ ନିବେଶର ସମୀକ୍ଷା କରିବା ଉଚିତ୍ । ପରିସ୍ଥିତି ତଥା ମତାମତ ବଦଳି ଚାଲେ । ଏହା ନିବେଶର ଭାଗ ଅଟେ । ଏହାର ଚାବି ସମସ୍ତ ନୂଆ ସୂଚନାର ମୂଲ୍ୟାଙ୍କନ ଏବଂ କ୍ରିୟାଶୀଳ କରେ ତଥା କୌଣସି ପରିବର୍ତ୍ତନ ଯାହା ଦିଗ ନିର୍ଦ୍ଦେଶର ଅନୁରୂପ ଅଟେ ତଥା ଆଗରୁ ନିଆ ଯାଇଥିବା ପଦକ୍ଷେପ ଉପରେ ଆଧାରିତ ଅଟେ । କଣ ଆପଣଙ୍କର ବଜାର ସମ୍ପର୍କିତ ଅପେକ୍ଷା କରିବା ଠିକ୍ ଥିଲା । ଯଦି ନୁହେଁ, ତେବେ କାହିଁକି ? ଏହି ଅନ୍ତର୍ଦୃଷ୍ଟି ସାହାଯ୍ୟରେ ନିଜର ଅପେକ୍ଷା କରିବା ଓ ନିବେଶ ସୂଚୀର ଅପଡେଟ କରନ୍ତୁ ।

କଣ ଆପଣଙ୍କ ପୋର୍ଟଫୋଲିଓ ଆପଣଙ୍କ ବିପଦ କ୍ଷମତା ହିସାବରେ ଅଛି । ହୋଇପାରେ ଯେ ଆପଣଙ୍କ ଶେୟାର ଠିକ୍ କାର୍ଯ୍ୟ କରିଛି । ପରନ୍ତୁ ନିବେଶ ଅଧିକ ବିପଦ ପୂର୍ଣ୍ଣ ତଥା ଅସ୍ଥାୟୀ ହୋଇପାରେ, ଯେଉଁ ବିଷୟରେ ଅପାଣ ଭାବି ନଥିବେ । ଯଦି ଆପଣ ଏହି ବିପଦରେ ସହଜ ଅନୁଭବ କରୁନାହାନ୍ତି ତେବେ ନିବେଶକୁ ବଦଳାଇ ଦିଅନ୍ତୁ ।

କଣ ଆପଣ ନିଜର ଅପେକ୍ଷା କରିବା ଦ୍ୱାରା କିଛି ହାସଲ କରିବାରେ ସଫଳ ହୋଇଛନ୍ତି । ହୋଇପାରେ ଯେ ଆପଣଙ୍କ ନିବେଶ ବହୁତ ବିପଦର ତାଲିକାରେ ଅଛି କିନ୍ତୁ ବହୁତ ଧିରେ ପ୍ରଗତି କରୁଛି ତଥା ଆପଣଙ୍କ ଅପେକ୍ଷା କରିବା ଅନୁଯାୟୀ ଫଳ ଦେଉନାହିଁ । ଯଦି ସ୍ଥିତି ଏଭଳି ଅଟେ ତେବେ ପରିବର୍ତ୍ତନ ବିଷୟରେ ଭାବନ୍ତୁ ।

❑❑❑

୨୯- ଶେୟାର ବଜାର : କ୍ଷତି ଓ ଆୟ

> ଯେଉଁମାନେ ଅପେକ୍ଷା କରନ୍ତି ସେମାନଙ୍କ ପର୍ଯ୍ୟନ୍ତ ବି ଜିନିଷ ପହଞ୍ଚି ପାରେ, କିନ୍ତୁ କେବଳ ସେହି ଜିନିଷ ପହଞ୍ଚେ ଯାହା ସଂଘର୍ଷ କରିବା ବାଲା ଛାଡି ଦିଅନ୍ତି ।
>
> **- ଆବ୍ରାହମ ଲିଙ୍କନ**

ଆପଣଙ୍କ "କ୍ଷତି ଓ ଆୟ"ର ଧ୍ୟାନ ରଖିବା । ଅଧିକ ବିକଳ୍ପମାନଙ୍କ ମଧ୍ୟରୁ କେତେକଙ୍କୁ ବାହାର କରିଦେବା । ଏ ଜଣେ ନିବେଶକ ହିସାବରେ ଆପଣ ଭଲ କମ୍ପାନୀର ଶେୟାର କିଣିବା ଇତ୍ୟାଦି କରି ପାରନ୍ତି । ଏହା ନିବେଶର ସବୁଠାରୁ ଉନ୍ନତ ପ୍ରଣାଳୀ ଅଟେ । ବଟମ ଅପ ଉପାୟରେ ଯେତେବେଳେ ଆପଣ ସମସ୍ତ ଶେୟାରକୁ ନିଜ ଭାବନା, ସେମାନଙ୍କର ମୂଲ୍ୟ ଏବଂ ଲାଭାଂଶର ଆଧାର ଉପରେ କିଣନ୍ତି ତଥା ବିକନ୍ତି । ସେତେବେଳେ ଶେୟାରରେ ସିଧା ନିବେଶ, ମ୍ୟୁଚୁଆଲ ଫଣ୍ଡ ଦ୍ୱାରା ନିଆଯାଇଥିବା ଫିସ ଠାରୁ ବଞ୍ଚିରୁହେ ଏବଂ ବଞ୍ଚିତ ବିବିଧୀକରଣ ପାଇଁ ଅଧିକ ପ୍ରୟାସରେ ଅପେକ୍ଷା କରେ ।

ସେହି ଶେୟାରକୁ ବାଛନ୍ତୁ ଯାହା ଆପଣଙ୍କର ନିବେଶର ଆବଶ୍ୟକତା ପୂରା କରେ । ଯଦି ଆପଣ ଉଚ୍ଚ ଆୟ ଶ୍ରେଣୀର ଅଟନ୍ତି, ତଥା ଲଘୁ ଓ ମଧ୍ୟମ ସମୟର ଆୟତର ନିମ୍ନତମ ଆବଶ୍ୟକତା ଅଛି ଏବଂ ବିପଦ ଉଠାଇବାର କ୍ଷମତା ଅଛି ତେବେ ଅଧିକତର ସେହି ଅଧିକ ବଢୁଥିବା ଶେୟାରକୁ ବାଛନ୍ତୁ, ଯାହା ଅଳ୍ପ ବା ଶୂନ୍ୟ ଲାଭାଂଶ ଦିଏ, ପରନ୍ତୁ ତା ଅପେକ୍ଷା ବୃଦ୍ଧି ମାଧ୍ୟମରେ ଅଧିକ ହୁଏ ।

କମ ଉଦ୍ୟମ ବାଲା ଇଣ୍ଡେକ୍ସ ଫଣ୍ଡ ସାଧାରଣତଃ ସକ୍ରିୟ ରୂପେ ପ୍ରବନ୍ଧିତ ଫଣ୍ଡ ତୁଳନାରେ ଫିସରେ କମ ଚାର୍ଜ କରନ୍ତି, କାରଣ ସେ ନିବେଶ ଜଣା-ଶୁଣା ଇଣ୍ଡେକ୍ସ ଉପରେ ଆଧାରିତ ରଖନ୍ତି । ଉଦାହରଣ ସ୍ୱରୂପ କୌଣସି ଇଣ୍ଡେକ୍ସ ଫଣ୍ଡ ନିଜର ପରଫରମାନ୍ସ ବେଞ୍ଚମାର୍କ S.P.500 ଇଣ୍ଡେକ୍ସର ଶେୟାର ଉପରେ ପୂରା ଆସେଟ୍ସ

କିଣି ନେବ ଏବଂ ଇଣ୍ଡେକ୍ସର ପରଫରମାନ୍ସ ସହିତ ବରାବରୀ କରିବ କିନ୍ତୁ ଅଧିକ ନୁହେଁ । ଏହା ଗୋଟିଏ ସୁରକ୍ଷିତ ନିବେଶ ହେବ ପରନ୍ତୁ ବହୁତ ଉତ୍ତେଜକ ନୁହେଁ । ସକ୍ରିୟ ଶେୟାର କ୍ରେତା ଏପରି ନିବେଶର କମ୍ ରୂଚି ରଖନ୍ତି ।

ଇଣ୍ଡେକ୍ସ ଫଣ୍ଡ "ନୂଆ ନିବେଶକ"ଙ୍କ ପାଇଁ ଗୋଟିଏ ଭଲ ଆରମ୍ଭ ହୋଇପାରେ । "କମ ଲୋଡ଼" ବାଲା ସସ୍ତା ଇଣ୍ଡେକ୍ସ ଫଣ୍ଡକୁ କିଣି ରଖନ୍ତୁ ଓ ଡଲାର କସ୍ଟ ଏଭରେଜିଙ୍ଗ ଷ୍ଟ୍ରାଟେଜୀକୁ ଉପଯୋଗ କରିବା ଦ୍ୱାରା ଦେଖାଯାଇଛି ଯେ ଦୀର୍ଘ କାଳ ମଧରେ ତାହା ଆକ୍ଟିଭ ମ୍ୟୁଚୁଆଲ ଫଣ୍ଡକୁ ପଛରେ ପକାଇଦିଏ । ଏପରି ଇଣ୍ଡେକ୍ସ ଫଣ୍ଡ ବାଛନ୍ତୁ ଯାହା ବାର୍ଷିକ ଆୟ ଏବଂ ଇଣ୍ଡେକ୍ସ ଅନୁପାତରେ ବହୁତ କମ ଅଟେ ।

ଗୋଟିଏ ଏଭରେଜ ଟ୍ରେଡ (ETF) ଏପରି ଏକ ଫଣ୍ଡ ଅଟେ ଯେଉଁଥିରେ ଶେୟାର ପରି ନିବେଶ କରନ୍ତି । ETF ଗୋଟିଏ ଅନମ୍ୟାନଜଡ ପୋର୍ଟଫୋଲିଓ ଅଟେ । (ଏଥିରେ ଲଗାତାର ଭାବେ କିଣା ଓ ବିକା ହୁଏ ନାହିଁ) । ବିନା କମିଶନରେ ଦିଆ ନିଆ ହୁଏ । ଆପଣ ଭଲ ଇଣ୍ଡେକ୍ସ ଉପରେ ଆଧାରିତ ETF କିଣି ପାରିବେ, ଯାହା କୌଣସି ନିଶ୍ଚିତ ଉଦ୍ୟୋଗ ବା ବସ୍ତୁ ଯେପରିକି ସୁନା ଉପରେ ଆଧାରିତ ହୋଇପାରେ । ETF ନୂଆ ଶିଖାଳିମାନଙ୍କ ପାଇଁ ଗୋଟଏ ଭଲ ବାଜି ଅଟେ ।

ଆପଣ ଆକ୍ଟିଭଲି ମ୍ୟାନେଜ୍ଡ ମ୍ୟୁଚୁଆଲ ଫଣ୍ଡରେ ବି ନିବେଶ କରି ପାରନ୍ତି । ଏହି ଫଣ୍ଡରେ କେତେ ନିବେଶକ ଟଙ୍କା ଲଗାନ୍ତି ଓ ତାକୁ ଶୋୟର ଏବଂ ବଣ୍ଡରେ ଲଗାନ୍ତି । ବ୍ୟକ୍ତିଗତ ଭାବେ ନିବେଶ କରୁଥିବା ବ୍ୟକ୍ତି ପୋର୍ଟଫୋଲିଓର ଶେୟାର କିଣନ୍ତି । ବ୍ୟକ୍ତିଗତ ନିବେଶକ ଏପରି ପୋର୍ଟଫୋଲିଓ ପ୍ରସ୍ତୁତ କରନ୍ତି ଯାହାର ଏକ ବିଶେଷ ଲକ୍ଷ ଥାଏ ଯେପରି ଦୀର୍ଘକାଳୀନ ଉନ୍ନତି । କାରଣ ଏହି ଫଣ୍ଡ ଆକ୍ଟିଭଲି ମ୍ୟାନେଜ୍ଡ ଫଣ୍ଡ ଅଟେ । ପ୍ରବଂଧକ ଲଗାତର ଭାବେ ଶେୟାର କଣା ବିକା କରନ୍ତି ଯାହା ଫଳରେ କି ଏହାର ଫିଜ୍ ଅଧିକ ଅଟେ । ମ୍ୟୁଚୁଆଲ ଫଣ୍ଡ ଏକ୍ସପେନ୍ସ ରେଶରେ ଆପଣଙ୍କ ପ୍ରତିଲାଭ ଦରର ହାନି ଘଟାଇ ପାରେ ଓ ଆପଣଙ୍କ ଅଧିକ ଉନ୍ନତିରେ ବାଧକ ସାଜିପାରେ ।

କିଛି କର୍ମଚାରୀ ସେବାନିବୃତ ନିବେଶକମାନଙ୍କ ପାଇଁ, ସ୍ୱତନ୍ତ୍ର ପୋର୍ଟଫୋଲିଓ ପ୍ରସ୍ତୁତ କରନ୍ତି । ଏହା ଆସେଟ "ଆଲୋକେଶନ" ବା "ଟାର୍ଗେଟ ଡେଟ" ଫଣ୍ଡସ ଅଟେ ଯାହା ଆପଣଙ୍କର ବୟସ ଅନୁସାରେ ଆପଣଙ୍କ ସ୍ୱାମୀତ୍ୱକୁ ସମନ୍ୱୟ କରିଚାଲେ । ଉଦାହରଣ ସ୍ୱରୂପ ଯେତେବେଳେ ଆପଣ ଯୁବକ ଅଟନ୍ତି ସେତେବେଳେ ଆପଣଙ୍କ ସଙ୍କଳନ ଇକ୍ୱିଟୀ ଦିଗକୁ ହୋଇଥାଏ କିନ୍ତୁ ଆପଣଙ୍କ ବୟସ ବଢ଼ିବା ସହିତ ଏହି

ସଙ୍କଳନ ଆବଣଙ୍କ ନିବଶକୁ ସ୍ଥିର ଆୟ ସିକ୍ୟୁରୀଟିରେ ବଦଳାଇ ଚାଲନ୍ତି । ଅନ୍ୟ ଶବ୍ଦରେ, ଏହା ଆପଣଙ୍କ ପାଇଁ ସେଇଆ କରେ ଯାହା ଆପଣ ବିଶ୍ୱାସ କରନ୍ତି । ଧ୍ୟାନ ରଖନ୍ତୁ ଯେ ଏହି ଫଣ୍ଡସ ସାଧାରଣ ଇଣ୍ଡେକ୍ସ ଫଣ୍ଡ ଏବଂ ETF ତୁଳନାରେ ଅଧିକ ମହଙ୍ଗା ହୋଇଥାଏ କିନ୍ତୁ ଏହା ଅନ୍ୟ ନିବେଶ ଠାରୁ ଅଧିକ ଭଲ ପ୍ରଦର୍ଶନ କରେ ।

ନିବେଶ ବାଛିବା ପୂର୍ବରୁ ଆବଶ୍ୟକ ହେଉଛି ଆପଣ ବିନିମୟର ଖର୍ଚ୍ଚ ଓ ଫିଜ ପ୍ରତି ଧ୍ୟାନ ଦିଅନ୍ତୁ । ଖର୍ଚ୍ଚ ଏବଂ ଫିଜ୍ ଆପଣଙ୍କ ପ୍ରତିଲାଭକୁ କମାଏ ତଥା ଆପଣଙ୍କ ଆୟକୁ କମ କରେ । ସେଥିପାଇଁ ଏହା ଜାଣିବା ଜରୁରୀ ଅଟେ ଯେତେବେଳେ ଆପଣ ଶେୟାର କିଣିବେ, ସମ୍ଭାଳିହେବେ ବା ବିକିବେ ତେବେ ଆପଣଙ୍କୁ କଣ ମୂଲ୍ୟ ସ୍ଥିର କରିବାକୁ ପଡ଼ିବ । ଗୋଟିଏ ଶେୟାରର ସାଧାରଣ ବିନିମୟ ମୂଲ୍ୟରେ କମିଶନ, ବିଡ଼ ଆସ୍କ ସ୍ପ୍ରେଡ, ସ୍ଲୀପେଦ, SEC ସେକ୍ସନ ୩୧ ଫିଜ ଓ କ୍ୟାପିଟାଲ ଗେନ ଟ୍ୟାକ୍ସ ମିଶିକରି ଥାଏ । ଫଣ୍ଡସରେ ଲାଗୁଥିବା କଷ୍ଟ ମ୍ୟାନେଜମେଣ୍ଟ ଫୀଜ, ସେଡସ ଲୋଡ୍ସ ଭାର, ପ୍ରତିଦାନ ମୂଲ୍ୟ (redemption fees), ବିନିମୟ ଫୀଜ, ଆକାଉଣ୍ଟ ଫୀଜ, ୧୨-ଇ-୧ ଫୀଜ ଓ ଅପରେଟିଙ୍ଗ ଖର୍ଚ୍ଚ ସାମିଲ ଥାଏ ।

ପ୍ରତ୍ୟକ ଶେୟାର ଯେଉଁଥିରେ ଆପଣ ଇଚ୍ଛୁକ ଅଟନ୍ତି ତାର ଆନ୍ତରିକ ମୂଲ୍ୟ ତଥା ସଠିକ ମୂଲ୍ୟ ନିର୍ଧାରଣ କରନ୍ତୁ, ଯାହା ଆପଣଙ୍କୁ ଦେବାକୁ ପଡ଼ିବ, ତାହା ସାଧାରଣତଃ ଆନ୍ତରିକ ମୂଲ୍ୟର ଗୋଟିଏ ଭାଗ ଅଟେ, ଯାହା ସୁରକ୍ଷାର ବଳୟ (margin of sefety MOS) ସ୍ଥିର କରେ । MOS 20% ରୁ 60% ପର୍ଯ୍ୟନ୍ତ ହୋଇପାରେ ଯାହା ଆପଣଙ୍କ ଆନ୍ତରିକ ମୂଲ୍ୟର ନିର୍ଦ୍ଧାରଣରେ ଅନିଶ୍ଚିତତା ସ୍ଥିର ଉପରେ ନିର୍ଭର କରେ । ଶେୟାରର ମୂଲ୍ୟ ଆକଳନ କରିବାର କେତେ ପ୍ରକାର ଉପାୟ ଅଛି ।

ଲାଭାଂଶ ଡିସ୍କାଉ ମଡେଲ : ଗୋଟିଏ ଶେୟାରର ମୂଲ୍ୟ ଭବିଷ୍ୟତରେ ମିଳିବାକୁ ଥିବା ତାର ଲାଭାଂଶର ବର୍ତ୍ତମାନ ରୂପ ଅଟେ । ସେଥିପାଇଁ ଷ୍ଟକର ମୂଲ୍ୟ = ପ୍ରତି ଶେୟାର ଲାଭାଂଶର ଡିସକାଉଣ୍ଟ ରେଟ ତଥା ଲାଭାଂଶ ପ୍ରଗତି ମୂଲ୍ୟର ଅନ୍ତର ଦ୍ୱାରା ବିଭାଜିତ ଦ୍ୱାରା ମିଳେ ।

ଡିସକାଉ କ୍ୟାସ ଫ୍ଲୋ (DCF) ମଡେଲ : ଗୋଟିଏ ଶେୟାରର ମୂଲ୍ୟ ନିଜର ସମସ୍ତ ଭବିଷ୍ୟତରେ ନଗଦ ପ୍ରବାହର ବର୍ତ୍ତମାନ ମୂଲ୍ୟ ଅଟେ । ସେଥିପାଇଁ DCF = CF1/(1+r)^1+CF_2/ (1+r)^2 + ...+ CF_n / (1+r)^n ଯେଉଁଠାରେ CF_n = କ୍ୟାସ ଫ୍ଲୋ ର ଦିଆ ଯାଇଥିବା ସମୟ n ପାଇଁ, r = ଡିସକାଉଣ୍ଟ ରେଟ ।

ଗୋଟିଏ ଅଦ୍ୱିତୀୟ (typical) DCF ଗଣନା ପ୍ରୋଜେକ୍ଟ ପାଇଁ ବାର୍ଷିକ ଫ୍ରୀ କ୍ୟାଶ ଫ୍ଲୋ ବର୍ତ୍ତମାନ କ୍ୟାଶ ଫ୍ଲୋ (capital expenditures) କମାଇବାକୁ ଆସନ୍ତା' ୧୦ବର୍ଷ ପାଇଁ ଦର୍ଶେଇ ଦିଆଯାଇଛି । ଉନ୍ନତି ମୂଲ୍ୟ ଓ ଟର୍ମିନାଲ ଉନ୍ନତି ମୂଲ୍ୟର ଅନୁମାନ ଲଗାଯାଏ, ଯାହା ଫଳରେ ଟର୍ମିନାଲ ମୂଲ୍ୟର ଅନୁମାନ ଲଗାଯାଇ ପାରିବ ଓ ପୁଣି ଦୁଇଟିକୁ ଯୋଡ଼ି ଶେୟାରର DCF ମୂଲ୍ୟ ଜାଣିହୁଏ ।

ତୁଳନାତ୍ମକ ବିନିମୟ

ଏହି ନିୟମ କୌଣସି ଶେୟାରର ମୂଲ୍ୟ ତାର ଆମଦାନୀ କ୍ଷମତା ଦ୍ୱାରା ଲଗାଯାଏ (price relative to earnings P/E), ବୁକ ଭେଲ୍ୟୁ (P/B), ସେଲ୍ସ (P/S) ଓ କ୍ୟାଶ ଫ୍ଲୋ (PCF) ଦ୍ୱାରା ମଧ୍ୟ ଲଗାଯାଏ । ଏହା ଶୋୟରର ତତ୍କାଳୀନ ମୂଲ୍ୟ ଅନୁପାତକୁ ତୁଳନା ଉପଯୁକ୍ତ ମାନଦଣ୍ଡ ତଥା ଶେୟାରର ଐତିହାସିକ ହାରାହାରିର ଅନୁପାତ ଦ୍ୱାରା ଶେୟାର ବିକ୍ରି କରିବାର ମୂଲ୍ୟ ନିର୍ଦ୍ଧାରଣ କରେ ।

❑❑❑

୩୦- ଶେୟାର ବଜାରର ପରିଭାଷା ଓ ଶବ୍ଦାବଳୀ

ଯାହା ଆପଣ କରି ପାରିବେ ନାହିଁ ତାକୁ ଆପଣ ଯାହା କରି ପାରିବେ ସେଥିରେ ବାଧକ ହେବାକୁ ଦିଅନ୍ତୁ ନାହିଁ ।   - **ଜନ ଆର ବୁଡେନ**

ଆଉଟଲୁକ : ରେଟିଙ୍ଗ ସହିତ ଜଡ଼ିତ ଏହି ଶବ୍ଦ ମଧ୍ୟ ଭାବି ସମ୍ଭାବନାକୁ ଦର୍ଶାଏ । କମ୍ପାନୀ ସଂସ୍ଥା ବା ଦେଶର ଭବିଷ୍ୟତ କଣ ଅଥବା ଏହାର ସମ୍ଭାବନା କଣ ଅଟେ, ଏହି ପ୍ରଶ୍ନ ପଚାରିବା ସମୟରେ ଆଉଟଲୁକ ଶବ୍ଦର ଉପଯୋଗ କରାଯାଏ । ଆଉଟଲୁକର ଆଧାର ଉପରେ ହିଁ କମ୍ପାନୀର ନିବେଶ କରିବାର ନିର୍ଣ୍ଣୟ ନିଆଯାଏ । କାରଣ ଆଉଟଲୁକ ପଜିଟିଭ୍, ନେଗେଟିଭ୍ ବା ଷ୍ଟେବଲ (ସ୍ଥିର) ହୋଇ ପାରେ । ନିବେଶକମାନଙ୍କ ପାଇଁ ଏହା ହିତକାରକ ଅଟେ କି ନାହିଁ, ନିବେଶ କରିବା ସମୟରେ କମ୍ପାନୀ, ସଂସ୍ଥା ବା ଦେଶର ଆଉଟଲୁକ ଉପରେ ଧ୍ୟାନ ଦିଅନ୍ତୁ ।

ଅର୍ଡର ବୁକ : କମ୍ପାନୀର ଅର୍ଡର ବୁକରେ କେତେ ଅର୍ଡର ବାକି ପଡ଼ିଛି, ଏହାର ସୂଚନାକୁ ଆଧାର କରି କମ୍ପାନୀର କାର୍ଯ୍ୟ ପରିଣାମ, ଭବିଷ୍ୟତ ଏବଂ ସ୍ଥିରତାର ଅନୁମାନ ଲଗାଯାଇ ପାରେ । କମ୍ପାନୀ ପାଖରେ ଭରପୂର ଅର୍ଡର ନ ଥିଲେ ଏପରି ଅବସ୍ଥା କମ୍ପାନୀ ପାଇଁ ଭଲ ନୁହେଁ, ଭରପୂର ଅର୍ଡର ବୁକ ହେଉଥିବା କମ୍ପାନୀର ଭବିଷ୍ୟତରେ ନିରନ୍ତର ଆୟ ଲାଗି ରହିବ ।

ଆର୍ବିଟ୍ରେଜ : ଗୋଟିଏ ଶେୟାର ବଜାର ଦ୍ୱାରା ନିର୍ଦ୍ଧାରିତ ଶେୟାରକୁ କମ

ମୂଲ୍ୟରେ କିଣି ତାକୁ ଅନ୍ୟ ବଜାରରେ ଚଢ଼ା ଦରରେ ବିକି ଦେବାର ପ୍ରବୃତ୍ତିକ ଆର୍ବିଟ୍ରେଜ କୁହାଯାଏ । ଉଦାହରଣ ସ୍ୱରୂପ ବିଏସଇ ଉପରେ ଏବିସି କମ୍ପାନୀର ଶେୟାର ୧୪୫.୨୦ ଟଙ୍କାର ମୂଲ୍ୟରେ କିଣି ସେହି ସମୟରେ ଏନ ଏସ ଇ ରେ ୧୪୫.୩୦ ଟଙ୍କାରେ ବିକି ଦେବାର ପ୍ରକ୍ରିୟାକୁ ଆର୍ବିଟ୍ରେଜ କୁହାଯାଏ । ଏହିପରି ଆପଣଙ୍କୁ ୧୦ ପାଇସାର ଅନ୍ତର ମିଳେ । ଏହି ବେପାର ଏକା ସମୟରେ ହିଁ କରାଯାଏ ତଥା ଏହା ଠାରୁ ବଡ଼ ସଂଖ୍ୟାରେ ବେପାର କରାଯାଏ । ପୁରୁଣା ଦିନମାନଙ୍କରେ ଏକା ସମୟରେ ଗୋଟିଏ ହିଁ ସ୍କ୍ରିପ୍‌ର ଅଲଗା ଅଲଗା ମୂଲ୍ୟ ହେଉଥିଲା କିନ୍ତୁ ଏବେ ଅନ ଲାଇନ ଟ୍ରେଡିଙ୍ଗ ସୁବିଧା ହେବା ଦ୍ୱାରା ଏହାର ମାତ୍ରା ବହୁତ କମିଯାଇଛି । ଏବେ ଏହିପରି ବେପାରରେ ମୂଲ୍ୟର ଅନ୍ତର ବହୁତ କମ ହେଉଛି, କିନ୍ତୁ ଅଧିକ ବେପାର ହେବା ଦ୍ୱାରା ଅଧିକ ଲାଭ ଅର୍ଜନ ହେଉଛି । ଏହି ପ୍ରକାର ବେପାର କରିବା ବାଲାଙ୍କୁ ଆର୍ବିଟ୍ରେଜ କୁହାଯାଏ । କେତେକ ସମୟରେ ଗୋଟଏ କମୋଡିଟୀ, କରେଂସୀ ବା ସିକ୍ୟୁରିଟୀଜର ତିନି ଚାରି ଥର ଏକ୍ସଚେଞ୍ଜ ଉପରେ ଅଲଗା ଅଲଗା ମୂଲ୍ୟ ଅନ୍ତରରେ ବେପାର ହୁଏ, ଯେଉଁଥିରେ ଗୋଟିଏ ବଜାର ଠାରୁ କମ ମୂଲ୍ୟରେ କିଣି ଅନ୍ୟ ବଜାରରେ ଚଢ଼ା ଦରରେ ବିକାଯାଏ । ଏଠାରେ ମହତ୍ତ୍ୱପୂର୍ଣ୍ଣ ହେଉଛି ଯେ ଏହି ବେପାର ଦୁଇଟି ଏକ୍ସଚେଞ୍ଜରେ ଏକା ସମୟରେ କରାଯାଏ । ବ୍ରୋକର ଏହି କାମ ପାଇଁ ବିଶେଷ ଷ୍ଟକ ରଖନ୍ତି, ଯାହା ବି ଏସ୍ ଇ ଓ ଏନ ଏସ ଇ ଦୁଇଠାରେ ଭରପୂର ମାତ୍ରାରେ ବେପାର କରନ୍ତି ।

ଆର୍ବିଟ୍ରେଶନ : ଏହି ଶବ୍ଦର ଅର୍ଥ ଅର୍ବିଟ୍ରେଜ ଠାରୁ ବହୁତ ଅଲଗା ଅଟେ । ଆର୍ବିଟେଶନର ଅର୍ଥ ହେଉଛି ବିବାଦର ସମ୍ମୁଖୀନ ହେବା । ଯେତେବେଳେ ବ୍ରୋକର ଓ ବ୍ରୋକର ମଧ୍ୟରେ ବା ବ୍ରୋକର ଓ ଗ୍ରାହକ ମଧ୍ୟରେ କୌଣସି ବିବାଦ ହୋଇଯାଏ ସେତେବେଳେ ଏହି ପ୍ରକାର ବିବାଦକୁ ମେଣ୍ଟାଇବା ପାଇଁ ମଧ୍ୟସ୍ଥି ନିଯୁକ୍ତ କରାଯାଏ, ଯାହାକୁ ଆର୍ବିଟ୍ରେଜ କୁହାଯାଏ ଓ ଏହାର ପ୍ରକ୍ରିୟାକୁ ଆର୍ବିଟ୍ରେଶନ ପ୍ରୋସେସ୍ କୁହାଯାଏ । ଶେୟାର ବଜାରରେ ଏପରି ବିବାଦକୁ ମେଣ୍ଟାଇବା ପାଇଁ ଏକ ସ୍ୱତନ୍ତ୍ର ବିଭାଗ ଏକ୍ସଚେଞ୍ଜର ନିୟମ ଓ ଉପନିୟମ ଧାରାରେ କାର୍ଯ୍ୟ କରେ । ଏହି ପ୍ରକାର ମାମଲାରେ ଆର୍ବିଟ୍ରେଟରଙ୍କର ନିଯୁକ୍ତି ଏକ୍ସଚେଞ୍ଜର ନିୟମ ଅନୁଯାୟୀ ହୋଇଥାଏ ଓ ତା ଦ୍ୱାରା ଦିଆ ଯାଇଥିବା ନିର୍ଣ୍ଣୟ ବ୍ରୋକର ଓ ଗ୍ରାହକ ଉପରେ ଲାଗୁ ହୁଏ । ଏହି ପ୍ରକ୍ରିୟାରେ ଆବ୍ରିଟେଟର ଉଭୟ ପକ୍ଷଙ୍କ କଥା ଶୁଣିଲା ପରେ ନିଜର ନିର୍ଣ୍ଣୟ ଦିଅନ୍ତି ।

ଅକ୍ସନ (ନୀଲାମ) : ଶେୟାର ବଜାରରେ ଯେତେବେଳେ କୌଣସି ନିବେଶକ

ଶେୟାର ବିକି ଦିଅନ୍ତି, କିନ୍ତୁ ଠିକ୍ ସମୟରେ ତାର ଡେଲିଭରୀ ଦେବାରେ ବିଫଳ ହୁଅନ୍ତି ସେତେବେଳେ ଏକ୍ସଚେଞ୍ଜର କାର୍ଯ୍ୟ ପଦ୍ଧତିର ଧାରା ଅନୁଯାୟୀ ନିବେଶକଙ୍କର ଶେୟାର ଡେଲିଭରୀ ଦାୟିତ୍ୱକୁ ହଟାଇବା ପାଇଁ ସେତିକି ଶେୟାରର ଆବଶ୍ୟକ ରୂପେ ଅକ୍ସନ (ନୀଲାମ) କରାଯାଏ । ଏହି ପ୍ରକ୍ରିୟାରେ ଅକ୍ସନ ମାଧ୍ୟମରେ ସେତିକି ସଂଖ୍ୟକ ଶେୟାର ବଜାରର ବର୍ତ୍ତମାନ ମୂଲ୍ୟରେ ବ୍ରୋକରଙ୍କ ଦ୍ୱାରା ଜଣାଯାଏ ଓ ଏହାର ମୂଲ୍ୟ ଅନ୍ତର ବୋଝ ନିବେଶକ ଠାରୁ ଆଦାୟ କରାଯାଏ । ଏହାର କାରଣ ହେଉଛି ଯେ ନିବେଶକ ନିଜ ପାଖରେ ଶେୟାର ନଥାଇ ମଧ୍ୟ ତାହା ବିକି ଦେଇଥିଲେ । ମୁଁ ଏହା ପୂର୍ବରୁ ଶର୍ଟ ସେଲ୍ସ (ମିଛ ବିକ୍ରୀ) ର ଚର୍ଚ୍ଚା କରିଥିଲି । ସେଥିରେ ବି ଶର୍ଟ ସେଲ୍ସ କରିବା ବାଲା ନିବେଶକଙ୍କୁ ବଜାର ମୂଲ୍ୟରେ ଶେୟାର କିଣି ଡେଲିଭରୀ ଦେବାକୁ ହୁଏ, କିନ୍ତୁ ଯେତେବେଳେ କୌଣସି ନିବେଶକ ସ୍ୱେଚ୍ଛାରେ ଏପରି କରନ୍ତି ନାହିଁ ସେତେବେଳେ ବଜାରର ନିୟମର ଧାରା ନିଲାମ ଜରିଆରେ ସଉଦାର ସମାଧାନ କରାଯାଏ ।

ଏଲଟମେଣ୍ଟ : କମ୍ପାନୀର ସାର୍ବଜନିକ ନିର୍ଗମ (ଆଇ ପୀ ଓ) ନିବେଶକଙ୍କ ଦ୍ୱାରା କରା ଯାଇଥିବା ଆବେଦନ ଉପରେ ମିଳିଥିବା ଶେୟାରକୁ ଶେୟାର ଏଲଟମେଣ୍ଟ କୁହାଯାଏ ।

ଏସଟୀଟୀ : ସିକ୍ୟୁରିଟୀଜ ଟ୍ରାଞ୍ଜାକ୍ସନ ଟ୍ୟାକ୍ସକୁ ସର୍ଟ ଫର୍ମରେ (ଏସ ଟୀ ଟୀ) କୁହନ୍ତି । ସରକାରଙ୍କର କର ନିୟମ ଅନୁସାରେ ଶେୟାର ସିକ୍ୟୁରିଟୀଜର ପ୍ରତ୍ୟେକ ସଉଦା ଉପରେ ଏସଟୀଟୀ ଲାଗୁ ହୋଇଥାଏ । ସରକାରଙ୍କୁ ଏହି ମାର୍ଗରୁ ପ୍ରତିଦିନ ଭାରୀ ରାଜସ୍ୱ ପ୍ରାପ୍ତ ହୁଏ । ଏହି କର ବ୍ରୋକରମାନଙ୍କୁ ଦେବାକୁ ହୁଏ । ଅତେବ ବ୍ରୋକର ଏହାକୁ ନିଜ ଗ୍ରାହକମାନଙ୍କ ଠାରୁ ଆଦାୟ କରି ନିଅନ୍ତି । ପ୍ରତ୍ୟେକ କଣ୍ଟ୍ରାକ୍ଟ ନୋଟ ବା ବିଲରେ ବ୍ରୋକର୍ସ ସହିତ ଏସଟୀଟୀ ମଧ୍ୟ ଆଦାୟ କରାଯାଏ ।

ଏଫ ଆଇ ଆଇ : ଶେୟାର ବଜାରକୁ ନଚାଇବା ବାଲା, ବଜାରର ଚାଲ ନିର୍ଦ୍ଧାରଣ କରିବା ବାଲା ଏହି ଶବ୍ଦ ବଜାର ସମ୍ବନ୍ଧିତ ସମ୍ବାଦମାନଙ୍କରେ ବାରମ୍ବାର ଶୁଣିବାକୁ ମିଳେ । ପ୍ରାୟତଃ ଏହି କଥା ଉପରେ ଆପଣ ନିଜେ ଧ୍ୟାନ ଦିଅନ୍ତି ଯେ ଏଫ ଆଇ ଆଇ ର କିଣିବା ବା ବିକିବା କାରଣରୁ ବଜାରର ଏହି ଅବସ୍ଥା ହୋଇଛି । ଏଫ ଆଇ ଆଇ ବା ଫରେନ ଇନସ୍ଟିଚ୍ୟୁଶନାଲ ଇନଭେଷ୍ଟର ଏହି ସଂସ୍ଥାଗତ ନିବେଶକ ଅନ୍ତରାଷ୍ଟ୍ରୀୟ ସ୍ତରରେ ହୋଇଥାଏ । ଏମାନେ ନିଜ ଦେଶର ଲୋକମାନଙ୍କ ଠାରୁ ନିବେଶ ପାଇଁ ଧନ ଏକତ୍ରିତ କରନ୍ତି ଓ ସେମାନେ ଅନେକ ଦେଶର ଶେୟାର ବଜାରରେ ନିବେଶ କରନ୍ତି । ଏହି ସଂସ୍ଥାଗତ ନିବେଶକମାନଙ୍କର ଗ୍ରାହକମାନଙ୍କର ସୂଚୀରେ ସାମାନ୍ୟ

ନିବେଶ ଠାରୁ ନେଇ ବଡ଼ ନିବେଶକ ପେନଶନ ଫଣ୍ଡ ଆଦି ଥାନ୍ତି, ଯେଉଁମାନଙ୍କର ଏକତ୍ରିତ ଧନ ଏଫ ଆଇ ଆଇ ନିଜ ବ୍ୟୁହ ରଚନା ଅନୁସାରେ ଭିନ୍ନ ଭିନ୍ନ ଶେୟାର ବଜାରମାନଙ୍କର ସୁରକ୍ଷାରେ ନିବେଶ କରି ତା ଉପରେ ଲାଭ କମାନ୍ତି ଓ ତାର ଭାଗ ଗ୍ରାହକମାନଙ୍କ ପାଖରେ ପହଞ୍ଚାନ୍ତି । କାରଣ ଏହି ଲୋକମାନଙ୍କ ପାଖରେ ପ୍ରଚୁର ମାତ୍ରାରେ ଧନ ଥାଏ ଓ ପ୍ରାୟତଃ ଏମାନେ ବହୁତ ମାତ୍ରାରେ କିଣନ୍ତି ବା ବିକନ୍ତି ଯାହାଦ୍ୱାରା ଶେୟାର ବଜାରର ଚାଲ ଉପରେ ସିଧା ପ୍ରଭାବ ପଡ଼େ । ଭାରତରେ ତ ସେମାନଙ୍କର ଏବେ ଏପରି ପ୍ରଭାବ ବିସ୍ତାର ଅଛି ଯେ ଲାଗେ ସତେ ଯେପରି ଶେୟାର ବଜାରକୁ ସେଇମାନେ ହିଁ ଚଳାନ୍ତି । ୨୦୦୮ ମସିହାରେ ଯେତେବେଳେ ଆମେରିକାରେ ଆର୍ଥିକ ପତନ ଆସିଥିଲା ସେତେବେଳେ ଏହି ବର୍ଗ ଭାରତୀୟ ପୁଞ୍ଜି ବଜାର ଠାରୁ ନିଜର ନିବେଶ ନିରନ୍ତର ଉଠାଇଲେ । ଯାହା ଦ୍ୱାରା ଭାରତୀୟ ବଜାରରେ ମଧ୍ୟ ଆର୍ଥିକ ପତନ ଘଟି ଚାଲିଲା । କୌଣସି ବି ଏଫ ଆଇ ଆଇ କୁ ଭାରତୀୟ ଶେୟାର ବାଜରରେ ନିବେଶ କରିବା ପୂର୍ବରୁ ନିଜ ପଞ୍ଜିକରଣ ଭାରତୀୟ ପ୍ରତିଭୂତି ଏବଂ ବିନିମୟ ବୋର୍ଡ (ସେବୀ) ତଥା ଭାରତୀୟ ରିଜର୍ଭ ବ୍ୟାଙ୍କ ପାଖରେ କରାଇବାକୁ ପଡ଼େ । ତଥା ଏମାନଙ୍କ ନିୟମ ପାଳନ କରିବାକୁ ପଡ଼ିଥାଏ । ବର୍ତ୍ତମାନ ସମୟରେ ସେବୀ ପାଖରେ ୧୧୦୦ ରୁ ଅଧିକ ଏଫ ଆଇ ଆଇ ପଞ୍ଜିକୃତ ଅଛି ।

ଏକ୍ସପୋଜର : ସାଧାରଣ ଶବ୍ଦରେ ଏହାକୁ ବିପଦ କୁହାଯାଇ ପାରିବ । ଯେତେବେଳେ କୌଣସି ନିବେଶକ କୌଣସି କମ୍ପାନୀରେ ନିବେଶ କରନ୍ତି ସେତେବେଳେ କୁହାଯାଏ ଯେ ସେହି ନିବେଶକ କମ୍ପାନୀରେ ଏକ୍ସପୋଜର ନେଇଛନ୍ତି । ଏକ୍ସପୋଜର କେବଳ କମ୍ପାନୀରେ ନାହିଁ, ବରଂ ସମ୍ପୂର୍ଣ୍ଣ ଉଦ୍ୟୋଗ ଉପରେ ଅର୍ଥ ତନ୍ତ୍ରରେ ବି ନିଆଯାଏ । ଯେତେବେଳେ କୌଣସି ନିବେଶକ ଅନ୍ୟ ଦେଶରେ ନିବେଶ କରନ୍ତି ସେତେବେଳେ କୁହାଯାଏ ଯେ ସେ ସେହି ଦେଶରେ ଅର୍ଥ ତନ୍ତ୍ରରେ ବା ସେହି ଦେଶର ଉଦ୍ୟୋଗରେ ବିପଦ ନେଇଛନ୍ତି ବା ଏକ୍ସପୋଜର ନେଇଛନ୍ତି । ପ୍ରତିଜ୍ଞାର ସଉଦାରେ ଏହି ଶବ୍ଦ ବହୁତ ବ୍ୟବହାରରେ ଆସେ କାରଣ ଯେତେବେଳେ କୌଣସି ଟ୍ରେଡର ଫ୍ୟୁଚର କଣ୍ଟ୍ରାକ୍ଟ କରେ ସେତେବେଳେ ସେ ଭବିଷ୍ୟତର ବିପଦ ନିଏ । ବ୍ୟକ୍ତି ଯେତେବେଳେ ବି କୌଣସି ନିବେଶ କରେ ସେତେବେଳେ ତାର ମୂଲ୍ୟରେ ହ୍ରାସ-ବୃଦ୍ଧିର ସମ୍ଭାବନା ହେବା ଦ୍ୱାରା ସେହି ନିବେଶର ଏକ୍ସପୋଜର କୁହାଯାଏ ।

ବେଷ୍ଟ ବାଇ : ଯେଉଁ ଶେୟାର କିଣିବା ପାଇଁ ଉତ୍ତମ ମନେକରାଯାଏ ତାହାକୁ ବେଷ୍ଟ ବାଇ କୁହାଯାଏ । ଏହି କମ୍ପାନୀ ଶ୍ରେଷ୍ଠ ଅଟେ ଅଥବା ଭବିଷ୍ୟତରେ ଏହାର ମୂଲ୍ୟ

ବର୍ତ୍ତମାନର ମୂଲ୍ୟ ଠାରୁ ଅଧିକ ହେବାର ସମ୍ଭାବନା ଅଛି । ଏପରି ଶେୟାରକୁ ବେଷ୍ଟ ବାଇ ରୂପେ ଗଣାଯାଏ । ଉପସ୍ଥିତ ଅବସ୍ଥାର ଆଧାର ଉପରେ କୌଣସି ଶେୟାରକୁ ବେଷ୍ଟ ବାଇ କୁହାଯାଏ ଓ ସେହି ସମୟରେ ସେହି କମ୍ପାନୀମାନଙ୍କରେ ଶେୟାର ମୂଲ୍ୟ ବଢ଼ିବାର ପ୍ରବଳ ସମ୍ଭାବନା ଥାଏ ।

ବ୍ଲୁ ଚିପ୍ : ଶେୟାର ବଜାରର ଶ୍ରେଷ୍ଠ-ମଜବୁତ୍ କମ୍ପାନୀମାନଙ୍କ ପାଇଁ ଶବ୍ଦ ଉପଯୋଗରେ ଅଣାଯାଏ । କୌଣସି କମ୍ପାନୀର ବ୍ଲୁ ଚିପ ହେବାର ଅଭିପ୍ରାୟ ହେଉଛି ସେମାନଙ୍କର ଶେୟାର ନିବେଶକଙ୍କ ପାଇଁ ପସନ୍ଦ ଯୋଗ୍ୟ ଶେୟାର ଅଟେ । ଏହି ପ୍ରକାରର କମ୍ପାନୀମାନଙ୍କରେ ସଉଦା ମଧ୍ୟ ଅଧିକ ହୁଏ, ହ୍ରାସ-ବୃଦ୍ଧି ମଧ୍ୟ ବହୁତ ହୁଏ ଓ ସେଥିରେ ନିବେଶକମାନଙ୍କର ଆକର୍ଷଣ ମଧ୍ୟ ବହୁତ ଥାଏ ।

ବୋଲ୍ଟ ବୀ.ଏସ୍.ଇ (ବମ୍ବେ ଷ୍ଟକ ଏକ୍ସଚେଞ୍ଜ) ଅନଲାଇନ ଟ୍ରେଡିଙ୍ଗ: ବୋଲ୍ଟ ଅର୍ଥାତ୍ ସୁରକ୍ଷାର ଅନଲାଇନ ସ୍କ୍ରୀନ୍ ଆଧାରିତ ଟ୍ରେଡିଙ୍ଗ ସୁବିଧା କରାଇବା ବାଲା ବି.ଏସ.ଇ. ଟର୍ମିନାଲର ସଦସ୍ୟମାନଙ୍କର ଏକ୍ସଚେଞ୍ଜ ତରଫରୁ ଏହି ଟର୍ମିନାଲର ସୁବିଧା ଉପଲବ୍ଧ କରାଯାଏ ।

ବବଲ : ବିଗତ କିଛି ବର୍ଷ ହେବ ଏହି ଶବ୍ଦ ମଧ୍ୟ ସମ୍ପୂର୍ଣ୍ଣ ବିଶ୍ୱରେ ଚର୍ଚ୍ଚିତ ହେଉଛି । ବିଶେଷତଃ ଯେତେବେଳେ ବଜାରରେ କୌଣସି ବି ପ୍ରକରଣ ଖୋଲେ ତେବେ ତାକୁ ବବଲ ବର୍ଷ୍ଟ ହୋଇଛି ବୋଲି କୁହାଯାଏ । ବବଲ ଅର୍ଥାତ୍ ଫୋଟକା ଓ ବର୍ଷ୍ଟ ଅର୍ଥାତ୍ ଫାଟିବା । ଯେତେବେଳେ କୌଣସି ଶେୟାର ମୂଲ୍ୟ ଫୋଟକା ସଦୃଶ ଫୁଲଚାଲେ ଓ ଏକ ସୀମା ଉପରକୁ ଅସିବା ପରେ ଧଡ଼କରି ପଡ଼ିଯାଏ ତେବେ ଏହାକୁ ବୁଲବୁଲା ଫୁଟିବା କୁହାଯାଏ ।

କରେକ୍ସନ : ଶେୟାର ବଜାରର ଦୈନିକ ରିପୋର୍ଟରେ ଏହି ଶବ୍ଦର ବ୍ୟବାହର ହୋଇ ଚାଲେ । ବଜାର ବହୁତ ଆଗକୁ ବଢ଼ିଯାଇଛି ଓ ଏକ ନିଶ୍ଚିତ ଉଚ୍ଚତା ଉପରେ ପହଞ୍ଚିଯିବା ପରେ ଧାରା ମଧ୍ୟରେ ଯେଉଁ ହ୍ରାସ ପରିଲିକ୍ଷିତ ହୁଏ ତାକୁ ବଜାରରେ କରେକ୍ସନ କୁହାଯାଏ । ଉଦାହରଣ ପାଇଁ ଶେୟାର ବଜାର ଯଦି ନିରନ୍ତର ୪ଦିନ ପାଇଁ ନିରନ୍ତର ଏକ ତରଫା ବଢ଼ି ଚାଲେ ଓ ପଞ୍ଚମ ଦିନ ସେଥିରେ ହ୍ରାସ ଆସି ଯାଏ ତେବେ ତାକୁ କରେକ୍ସନ ନାମରେ ଜଣାଯାଏ । ସମୟ ସମୟରେ ଏହି ପ୍ରକାରର କରେକ୍ସନ ବଜାରର ସ୍ୱାସ୍ଥ୍ୟ ପାଇଁ ଭଲର ସୂଚନା ରୂପେ ଗ୍ରହଣ କରାଯାଏ । ନିରନ୍ତର ଏକ ତରଫା ବୃଦ୍ଧି ହେଉଥିବା ବଜାର ବିପଦ ପୂର୍ଣ୍ଣ ହୋଇଥାଏ ଯେଉଁଥିରେ ଆଗକୁ ଏକା ଥରକେ ବହୁତ ହ୍ରାସର ସମ୍ଭାବନା ବଢ଼ିଯାଏ ।

କର୍ପୋରେଟ ଆକ୍ସନ : କମ୍ପାନୀ ଦ୍ୱାରା ଯେତେବେଳେ କୌଣସି ବି ଶେୟାର

ଧାରକ ବା ବଜାର ସହିତ ସମ୍ପର୍କିତ କୌଣସି ନିର୍ଣ୍ଣୟ ନିଆଯାଏ, ତାକୁ କର୍ପୋରେଟ ଆକ୍ସନ କୁହାଯାଏ । ଉଦାହରଣ ପାଇଁ ଲାଭାଂଶ ସୁଧର ନେଣ ଦେଣ, ରାଇଟ ବୋନଶ ଇଶ୍ୟୁ, ମର୍ଜର / ଡିମର୍ଜର, ବାଇ ବ୍ୟାକ, ଓପନ ଅଫର ପରି କଥା କର୍ପୋରେଟ ଆକ୍ସନରେ କୁହାଯାଏ ।

କଣ୍ଟ୍ରାକ୍ଟ ନୋଟ : ଶେୟାର ବଜାରରେ ବେପାର କରିବା ସମୟରେ କଣ୍ଟ୍ରାକ୍ଟ ନୋଟର ମହତ୍ତ୍ୱ ବହୁତ ଅଛି । ଆପଣ ଯେଉଁ ବ୍ରୋକର ମାଧ୍ୟମରେ ଶେୟାର ବିକା କିଣା କରନ୍ତି, ସେଥିରେ ପ୍ରତ୍ୟେକ ଥର କଣ୍ଟ୍ରାକ୍ଟ ନୋଟ ନେବା ପାଇଁ ଆଗ୍ରହ ଦେଖାନ୍ତୁ । ଆପଣଙ୍କ ଶେୟାରର କିଣା ବିକା କେଉଁ ସମୟ ତଥା କେଉଁ ମୂଲ୍ୟରେ ହୁଏ, ତା ଉପରେ କେତେ ଦଲାଲର ମୂଲ୍ୟ, ସିକ୍ୟୁରିଟୀ ଟ୍ରାଜାକଶନ ଟ୍ୟାକ୍ସ, ସର୍ଭିସ ଟ୍ୟାକ୍ସ ଲାଗିଛି ଏସବୁର ଉଲ୍ଲେଖ କଣ୍ଟ୍ରାକ୍ଟ ନୋଟରେ ଥାଏ । ଆପଣଙ୍କୁ ବ୍ରୋକର ସଉଦାର ୨୪ ଘଣ୍ଟା ମଧ୍ୟରେ କଣ୍ଟ୍ରାକ୍ଟ ନୋଟ ମିଳିଯିବା ଉଚିତ୍ । କିନ୍ତୁ ସାମାନ୍ୟ ରୂପେ ବ୍ରୋକର ସେଥିରେ ୩-୪ ଦିନ ଲଗାଇ ଦିଅନ୍ତି । କଣ୍ଟ୍ରାକ୍ଟ ନୋଟ ପାଇବା ହେଉଛି ଆପଣଙ୍କ ଅଧିକାର ଓ ଏହା ଆପଣଙ୍କ ସଉଦାର ନଥିପତ୍ର ବା ପ୍ରମାଣପତ୍ର ଅଟେ । ଯଦି କୌଣସି କାରଣରୁ ଆପଣଙ୍କ ବ୍ରୋକର ବିଫଳ ହୋଇଯିବେ ଓ ଆପଣଙ୍କୁ ଆପଣଙ୍କ ଶେୟାରରୁ ବାହାରିବାର ଅଛି ତେବେ ଏହି କଣ୍ଟ୍ରାକ୍ଟ ନୋଟର ଆଧାର ଉପରେ ହିଁ ଆପଣ ଦାବି ଉପସ୍ଥାନ କରିପାରିବେ । ବ୍ରୋକରଙ୍କର ବିଫଳ ଅବସ୍ଥା ଉପରେ ଏକ୍ସଚେଞ୍ଜ କଣ୍ଟ୍ରାକ୍ଟ ନୋଟର ଆଧାର ଉପରେ ହିଁ ଆପଣଙ୍କ ଦାବି ମାନ୍ୟତା ପ୍ରଦାନ କରନ୍ତି, ଯେଉଁଥିରେ ଆପଣଙ୍କୁ ଏକ୍ସଚେଞ୍ଜ ତରଫରୁ ୧୦ ଲକ୍ଷ ଟଙ୍କା ପର୍ଯ୍ୟନ୍ତ ସୁରକ୍ଷା ମିଳେ । ଏପରି ଅବସ୍ଥାରେ କଣ୍ଟ୍ରାକ୍ଟ ନୋଟ ହିଁ ଏପରି ଏକ ଦସ୍ତାବେଜ ଅଟେ ଯାହା ଆପଣଙ୍କର ଦାବିର ଆଧାର ହୋଇଯାଏ । ଏପରି ନହେଲେ ଆପଣଙ୍କର ଦାବି ବୈଧ ହେବନାହିଁ । ଅତେବ ବ୍ରୋକରମାନଙ୍କ ସହିତ ବ୍ୟବହାର କରିବା ସମୟରେ କଣ୍ଟ୍ରାକ୍ଟ ନୋଟ ନେବାର ଆଗ୍ରହ ପ୍ରକାଶ କରନ୍ତୁ । ଏହାକୁ ଉପେକ୍ଷା କରନ୍ତୁ ନାହିଁ, ଏହାକୁ ନିଜ ପାଖରେ ସମ୍ଭାଳି ରଖନ୍ତୁ । ମନେରଖନ୍ତୁ ଏହି କଣ୍ଟ୍ରାକ୍ଟ ନୋଟ ଉପରେ ବ୍ରୋକର ସେବୀ ପଞ୍ଜୀକରଣ କ୍ରମାଙ୍କ ରହିବା ମଧ୍ୟ ଆବଶ୍ୟକ ଅଟେ ।

କର୍ଣ୍ଣରିଙ୍ଗ : ଯେତେବେଳେ କୌଣସି ନିଶ୍ଚିତ ବ୍ୟକ୍ତି ବା ଗ୍ରୁପ କୌଣସି ଶେୟାର କିଣି ତା ଉପରେ ଅଧିକାର ଜମାଇବା ପାଇଁ ତଥ୍ୟ ଏକାଠି କରନ୍ତି ଏହାକୁ ସେହି ଶେୟାରର କର୍ଣ୍ଣରିଙ୍ଗ ହେଉଛି ବୋଲି କୁହାଯାଏ । ଏପରି କରିବାର ଅନେକ କାରଣ

ଅଛି । କିନ୍ତୁ ଏହି କଥା ନିଶ୍ଚିତ ଯେ ଏପରି କରିବା ପଛରେ ଉକ୍ତ ସମୂହ ବା ବ୍ୟକ୍ତିଙ୍କର ସେହି ଶେୟାରରେ ରୁଚି ଅଛି ବୋଲି ଜଣାଯାଏ ।

କନ୍‌ସେଣ୍ଟ ଅର୍ଡର : ପ୍ରତିଶ୍ରୁତି ବଜାରରେ ଏହି ଶବ୍ଦ ବିଗତ ବର୍ଷେ ଦୁଇ ବର୍ଷ ହେବ ପ୍ରଚଳିତ ହୋଇଛି । ବଜାରର ଯଦି କୌଣସି ବି ମଧ୍ୟସ୍ଥ ଖେଳାଳୀ ନୀତି ନିୟମର ଉଲଂଘନ କରେ ତେବେ ତା ବିରୁଦ୍ଧରେ କାର୍ଯ୍ୟାନୁଷ୍ଠାନ ଗ୍ରହଣ କରାଯାଏ । ଉଲଂଘନ କରିଥିବା ହସ୍ତୀ ଯଦି ନିଜ ଅପରାଧ ସ୍ୱୀକାର ନକରେ ତେବେ ସେ ନିଜର ବିବାଦ ସେଟ, ହାଇ କୋର୍ଟ ବା ସୁପ୍ରୀମ କୋର୍ଟ ପର୍ଯ୍ୟନ୍ତ ନେଇ ଯାଇ ପାରିବେ । ଏପରି କରିବା ଦ୍ୱାରା ତାଙ୍କୁ ବହୁତ ଖର୍ଚ୍ଚାନ୍ତ ହେବାକୁ ପଡ଼ି ପାରେ ତଥା ଅଧିକ ସମୟ ନଷ୍ଟ ହୋଇ ପାରେ । ଯଦି କୌଣସି ହସ୍ତୀ ଏହି ଲମ୍ବା ଆଇନ କାନୁନ ପ୍ରକ୍ରିୟା ଠାରୁ ବଞ୍ଚିତ ରହିବାକୁ ଚାହାନ୍ତି ତେବେ ସେ ନିଜ ଭୂଲ ସ୍ୱୀକାର କରି ନିଅନ୍ତି ଓ ସେବୀ ତାଙ୍କ ଉପରେ ନିର୍ଦ୍ଧାରିତ ଆର୍ଥିକ ଦଣ୍ଡ ଲଗାଇ ଏକ କନ୍‌ସେଣ୍ଟ ଅର୍ଡର ଜାରି କରିଦିଅନ୍ତି । ଏପରି କରିବା ଦ୍ୱାରା ସମୟ ଓ ଖର୍ଚ୍ଚ ବଞ୍ଚିଯାଏ ଓ ଅପରାଧୀକୁ ଦଣ୍ଡ ମଧ୍ୟ ମିଳିଯାଏ । ବିଶେଷ ପ୍ରକାରର ଅପରାଧରେ ହିଁ କନ୍‌ସେଣ୍ଟ ଅର୍ଡରର ସୁବିଧା ଉପଲବ୍ଧ ହୁଏ । ଗମ୍ଭୀର ପ୍ରକାରର ଅପରାଧ କରି କନ୍‌ସେଣ୍ଟ ଅର୍ଡର ମାଧ୍ୟମରେ ମୁକ୍ତି ମିଳି ପାରେ ନାହିଁ । ନ୍ୟାୟାଳୟରେ ବହୁତ ବିବାଦ ଲାଗି ରହିଛି ଯାହା ବର୍ଷ ବର୍ଷ ହେବ ବିଚାରାଧୀନ ଅଛି । ଏପରି ଅବସ୍ଥାରେ କନ୍‌ସେଣ୍ଟ ଅର୍ଡର ମାଧ୍ୟମରେ ମାମଲାର ସମାଧାନ କରିବା ଏକ ବ୍ୟବହାରିକ ମାର୍ଗ ଅଟେ । ବିଦେଶରେ ଏହି ପ୍ରଥା ପ୍ରଚଳିତ ହେବା ପରେ ଅନେକ ମାମଲାର ନିର୍ଣ୍ଣୟ ଜଲ୍‌ଦି ମିଳିଯାଏ ଓ ଆର୍ଥିକ ଦଣ୍ଡ ରୂପେ ଏହି ପ୍ରକ୍ରିୟାରେ ବହୁତ ଧନ ଜମା ହୋଇଛି । ଏହି ରାଶିର ଉପଯୋଗ ଇନଭେଷ୍ଟର ପ୍ରୋଟେକ୍‌ସନ ବା ଏଜୁକେଶନ ଉପରେ କରାଯାଇ ପାରେ ।

ଡିଲିଷ୍ଟିଙ୍ଗ : ଆଇ ପୀ ଓ (ପବ୍ଲିକ ଇଶ୍ୟୁ) ପରେ ଯେଉଁ ପ୍ରକାର ଶେୟାରର ବଜାରରେ ଲିସ୍ଟିଙ୍ଗ ହୁଏ ସେହି ପ୍ରକାର ଅନେକ ଥର କମ୍ପାନୀମାନେ ନିଜ ଶେୟାରକୁ ଶେୟାର ବଜାରରୁ ଡିଲିସ୍ଟିଙ୍ଗ କରାଇଥାନ୍ତି । ଶେୟାର ଡିଲିସ୍ଟିଙ୍ଗ ହୋଇଯିବା ପରେ ସେମାନଙ୍କର ସଉଦା ଶେୟାର ବଜାରରେ ହୋଇ ପାରିବ ନାହିଁ । ଏହି ପ୍ରକାର ଡିଲିସ୍ଟିଙ୍ଗ ଶେୟାର ଧାରକ ଏବଂ ନିବେଶକଙ୍କ ହିତରେ ନଥାଏ । ଡିଲିସ୍ଟିଙ୍ଗ ଅଲଗା ଅଲଗା କାରଣରୁ ହୋଇଥାଏ । କୋଣସି କମ୍ପାନୀ ଯେତେବେଳେ ଡିଲିସ୍ଟିଙ୍ଗ ଚୁକ୍ତିର ପାଳନ କରନ୍ତି ନାହିଁ ଓ ଡିଲିସ୍ଟିଙ୍ଗ ଫିଜ୍ ଜମା କରନ୍ତି ନାହିଁ ସେତେବେଳେ ଏକ୍ସଚେଞ୍ଜ ପ୍ରଥମେ

ତାଙ୍କର ସେମାନଙ୍କର ଶେୟାରକୁ ସସ୍ପେଣ୍ଡ କରିଦିଏ । ତା ପରେ କମ୍ପାନୀ ଯଦି ନିର୍ଦ୍ଧାରିତ ସମୟ ମଧ୍ୟରେ ଡିଲିସ୍ଟିଙ୍ଗ ଚୁକ୍ତିରେ ବର୍ଣ୍ଣିତ ଶାନ୍ତିର ପାଳନ ନ କରେ ତେବେ ଶେଷରେ ଏକ୍ସଚେଞ୍ଜ ସେମାନଙ୍କର ଶେୟାରକୁ ଡିଲିସ୍ଟିଙ୍ଗ କରିବାର ନୋଟିସ୍ ଦେଇ ଦିଅନ୍ତି । ଏପରି ହେବା ପରେ ମଧ୍ୟ ଯଦି କମ୍ପାନୀ କୌଣସି ଉତ୍ତର ନ ଦିଅନ୍ତି ତେବେ ଏକ୍ସଚେଞ୍ଜ ସେମାନଙ୍କର ଶେୟାରକୁ ନଜ ସୂଚୀରୁ ହଟାଇ ଦିଅନ୍ତି । ଏହି ପ୍ରକାରର ଡିଲିସ୍ଟିଙ୍ଗ ଏକ ଦଣ୍ଡ ଯାହା ଶେୟାର ଧାରକଙ୍କୁ ଭୋଗିବାକୁ ପଡ଼େ, ଯାହା ଦ୍ୱାରା ସେମାନେ ନିଜ ଶେୟାରର ସଉଦା ବଜାରରେ କରି ପାରନ୍ତି ନାହିଁ ଓ ଶେୟାରର ପ୍ରବାହ କ୍ଷମତା ଶୁନ୍ୟ ହୋଇଯାଏ । ଯେତେବେଳେ କି ଅନେକ ଥର କମ୍ପାନୀମାନେ ନିଜ ଇଚ୍ଛାରେ ଡିଲିସ୍ଟିଙ୍ଗ କରାଇଥାନ୍ତି । ଏପରି କରାଇବା ସମୟରେ କମ୍ପାନୀମାନଙ୍କୁ ସେବୀର ଡିଲିସ୍ଟିଙ୍ଗ ଦିଗ-ନିର୍ଣ୍ଣୟର ପାଳନ କରିବାକୁ ପଡ଼ିଥାଏ, ଯାହା ଦ୍ୱାରା କମ୍ପାନୀକୁ ଶେୟାର ଧାରକ ମାନଙ୍କ ପାଖରୁ ସ୍ୱୟଂ ହିଁ ଶେୟାର କିଣିବାକୁ ପଡ଼େ । ଏପରି ସ୍ୱଇଚ୍ଛାରେ କରା ଯାଉଥିବା ଡିଲିସ୍ଟିଙ୍ଗ ମାମଲାରେ ଶେୟାର ଧାରକଙ୍କୁ କ୍ଷତି ସହିବାକୁ ପଡ଼ିଥାଏ ।

ଡିସଇନଭେସ୍ଟମେ : ଏହି ଶବ୍ଦ ବିଗତ କିଛି ବର୍ଷ ହେବ ନିଜ ଅର୍ଥ ବ୍ୟବସ୍ଥା ଓ ବଜାରରେ ପ୍ରଚଳିତ ହୋଇଛି । ଇନଭେଷ୍ଟମେଣ୍ଟର ଅର୍ଥ ହେଉଛି ନିବେଶ କରିବା ଯେତେବେଳେ କି ଡିସଇନଭେଷ୍ଟମେଣ୍ଟର ଅର୍ଥ ହେଉଛି ନିବେଶ ଖାଲି କରିବା । ସରକାରୀ ଅର୍ଥାତ୍ ସାର୍ବଜନିକ କ୍ଷେତ୍ରର କମ୍ପାନୀମାନଙ୍କର ସ୍ଥାପନ ସରକାରଙ୍କର ଅଟେ, ଯାହାଦ୍ୱାରା ସେହି କମ୍ପାନୀମାନଙ୍କର ମାଲିକାନା ହକ ସରକାରଙ୍କ ହାତରେ ରହିଥାଏ । ବଦଳୁଥିବା ସମୟ ଓ ଉଦାରୀରଣର ବାତାବରଣରେ ନିର୍ବିକରଣର ବଳୟ ବଢ଼ି ଚାଲିଛି । ସରକାର ଏହି ସାର୍ବଜନୀକ କ୍ଷେତ୍ରର କମ୍ପାନୀମାନଙ୍କ ଠାରୁ ନିଜର ଭାଗ (ନିବେଶ) ଯେତେବେଳେ ଖାଲି କରନ୍ତି ତାକୁ ଡିଇନଭେସ୍ଟମେଣ୍ଟ କୁହାଯାଏ । ଏହି ଖାଲି କରାଯାଉଥିବା ଭାଗ ସରକାର ସାର୍ବଜନୀକ ଜନତା, ଘରୋଇ ନିବେଶକ, ବ୍ୟାଙ୍କ, ସଂସ୍ଥା ଆଦିଙ୍କୁ ପ୍ରସ୍ତାବ ଦିଅନ୍ତି । ଏହିପରି ସରକାରୀ ଧନ ଏକତ୍ରିତ କରି ସେହି ଅର୍ଥକୁ ସାମାଜିକ ବିକାଶ କ୍ଷେତ୍ରରେ ଉପଯୋଗ କରନ୍ତି । ଏହା ସହିତ ସାମାନ୍ୟ ନିବେଶକଙ୍କୁ ସାର୍ବଜନିକ କ୍ଷେତ୍ରରେ ଏହି କାର୍ଯ୍ୟକ୍ରମରେ ନିଜେ ଭାଗ ନେବାର ଅବସର ମିଳେ । ଡିଇନଭେସ୍ଟମେଣ୍ଟ ପରେ ଶେୟାରମାନଙ୍କର ସ୍ଟକ ଏକ୍ସଚେଞ୍ଜର ଲିସ୍ଟିଙ୍ଗ ହୋଇଥାଏ ଓ ସେଥିରେ ସଉଦା ମଧ୍ୟ ହୋଇଥାଏ । ସରକାର ବିଗତ କିଛି ବର୍ଷ ହେବ ଧିର ବେଗରେ ଡିସ୍‌ଇଭେସ୍ଟମେଣ୍ଟ କରୁଛନ୍ତି । ଯେଉଁ କାରଣରୁ ହିଁ ଅନେକ ସାର୍ବଜନୀକ କ୍ଷେତ୍ରର କମ୍ପାନୀମାନଙ୍କର ଶେୟାର ସୂଚୀବଦ୍ଧ ଅଟେ । ଯେଉଁମାନଙ୍କ ମଧ୍ୟରେ ଓ.ଏନ୍.ଜୀ.ସୀ., ଏନ୍.ଟୀ.ପୀ.ସୀ., ଭେଲ

ଇତ୍ୟାଦି କମ୍ପାନୀମାନଙ୍କର ସମାବେଶ ଅଛି ୨୦୧୦-୧୧ ବର୍ଷର ବଜେଟରେ ୪୦ହଜାର କୋଟି ଟଙ୍କା ଡିସ୍‌ଇନଭେଷ୍ଟମେଣ୍ଟ ପ୍ରଥମ ପାଦ ଆରମ୍ଭ ହୋଇଛି, ଯାହାକୁ ଧ୍ୟାନରେ ରଖି ମୁମ୍ବାଇ ଷ୍ଟକ ଏକ୍ସଚେଞ୍ଜ ପିଏସୟୁଡଟ କମ ନାମରେ ଗୋଟିଏ ଅଲଗା ଓ୍ୱେବସାଇଟ ମଧ୍ୟ ସୃଷ୍ଟି କରିଛନ୍ତି, ଯାହା ଉପରେ ପୀଏସୟୁର ଡିଇନଭେଷ୍ଟମେଣ୍ଟ ସମ୍ବନ୍ଧିତ ଆବଶ୍ୟକ ତଥ୍ୟ ଉପଲବ୍ଧ କରାଯାଇଛି । ଦୀର୍ଘ ସମୟ ପାଇଁ ନିବେଶ କରୁଥିବା ନିବେଶକଙ୍କ ପାଇଁ ଏହି କମ୍ପାନୀଗୁଡ଼ିକ ଶ୍ରେଷ୍ଠ ମନେ କରାଯାନ୍ତି । ନିବେଶକମାନଙ୍କୁ ଏହି ସାଇଟ ଦ୍ୱାରା ଏପରି ଅନେକ ତଥ୍ୟ ମିଳି ପାରିବ ଯାହା ତାଙ୍କର ନିବେଶର ନିର୍ଣ୍ଣୟ ପାଇଁ ସହାୟକ ହେବ ।

ଡିପୀ (ଡିପୋଜିଟାରୀ ପାର୍ଟୀସପେଟ) : ଶେୟାରଧାରକ, କମ୍ପାନୀ ଓ ଡିପୋଜିଟାରୀର ଦୃଢ଼ତା ଅର୍ଥାତ୍ ଡିପୀ । ବ୍ୟାଙ୍କ, ବିତ୍ତୀୟ ସଂସ୍ଥା ଓ ଶେୟାର ଦଲାଲ୍ ଆଦି ଡିପୀ ହୋଇ ପାରିବେ । ଯେପରି ବ୍ୟାଙ୍କ ଖାତାଧାରୀଙ୍କ ଟଙ୍କା ସମ୍ଭାଳି ରଖନ୍ତି ଯେପରି ଡିପୋଜିଟାରୀ ନିବେଶକଙ୍କ ସୁରକ୍ଷାକୁ ଇଲକ୍ଟ୍ରୋନିକ୍ସ ସ୍ୱରୂପରେ ସମ୍ଭାଳି ରଖନ୍ତି । ଆମ ଦେଶରେ ଏନ୍.ଏସ.ଡୀ.ଏଲ (ନ୍ୟାସନାଲ ସିକ୍ୟୁରିଟୀଜ ଡିପୋଜିଟାରୀ ଲିମିଟେଡ୍) ଓ ସୀଡୀଏସଏଲ (ସେଣ୍ଟ୍ରାଲ ଡିପୋଜିଟାରୀ ସର୍ଭିସେସ୍ ଇଣ୍ଡିଆ ଲିମିଟେଡ୍) ନାମକ ଦୁଇଟି ଡିପୋଜିଟାରୀ ଅଛନ୍ତି । ଶେୟାର ବଜାରରେ ସଉଦା କରିବା ପାଇଁ ନିବେଶକଙ୍କୁ ନିଜ ଡିମେଟି ଖାତା ଖୋଲିବାର ଆବଶ୍ୟକତା ପଡ଼େ । ଏହି ଖାତା ଡିପୋଜିଟାରୀ ପାର୍ଟିସିପେଟଙ୍କ ପାଖରେ ଖୋଲାଯାଏ ।

ଡାଇଭରସିଫିକେସନ (ବିବିଧୀକରଣ) : ଖାଲି ଶେୟାର ବଜାର ନୁହେଁ ନିବେଶ ଜଗତରେ ମଧ୍ୟ ଏହି ଶବ୍ଦର ବହୁତ ମହତ୍ତ୍ୱ ଅଛି । ଅଣ୍ଡା ଗୋଟିଏ ଟୋକେଇରେ ରଖାଯାଏ ନାହିଁ, ଆପଣ ଏହି ଲୋକକଥା ଶୁଣିଥିବେ । ସେହିପରି ସମସ୍ତ ନିବେଶ ଗୋଟିଏ ଶେୟାରରେ କରିବା ଉଚିତ୍ ନୁହେଁ ବରଂ ଅଲଗା ଅଲଗା ଶେୟାରରେ କରିବା ଉଚିତ୍ ଓ ଏତିକି ନୁହେଁ ଶେୟାର ଅଲଗା ଅଲଗା ଉଦ୍ୟୋଗ ସହିତ ସମ୍ପର୍କିତ କମ୍ପାନୀର ହେବା ଉଚିତ୍ । ଏହିପରି ବିବିଧ ଉଦ୍ୟୋଗର କମ୍ପାନୀର ଶେୟାରରେ ନିବେଶ କରିବାକୁ ବିବିଧୀକରଣ କୁହାଯାଏ । ଏପରି କରିବା ଦ୍ୱାରା ନିବେଶକଙ୍କର ବିପଦ କମିଯାଏ, କାରଣ ଯଦି ସମସ୍ତ ଅଣ୍ଡା ଗୋଟିଏ ଟୋକେଇରେ ରହିବ ଓ ସେହି ଟୋକେଇ ପଡ଼ିଯିବ ତେବେ ସମସ୍ତ ଅଣ୍ଡା ନଷ୍ଟ ହୋଇଯିବ । ସେହିପରି ସମସ୍ତ ନିବେଶ କୌଣସି ଗୋଟିଏ କମ୍ପାନୀର ହେବ ଓ ଦୁର୍ଭାଗ୍ୟବଶତଃ ସେହି କମ୍ପାନୀର କୌଣସି ଅଜଣା କ୍ଷତି ହୋଇଯିବ ତେବେ ନିବେଶକର ସମସ୍ତ ନିବେଶ ନଷ୍ଟ ହୋଇ ପାରେ ।

ଏପରି କରିବା ଅପେକ୍ଷା ବିବିଧ ଶେୟାରରେ ନିବେଶ ହେବା ଦ୍ୱାରା ଡାଇଭର୍ସିଫିକେସନର ଲାଭ ମିଳେ । ଯେଉଁଥିରେ ଯଦି କୌଣସି ଗୋଟିଏ କିମ୍ବା ଦୁଇଟି କମ୍ପାନୀର ଶେୟାର ହ୍ରାସ ହୋଇଯାଏ ତେବେ ଅନ୍ୟ ଶେୟାରରେ କରା ଯାଇଥିବା ନିବେଶ ତାର ବିପଦକୁ କମ କରିଦିଏ । ଅଲଗା ଅଲଗା ଉଦ୍ଯୋଗର ଶେୟାର ରଖିବା ପଛରେ ଉଦ୍ଦେଶ୍ୟ ହେଉଛି ଯେ ପ୍ରାୟତଃ କୌଣସି ଏକ ସମୟରେ ସମସ୍ତ ଉଦ୍ୟୋଗମାନଙ୍କର କମ୍ପାନୀରେ ମାନ୍ଦା ଅବସ୍ଥାର ସମୟ ଜାରି ରହେନାହିଁ । ଗୋଟିଏ ଉଦ୍ୟୋଗରେ ମାନ୍ଦା ହେବା ଦ୍ୱାରା ଅନ୍ୟ ଉଦ୍ଯୋଗର ଭଲ ଅବସ୍ଥାର ଲାଭ ମିଳିଯାଏ । ଯଦି ପୂରା ବିତ୍ତୀୟ ବଜାରରେ ବହୁତ ହ୍ରାସ ହୁଏ ତେବେ ଏହା ଅଲଗା କଥା ।

ଏଠାରେ ଏକଥା ମଧ୍ୟ ବୁଝିବା ଦରକାର ଯେ ନିବେଶର ଡାଇଭରସିଫିକେଶନ କେବଳ ଶେୟାର ପର୍ଯ୍ୟନ୍ତ ସୀମିତ ରହିବା ଉଚିତ୍ ନୁହେଁ । ନିବେଶକ କେବଳ ଶେୟାରରେ ନିବେଶ କରିବା ଦ୍ୱାରା ମଧ୍ୟ ବିପଦ ଅଛି, ଯେତେ ଅନ୍ୟ ପ୍ରକାରର ଶେୟାରରେ ନିବେଶ କରା ଯାଇଥାଉ ପଛେ । ପୂରା ଶେୟାର ବଜାର ମାନ୍ଦା ଅବସ୍ଥାକୁ ଆସିଗଲେ କଣ ହେବ ? ନିବେଶକମାନେ ନିଜ ଆସେଟର ମଧ୍ୟ ଡାଇଭର୍ସିଫିକେଶନ ରଖିବା ଉଚିତ୍ । ଯାହାକୁ ଅନ୍ୟ ଶବ୍ଦରେ ଆସେଟ ଆଲୋକେଶନ ମଧ୍ୟ କୁହାଯାଏ । ସରଳ ଶବ୍ଦରେ କହିବାକୁ ଗଲେ ନିବେଶକମାନଙ୍କୁ ଶେୟାର ଛଡ଼ା ସୁନା, ରୂପା, ପ୍ରପର୍ଟୀ, ବ୍ୟାଙ୍କ ବା କର୍ପୋରେଟ ଡିପୋଜିଟ୍, ବଣ୍ଡସ, ସରକାରୀ ଜମା ଯୋଜନା ଇତ୍ୟାଦିରେ ମଧ୍ୟ ନିବେଶ କରିବା ଉଚିତ୍ । ଏପରି କରିବା ଦ୍ୱାରା ସମ୍ପୂର୍ଣ୍ଣ ବିପଦର ବିଭାଜନ ହୋଇଯାଏ ଓ ନିଜର ପୂରା ନିବେଶକୁ ହରାଇବାରୁ ବଞ୍ଚି ହେବ ।

ଡିସଗୋର୍ଜମେଣ୍ଟ: ଏହି ଶବ୍ଦ ଉଚାରଣ କରିବାରେ କଷ୍ଟ ହୁଏ କିନ୍ତୁ ଏହାର ଅଭିପ୍ରାୟ ସରଳ ଅଟେ । କୌଣସି ବି ହସ୍ତୀ ଶେୟାର ବଜାର ବା ପୁଞ୍ଜି ବଜାରରେ ଯଦି ଭୂଲ ଉପାୟରେ ଘୋଟାଲା କରି ଅନ୍ୟମାନଙ୍କର ଅର୍ଥ ହଡ଼ପ କରିନେବ ତେବେ ସେବୀର ଏପରି ମାମଲାର ଜାଞ୍ଚ କରି ଏହି ହସ୍ତୀମାନଙ୍କ ପାଖରୁ କମାଇଥିବା ଅର୍ଥ ଆଦାୟ କରିବାର ଅଧିକାର ଅଛି । ଏହ ଉଦ୍ଦେଶ୍ୟରେ ସେବୀ ଓ ଡିସଗୋର୍ଜମେ ଅର୍ଡର ଜାରି କରେ । ଏହି ପ୍ରକାର ଆଦାୟକୁ ଡିସଗୋର୍ଜମେଣ୍ଟ କୁହାଯାଏ । ତାଜା ଉଦାହରଣ ରୂପରେ ଏହି ଶବ୍ଦକୁ ବୁଝିବାକୁ ଗଲେ ୨୦୦୩-୨୦୦୫ ବର୍ଷ ମଧ୍ୟରେ ଅନେକ ଆଇ ପୀ ଓ ରେ ବେନାମୀ ଡିମେଟ ଆକାଉଣ୍ଟ ଖୋଲାଯାଇ ମଲ୍ଟିପଲ ଆବେଦନ କରି ଅନେକ ଲୋକ ଅନୁଚିତ ଲାଭ କମାଇଛନ୍ତି । ଯେହେତୁ ସେହି ସମୟରେ ବଜାରର

ଗତି ଦ୍ରୁତ ଥିଲା ଓ ଆଇ ପୀ ଓ ରେ ଶେୟାର ପାଇଥିବା ଲୋକମାନଙ୍କୁ ସେକେଣ୍ଡାରୀ ବଜାରରେ ଲିଷ୍ଟିଙ୍ଗ କରିବା ପରେ ଭଲ ଲାଭ ମିଳୁଥିଲା । ବେନାମୀ ମଲ୍ଟିପଲ ଆବେଦନ କାରଣରୁ ଛୋଟ ଆବେଦକ ଆଇ.ପୀ.ଓ. ରେ ଶେୟାର ପାଇବାରୁ ବଞ୍ଚିତ ହେଲେ । ସେବୀ ଦୀର୍ଘ ସମୟ ଜାଞ୍ଚ କରିବା ପରେ ଏପରି ଅନେକ ଲୋକଙ୍କ ପାଖରୁ ସେମାନଙ୍କ ଦ୍ୱାରା ଭୂଲ ଉପାୟରେ ରୋଜଗାର କରାଯାଇଥିବା ଧନ ଡିସଗୋର୍ଜ (ଆଦାୟ) କଲେ ଓ ଅପ୍ରେଲ ମାସର ଆରମ୍ଭରୁ ଏହା ଆଦାୟ କରାଗଲା । ଅର୍ଥକୁ କ୍ଷତିପୂରଣ ରୂପେ ସେହି ଲୋକମାନଙ୍କ ମଧ୍ୟରେ ବାଣ୍ଟିଦେଲେ ଯେଉଁମାନେ ଆଇ.ପୀ.ଓ ରେ ଉକ୍ତ ଶେୟାର ପାଇବାରୁ ବଞ୍ଚିତ ଥିଲେ । ଭାରତୀୟ ପୁଞ୍ଜି ବଜାରର ଇତିହାସରେ ଏପରି ପ୍ରଥମ ଥର ହୋଇଥିଲା । ଭାରତର ଅର୍ଥମନ୍ତ୍ରୀଙ୍କ ହାତରେ ନିବେଶକମାନଙ୍କୁ କ୍ଷତିପୂରଣର ଚେକ ଦିଆଗଲା । ଏହିପରି ଡିସଗୋର୍ଜମେଣ୍ଟ ଶବ୍ଦ ନିଶ୍ଚୟ ଭାରୀ ଅଟେ, କିନ୍ତୁ ନିବେଶକମାନଙ୍କ ପାଇଁ ଲାଭଦାୟୀ ଅଟେ । ଏହି ଉଦାହରଣ ଦ୍ୱାରା ନିବେଶକମାନଙ୍କ ମଧ୍ୟରେ ସିଷ୍ଟମ ତଥା ବଜାର ପ୍ରତି ବିଶ୍ୱାସ ବଢ଼ିବା ସ୍ୱାଭାବିକ ଅଟେ । ସେବୀ ନିଜର ଏହି ଅଧିକାର ଦ୍ୱାରା ସେହି ଲୋକମାନଙ୍କ ଉପରେ ଅଙ୍କୁଶ ଲଗାଇ ରଖି ପାରିବ, ଯିଏ ବଜାରରେ ବେନିୟମ ଉପାୟରେ ଲାଭ ଉଠାଇବାକୁ ଚାହେଁ ।

ଡିସକ୍ଲୋଜର : ଏହି ଶବ୍ଦ ସେବୀର ନିୟମ ଠାରୁ ନେଇ ଶେୟାର ବଜାର ସମସ୍ତ, ନୀତି-ନିୟମରେ ଉପଯୋଗ କରାଯାଏ । ସାଧାରଣ ଅର୍ଥରେ ଏହାର ଅର୍ଥ ହେଉଛି ସ୍ପଷ୍ଟୀକରଣ କରିବା ଅର୍ଥାତ୍ ଡିସକ୍ଲୋଜ କରିବା । ଏହି ଶବ୍ଦର ପୁଞ୍ଜି ବଜାରରେ ବହୁତ ମହତ୍ତ୍ୱ ଅଛି । ଯାହାର ଆଧାର ଉପରେ ହିଁ ନିବେଶର ନିର୍ଣ୍ଣୟ ନିଆଯାଏ । ନିବେଶକମାନଙ୍କୁ କମ୍ପାନୀ ତଥା ତାର ମଧ୍ୟସ୍ଥିଙ୍କ ବିଷୟରେ ଆବଶ୍ୟକୀୟ ଖବର ସମୟ ସମୟରେ ମିଳିଚାଲେ । ସେଥିପାଇଁ ସେବୀ ସମୟ ସମୟରେ ଡିସକ୍ଲୋଜରର ନିୟମ ମାନେ ଓ ସଂଶୋଧିତ କରିଚାଲେ । ନିବେଶ କରିବାର ନିର୍ଣ୍ଣୟ ନେବାରେ ଏହି ଖବର ବହୁତ ମହତ୍ତ୍ୱପୂର୍ଣ୍ଣ ଅଟେ ।

ଇସ୍ୟୁଅର : ସୁରକ୍ଷା ଜାରି କରିବା ବାଲା କମ୍ପାନୀ ବା ସଂସ୍ଥାନକୁ ଇସ୍ୟୁଅର କୁହାଯାଏ । ସାଧାରଣ ଶବ୍ଦରେ ଶୋୟାର ବା ସୁରକ୍ଷା ଜାରି କରିବା ବାଲା କମ୍ପାନୀ ବା ସଂସ୍ଥାକୁ ଇସ୍ୟୁଅର କୁହାଯାଏ ।

ଫଣ୍ଡାମେଣ୍ଟାଲ : ଶେୟାର ବଜାର ବା କମ୍ପାନୀ ସମ୍ବନ୍ଧୀୟ ରିପୋର୍ଟରେ ଅନେକ ଥର ଫଣ୍ଡାମେଣ୍ଟାଲ ଶବ୍ଦ ପଢ଼ିବା ବା ଶୁଣିବାକୁ ମିଳେ । ଉଦାହରଣ ସ୍ୱରୂପ

କମ୍ପାନୀର ବା ବଜାରର ଫଣ୍ଡାମେଣ୍ଟାଲ ମଜଭୂତ୍ ବା କମଜୋର ଅଟେ ଇତ୍ୟାଦି ହେଉଛି ଫଣ୍ଡାମେଣ୍ଟାଲ ଅର୍ଥାତ୍ ମୂଳ ଆଧାର ତତ୍ତ୍ୱ ବା ପରିଣାମ କମ୍ପାନୀ ବିକ୍ରୀ, ଲାଭ, ଆୟ ମାର୍ଜିନ, ଡିମାଣ୍ଡ ଇତ୍ୟାଦିର ସମ୍ବନ୍ଧରେ ଯଦି ଭଲ ପ୍ରଦର୍ଶନ କରେ ତେବେ ଫଣ୍ଡାମେଣ୍ଟାଲର ଦୃଷ୍ଟିରେ କମ୍ପାନୀ ମଜଭୂତ୍ ଗଣାଯାଏ । ଏହିପରି ଅନେକ କମ୍ପାନୀମାନଙ୍କର ପରିଣାମ ଭଲ ଆସିବା ଉପରେ ବା ଅନ୍ୟ ଉତ୍ସାହବର୍ଦ୍ଧକ ନୀତିମାନଙ୍କର ଘୋଷଣା ଏବଂ ଭଲ ପ୍ରଗତି ହେବା ଦ୍ୱାରା ବଜାରରେ ସକରାତ୍ମକ ଧାରା ଦେଖିବାକୁ ମିଳେ, ତେବେ ଏହା ଆର୍ଥିକ ଜଗତରେ ମଜଭୂତ ଫଣ୍ଡାମେଣ୍ଟାଲର ଆଧାର ହୁଏ । ନିବେଶକମାନଙ୍କୁ ପୁଞ୍ଜି ବଜାରରେ ନିବେଶ କରିବା ସମୟରେ କମ୍ପାନୀ ଓ ବଜାରର ଫଣ୍ଡାମେଣ୍ଟାଲ କମଜୋର ଶେୟାରର ମୂଲ୍ୟ ରହିପାରେ । ନିବେଶକଙ୍କୁ ଏପରି ସମୟରେ କମ୍ପାନୀର ଫଣ୍ଡାମେଣ୍ଟାଲକୁ ଅଧିକ ମହତ୍ତ୍ୱ ଦେବା ଉଚିତ୍ ।

ଗାଇଡାନ୍ସ : କମ୍ପାନୀ ଯେତେବେଳେ ଆଗାମୀ ସମୟରେ ହେବାକୁ ଥିବା ନିଜର ସମ୍ଭାବିତ ଟର୍ଣ୍ଣଓଭର ବା ବିଜନେସ ବା କାର୍ଯ୍ୟର ସଙ୍କେତ ଦିଏ ସେତେବେଳେ ତାକୁ ଗାଇଡାନ୍ସ କୁହାଯାଏ । ପ୍ରାୟତଃ ଆଇଟୀ (ଇନ୍‌ଫରମେଶନ ଟେକନୋଲୋଜୀ) କମ୍ପାନୀମାନେ ଏହି ଶବ୍ଦର ବହୁତ ଉପଯୋଗ କରନ୍ତି । ଇନଫୋସିସ୍ ଆଗାମୀ ତିନି ମାସରେ ନିଜର ଗାଇଡାନ୍ସ ଜାହିର କରିଥିଲା, ଯେଉଁଥିରେ ତାର ଶେୟାର ମୂଲ୍ୟ ବହୁତ ଉପରକୁ ଉଠିଥିଲା, ଏପରି ସମାଚାର ଆପଣ ପଢ଼ିଥିବେ । କମ୍ପାନୀର ଭାବି ସଂକେତର ଆଧାର ଉପରେ ଉଦ୍ୟୋଗ ବିଶେଷର ସଂକେତର ଅନୁମାନ ମଧ୍ୟ ଲଗାଯାଇ ପାରିବ ।

ଗାଇଡ ଲାଇନ ଅର୍ଥାତ୍ ମାର୍ଗ ରେଖା : ସେବୀ ଶେୟାର ବଜାର ଅଥବା ବଜାରର ମଧ୍ୟସ୍ଥଙ୍କ ପାଇଁ ଯେବେ ମଧ୍ୟ ନୀତି-ନିୟମ ଜାହିର କରେ ତାକୁ ମାର୍ଗ ରେଖା କୁହାଯାଏ, ଏହାର ପାଳନ କରିବା ଆବଶ୍ୟକ ଅଟେ । ଅନ୍ୟ ଶବ୍ଦରେ ଏହାକୁ ସର୍ତ୍ତ ଏବଂ ନିୟମ ମଧ୍ୟ କୁହାଯାଇ ପାରିବ ।

କେ.ୱାଇ.ସୀ (ନୋ ୟୋର କ୍ଲାଇଂଟ/କଷ୍ଟମର) : ବର୍ତ୍ତମାନ ସମୟରେ କେୱାଇସୀର ଆବଶ୍ୟକତା ବଢ଼ିଯାଇଛି, ବିଶେଷକରି ବ୍ୟାଙ୍କ ଆକାଉଣ୍ଟ, ଶେୟାର ବ୍ରୋକର ପାଖରେ ଟ୍ରେଡିଙ୍ଗ ଆକାଉଣ୍ଟ ବା ଡିମେଟ ଆକାଉଣ୍ଟ ଖୋଲିବା ସମୟରେ କେୱାଇସୀର ଉପଯୋଗ ହୋଇଥାଏ । ବେନାମୀ ତଥା ଆଇନ ବର୍ହିଭୂତ ପ୍ରବୃତ୍ତିର ଧନ ବଜାରରେ ପ୍ରବେଶ କରି ପାରିବ ନାହିଁ ସେଥିପାଇଁ ଏହି ନିୟମ ଲାଗୁ କରାଯାଇଛି । ନୋ ୟୋର କ୍ଲାଇଂଟ ଅର୍ଥାତ୍ ଆପଣ ନିଜର ଗ୍ରାହକଙ୍କୁ ଜଣା ଶୁଣା, ଅନ୍ୟ ଶବ୍ଦରେ ଯଦି

କହିବେ ତେବେ ଗ୍ରାହକ ବାସ୍ତବରେ ଅସ୍ତିତ୍ୱରେ ଅଛନ୍ତି ବା ନାହାନ୍ତି, ଏହାର ଜାଞ୍ଚ କରିବା ଜରୁରୀ ହୋଇଯାଇଛି । କଳା ଧନ ଅପରାଧ ଓ ଅଣ୍ଡରଓ୍ୱାଲଡର ଧନ, ହାଓ୍ୱଲାର ଧନ ଆଜି ବ୍ୟାଙ୍କିଙ୍ଗ ଓ ଶେୟାର ବଜାର ମାଧ୍ୟମରେ ପ୍ରବେଶ କରୁଛି । ଏପରି ଶଙ୍କା ବା ଭୟର ଆଧାର ଉପରେ ସରକାର ଏହା ଉପରେ ଅାଙ୍କୁଶ ଲଗାଇବା ପାଇଁ କେଓ୍ୱାଇସୀର ପାଳନ କରିବା ଆବଶ୍ୟକ ବୋଲି ଦର୍ଶାଇଛନ୍ତି । ଏଥିରେ ପ୍ରଥମେ ଆଇପୀଓ ଘୋଟାଲାର ସମୟ ବୋଗସ ଡିମୈଟ ଓ ବ୍ୟାଙ୍କ ଆକାଉଣ୍ଟ ଖୋଲିବାର ପ୍ରକରଣ ପ୍ରକାଶକୁ ଆସିଛି, ଯେଉଁଥିରେ ବାସ୍ତବରେ କେହି ଖାତାଧାରୀ ନଥାନ୍ତି ଓ ଅନେକ ବେନାମୀ ଓ ବୋଗସ ଖାତା ଖୋଲା ଯାଇଥିଲା । ଏହାପରେ ସେବୀ ପୁଞ୍ଜି ବଜାରରେ କେଓ୍ୱାଇସୀ ଆବଶ୍ୟକ କରିବା ପରେ ମ୍ୟୁଚୁଆଲ ଫଣ୍ଡ ପାଇଁ ମଧ୍ୟ ଲାଗୁ ହୋଇଗଲା ।

ଲିଷ୍ଟିଙ୍ଗ : ସାର୍ବଜନୀକ ନିର୍ଗମରେ ଆବେଦକମାନଙ୍କୁ ଶେୟାର ଆବଣ୍ଟନ କରିବା ପରେ ସେହି ଶେୟାରକୁ ଶେୟାର ବଜାରର ଟ୍ରେଡିଙ୍ଗ ସୂଚୀଭୂକ୍ତ କରାଇ ଦିଆଯାଏ । ଏହାକୁ ଶେୟାରର ଲିଷ୍ଟିଙ୍ଗ କୁହାଯାଏ ।

ଲିକ୍ୱିଡଟୀ (ପ୍ରବାହିତା) : ଶେୟାର ବଜାରରେ ଯଦି ଟଙ୍କା ଅଧିକ ପରିପୂର୍ଣ୍ଣ ହେବ ଓ ବଢୁଥିବା ମୂଲ୍ୟରେ ମଧ୍ୟ ନିରନ୍ତର ଲିବାଲୀ ବଢ଼ି ଚାଲିବ, ତେବେ ବଜାରରେ ପ୍ରବାହିତା ଅଧିକ ଅଛି, ଏପରି ମନେ କରାଯାଏ । ଏହାର ଗୋଟିଏ ଅର୍ଥ ଏହା ବି ଅଟେ ଯେ ନେବା-ବିକିବା ନିରନ୍ତର ଚାଲିବ ଓ ସେଥିରେ ଭଲ୍ୟୁମ ବି ଅଧିକ ହେବ ତେବେ ଲିକ୍ୱିଡିଟୀ ଭଲ କୁହାଯିବ । ବଜାରରେ ଗତି ଅଧିକ ପାଇଁ ଭଲ ଲିକ୍ୱିଡିଟୀ ହେବା ମହତ୍ତ୍ୱ ପୂର୍ଣ୍ଣ ଅଟେ । ମାନ୍ଦା ଅବସ୍ଥାରେ ଲିକ୍ୱିଡିଟୀ କମ୍ ହୋଇଯାଏ । ଅନେକ ଥର ବଜାରରେ ଅଧିକ ଲିକ୍ୱିଡିଟୀ କାରଣରୁ ବଜାର ମୂଲ୍ୟ ବହୁତ ବଢ଼ିଯାଏ ଯାହା ଦ୍ୱାରା ବଜାରରେ ବିପଦ ବଢ଼ିଯାଏ । ଭାରତୀୟ ରିଜର୍ଭ ବ୍ୟାଙ୍କ ସମୟ ସମୟରେ ବଜାରରେ ଲିକ୍ୱିଡିଟୀର ଅଙ୍କୁଶରେ ରଖିବା ପାଇଁ ପଦକ୍ଷେପ ଉଠାଇ ଚାଲନ୍ତି ।

ଲୁଢ଼କନା (ଗୋଟିଏ ଦିନରେ ଭାରି ହ୍ରାସ) : ଶେୟାର ବଜାରରେ ଇଣ୍ଡେକ୍ସ ସେନସେକ୍ସ ବା ନିଫ୍ଟୀ ଯଦି ଗୋଟିଏ ଦିନରେ ବହୁତ ହ୍ରାସ ହେବ ତେବେ ଏହାକୁ ଲୁଢ଼କନା ଅର୍ଥାତ୍ ଭାରୀ ମୂଲ୍ୟ ହ୍ରାସ କୁହାଯାଏ । ଗୋଟିଏ ଦିନରେ ଯଦି ୪୦୦-୫୦୦ ଅଙ୍କର ହ୍ରାସ ବଜାରର ଲୁଢ଼କନା ବା ପୁଣି ସେତିକି ଅଙ୍କର ବୃଦ୍ଧି ବଜାରର ଉଛୁଳିବାର ପ୍ରତୀକ ରୂପେ ମନାଯାଏ ।

ମାର୍କେଟ ବ୍ରେଡ୍‌ଥ : ବଜାରର ଚାଲ ଓ ପ୍ରବୃତ୍ତିକୁ ଦର୍ଶାଉଥିବା କଥାକୁ ମାର୍କେଟ ବ୍ରେଡ୍‌ଥ କୁହାଯାଏ । ଶେୟାର ବଜାରରେ ଯେତେବେଳେ ଜଣାଯାଏ ଯେ

ବଜାରର ଚାଲ ସକାରାତ୍ମକ ଅଟେ ବା ନକରାତ୍ମକ ଅଟେ ତେବେ ଏହାର ଅନୁମାନ ଲଗାଇବା ପାଇଁ ମାର୍କେଟ ବ୍ରେଡ୍‌ଥକୁ ଦେଖିବା ଉଚିତ୍ । ଏକ୍ସଚେଞ୍ଜରେ ସୂଚୀଭୁକ୍ତ କମ୍ପାନୀମାନଙ୍କ ମଧ୍ୟରୁ ଯେତେ ବି କମ୍ପାନୀମାନଙ୍କର ଦିନଯାକ ସଉଦା ହୁଏ ସେମାନଙ୍କ ମଧ୍ୟରୁ ବଢ଼ିବା ବାଲା ଓ କମିବା ବାଲା ଦୁଇଟି ଯାକ ସ୍କ୍ରିପ ଅଟେ । ଯଦି ବଢୁଥିବା ସ୍କ୍ରିପ ସଂଖ୍ୟା ଅଧିକ ଅଛି ତେବେ ମାର୍କେଟ ବ୍ରେଡ୍‌ଥ ପଜିଟିଭ ଓ ଯଦି ହ୍ରାସ ହେଉଥିବା ସ୍କ୍ରିପ ସଂଖ୍ୟା ଅଧିକ ଅଛି ତେବେ ମାର୍କେଟ ବ୍ରେଡ୍‌ଥ ନେଗେଟିଭ କୁହାଯାଏ । ଉଦାହରଣ ସ୍ୱରୂପ ବିଏସଇ ଉପରେ ସୂଚୀବଦ୍ଧ କମ୍ପାନୀଗୁଡ଼ିକ ମଧ୍ୟରୁ ଯଦି କୌଣସି ଦିନ ୨୫୦୦ ସ୍କିପର ସଉଦା ହୁଏ ଓ ସେଥି ମଧ୍ୟରୁ ୧୫୦୦ ସ୍କ୍ରିପର ମୂଲ୍ୟ ବଢ଼ିବ ଓ ୧୦୦୦ ସ୍କ୍ରିପର ମୂଲ୍ୟ କମିବ, ତେବେ ମାର୍କେଟ ବ୍ରେଡ୍‌ଥ ପଜିଟିଭ ଅର୍ଥାତ୍ ସକାରାତ୍ମକ କୁହାଯାଏ । ଏହାର ବିପରୀତ ହେବା ଦ୍ୱାରା ମାର୍କେଟ ବ୍ରେଡ୍‌ଥ ନକରାତ୍ମକ ଅର୍ଥାତ୍ ନେଗେଟିଭ କୁହାଯାଏ । ବଜାରର ଧାରା ଜାଣିବା ପାଇଁ ନିବେଶକମାନଙ୍କୁ ହ୍ରାସ ହେଉଥିବା ଓ ବଢୁଥିବା ସ୍କ୍ରିପ ଉପରେ ଧ୍ୟାନ ଦେବା ଉଚିତ୍ । ଏହି ସଂଖ୍ୟା ଶେୟାର ବଜାରର ୱେବସାଇଟରେ ଉପଲବ୍ଧ ଅଛି । ବୀଏସଇ ଓ ଏନଏସଇ ଦୁଇଟି ଯାକ ୱେବସାଟରେ ମାର୍କେଟ ବ୍ରେଡ୍‌ଥ ପ୍ରତ୍ୟେକ ଦିନ ଅନଲାଇନରେ ଦେଖିବାକୁ ମିଳେ । ସେନସେକ୍ସର ୩୦ ସ୍କ୍ରିପ ମଧ୍ୟରୁ ଯଦି ୨୫ ସ୍କ୍ରିପ ବୃଦ୍ଧି ହେବ ଓ ୫ ହ୍ରାସ ହେବ ତେବେ ସେନସେକ୍ସର ମାର୍କେଟ ବ୍ରେଡ୍‌ଥ ପଜିଟିଭ କୁହାଯାଏ । ଏହିପରି ପ୍ରତ୍ୟେକ ଇଣ୍ଡେକ୍ସର ନିଜ ନିଜ ମାର୍କେଟ ବ୍ରେଡ୍‌ଥ ଜଣାଯାଇ ପାରିବ ।

ପ୍ଲେଜ ଶେୟାର (ବନ୍ଧା ରଖା ଯାଇଥିବା ଶେୟାର) : କୌଣସି ବି ନିବେଶକ ବା ନିଜ କମ୍ପାନୀର ଶେୟାରକୁ ବ୍ୟାଙ୍କ ବା ଅନ୍ୟ ବିତ୍ତୀୟ ସଂସ୍ଥାନ ପାଖରେ ବନ୍ଧା ରଖି ଋଣ ନେଇ ପାରିବେ । କମ୍ପାନୀମାନେ ଶେୟାର ବନ୍ଧା ରଖି ଋଣ ସୁବିଧାରେ ନିଅନ୍ତି ଓ ତାର ଉପଯୋଗ କମ୍ପାନୀର ବିକାଶ କାର୍ଯ୍ୟ କରନ୍ତି । ଋଣ ନେବା ପାଇଁ ଏହା ଏକ ସହଜ ମାର୍ଗ ଅଟେ । କିନ୍ତୁ ସତ୍ୟମ କମ୍ପ୍ୟୁଟର ଘୋଟାଲା ପରେ ସେବୀର ଯାଞ୍ଚ ଆରମ୍ଭ ହେଲା ଓ ଦେଖିବାକୁ ମିଳିଲା ଯେ କମ୍ପାନୀର ପ୍ରମୋଟର ଭାରୀ ସଂଖ୍ୟାରେ ଶେୟାର ବନ୍ଧା ରଖି ଧନ ଏକାଠି କରି ଏହାକୁ ଅନ୍ୟତ୍ର ଉପଯୋଗ କରି ନେଇଛନ୍ତି, ଯାହା ଦ୍ୱାରା କମ୍ପାନୀର କୌଣସି ଲାଭ ହୋଇନାହିଁ । ଏହି ବିଷୟରେ ପାରଦର୍ଶିତା ଅଭାବରୁ ନିବେଶକମାନଙ୍କୁ ଏହି ସତ୍ୟର ଆଭାସ ମିଳି ପାରିଲା ନାହିଁ ଯେ ପ୍ରମୋଟରମାନଙ୍କର କମ୍ପାନୀରେ କେତେ ଶେୟାରଧାରୀ ଅଛନ୍ତି, ଏହି କଥାର ସଙ୍କେତ ଅଟେ ଯେ ପ୍ରମୋଟରମାନଙ୍କର କମ୍ପାନୀ ସହିତ କେତେ ହିତ ଜଡ଼ିତ ହୋଇଛି । ସମୟ

ସମୟରେ ପ୍ରମୋଟରମାନଙ୍କ ଦ୍ୱାରା ବନ୍ଧା ରଖା ଯାଇଥିବା ତାଙ୍କର ଭାଗର ଶେୟାରମାନଙ୍କର ସୂଚନା ମିଳିବାର ଦିଗ ନିର୍ଦ୍ଦେଶ କରେ । ନିବେଶକମାନଙ୍କୁ ପ୍ରମୋଟରମାନଙ୍କ ଶେୟାର ଉପରେ ଧ୍ୟାନ ରଖିବା ଉଚିତ୍ ।

ପ୍ରଫିଟ ବୁକିଙ୍ଗ : ଶେୟାର ବଜାରରେ ଏହି ଶବ୍ଦ ସବୁଠାରୁ ଅଧିକ ମହତ୍ତ୍ୱପୂର୍ଣ୍ଣ ଅଟେ । ଯେତେବେଳେ ଆପଣ କୌଣସି ଶେୟାର ୪୫ଟଙ୍କା ମୂଲ୍ୟରେ ନେଲେ ଓ ଦେଢ଼ ବର୍ଷ ପରେ ତାର ମୂଲ୍ୟ ୮୫ଟଙ୍କା ହୋଇ ଗଲା ଓ ଆପଣ ଏହି ଶେୟାର ବିକି ଲାଭ କରି ନେବେ ଏହାକୁ ପ୍ରଫିଟ ବୁକିଙ୍ଗ କୁହାଯିବ । ଦେଖାଯାଇଛି ଯେ ନିବେଶକମାନେ ଲୋଭରେ ଏତେ ଆକର୍ଷଣୀୟ ଲାଭ ମିଳିବା ପରେ ମଧ୍ୟ ଆହୁରି ଅଧିକ ବଢ଼ିବାର ଲୋଭରେ ସେହି ଶେୟାରକୁ ବିକି ପ୍ରଫିଟ ବୁକିଙ୍ଗ କରନ୍ତି ନାହିଁ, ଯାହା ଦ୍ୱାରା ପରେ ମୂଲ୍ୟ କମି କ୍ଷତି ମଧ୍ୟ ହୋଇପାରେ । ଯେପର୍ଯ୍ୟନ୍ତ ଆପଣ ୪୫ ଟଙ୍କାର ଶେୟାର ୮୫ ଟଙ୍କାରେ ବିକନ୍ତି ନାହିଁ ସେତେବେଳ ପର୍ଯ୍ୟନ୍ତ ଆପଣଙ୍କ ସେହି ଲାଭ କେବଳ କାଗଜ ପର୍ଯ୍ୟନ୍ତ ସୀମିତ ରହେ । ବାସ୍ତବରେ ତାକୁ ବିକି ସେହି ଅର୍ଥ ପ୍ରାପ୍ତି କରି ସାରିବା ପରେ ଆପଣ ପ୍ରଫିଟ ହାସଲ କରି ପାରିବେ । ନିବେଶକମାନଙ୍କୁ କେଉଁ ଶେୟାର କେତେ ମୂଲ୍ୟରେ ବିକି ନିଜର ପ୍ରଫିଟ ଲାଭ କରିବା ଉଚିତ, ଏହାର ଜ୍ଞାନ ହେବା ଜରୁରୀ ଅଟେ ।

ପେନୀ ଷ୍ଟକ୍ସ : ଯେଉଁ ଶେୟାରର ମୂଲ୍ୟ ପଇସାରେ ଅର୍ଥାତ୍ ୧୦ ପଇସାରୁ ନେଇ ୪୦ ପଇସା ପର୍ଯ୍ୟନ୍ତ ବା ୧ ଟଙ୍କାରୁ ନେଇ ୨ଟଙ୍କା ପର୍ଯ୍ୟନ୍ତ ଡକା ଯାଏ ତାକୁ ପେନୀ ଷ୍ଟକ୍ସ କୁହାଯାଏ । ଏପରି କମ୍ପାନୀକୁ ବିଲକୁଲ ଖରାପ ମନେକରାଯାଏ ତଥା ଏମାନଙ୍କର ଶେୟାରକୁ କେହି କିଣନ୍ତିନାହିଁ । ଏପରି କମ୍ପାନୀଗୁଡ଼ିକ ପ୍ରାୟତଃ ଜେଡ଼ ଗ୍ରୁପରେ ରହନ୍ତି ଓ ଏହି କମ୍ପାନୀମାନଙ୍କ ମଧ୍ୟରେ ଅଧିକାଂଶ ଷ୍ଟୋରିୟୋ ବା ଅପରେଟର ଭାଗ ନିଅନ୍ତି । ଅପବାଦ ସ୍ୱରୂପ ଅନେକ ଥର ଏପରି କମ୍ପାନୀମାନଙ୍କରେ ମଧ୍ୟ କୌଣସି କମ୍ପାନୀ ଏପରି ଥାଏ ଯାହା ଟର୍ଣ୍ଣ ଆରାଉଣ୍ଡ ହୋଇପାରେ ।

ପୀବୀଟୀ : ପ୍ରଫିଟ୍ ବିଫୋର ଟ୍ୟାକ୍ସ, ଅର୍ଥାତ୍ ସରକାରଙ୍କୁ ସୁଝା ଯାଉଥିବା କରର ନେଣ ଦେଣ ପୂର୍ବର ଲାଭ । ପୀବୀଟୀ ସେହି ଲାଭ ଅଟେ ଯେଉଁଥିରେ ସରକାରଙ୍କୁ ଦିଆ ଯାଉଥିବା କର (ଟ୍ୟାକ୍ସ) ର ସମାୟୋଜନ କରାଯାଇ ନଥାଏ ।

ରିକଭରୀ : ଏହା କରେକଶନର ବିଲକୁଲ ବିପରୀତ ସ୍ଥିତି ଦର୍ଶାନ୍ତି ଅର୍ଥାତ୍ ନିରନ୍ତର ହ୍ରାସ ହୋଇ ବଜାରରେ ଯେତେବେଳେ ହ୍ରାସ ବନ୍ଦ ହୋଇଯାଏ ଓ ବଜାର ବଢ଼ିବାକୁ ଲାଗେ ସେତେବେଳେ ଏହାକୁ ରିକଭରୀ କୁହାଯାଏ । ଯେଉଁପରି କୌଣସି

ବେମାର ଲୋକର ସ୍ୱାସ୍ଥ୍ୟରେ ଔଷଧ ନେବା ପରେ କିଛି ଉନ୍ନତି ହେଲେ ଏହାକୁ ରିକଭରୀ କୁହାଯାଏ । ସେହିପରି ହ୍ରାସ ହୋଇଥିବା ବଜାରରେ ବୃଦ୍ଧି ହେଲେ ଏହାକୁ ରିକଭରୀ କୁହାଯାଏ ।

ରିଲିଷ୍ଟିଙ୍ଗ : ଡିଲିସ୍ଟିଙ୍ଗ ପରି ଗୋଟିଏ ଶବ୍ଦ ଅଛି ରିଲିଷ୍ଟିଙ୍ଗ । ଯେତେବେଳେ କୌଣସି କମ୍ପାନୀ ଗୋଟିଏ କିମ୍ବା ଅନେକ କାରଣରୁ ନିୟମକୁ ଉଲଂଘନ କରିବା ଦ୍ୱାରା ଡିଲିଷ୍ଟିଙ୍ଗ କରି ଦିଆଯାଏ, ତା ପରେ ସେହି କମ୍ପାନୀ ପୁନର୍ବାର ସେହି ନିୟମକୁ ପାଳନ କରି ଏକ୍ସଚେଞ୍ଜରେ ନିଜ ଶେୟାର ପୁନର୍ବାର ଲିଷ୍ଟ କରାଇନିଏ । ଏହିପରି ଦ୍ୱିତୀୟ ଥର ସୂଚୀବଦ୍ଧ ହୋଇଥିବା କମ୍ପାନୀମାନଙ୍କ ପାଇଁ ରିଲିଷ୍ଟିଙ୍ଗ ଶବ୍ଦର ବ୍ୟବହାର କରାଯାଏ । ନିବେଶକମାନଙ୍କ ପାଇଁ ଏହା ଖୁସୀର କଥା ଅଟେ, କାରଣ ଯେଉଁ କମ୍ପାନୀର ଶେୟାର କେବଳ କାଗଜ ଖଣ୍ଡ ହୋଇ ଯାଇଥିଲା ତାହା ପୁଣି ପ୍ରବାହିତ ହୁଏ, ବିକା-କିଣା କରାଯାଇ ପାରେ ।

ରୋଲ ବ୍ୟାକ : ଏବେ ଅବସ୍ଥା ଚକ୍ରରେ ବଜେଟ ପରେ ବି ମନ୍ତ୍ରୀଙ୍କ ମୁହଁରେ ଏହି ଶବ୍ଦ ବାରମ୍ବାର କୁହାଗଲା । ଏହାର ଅର୍ଥ ହେଉଛି ପଛକୁ ପାଦ ପକାଅ ନାହିଁ ଅର୍ଥାତ୍ ଯେଉଁ ନିର୍ଣ୍ଣୟ ନିଆଗଲା, ତାହା ଫେରାଇ ନିଆଯିବ ନାହିଁ । ଉଦାହରଣ ସ୍ୱରୂପ ପେଟ୍ରୋଲର ମୂଲ୍ୟ ବୃଦ୍ଧି ହେବା ପରେ ବି ମନ୍ତ୍ରୀ କହିଲେ ଯେ ତାର ରୋଲ ବ୍ୟାକ ହେବ ନାହିଁ ତେବେ ଏହାର ଅର୍ଥ ହେଉଛି ମୂଲ୍ୟ ବୃଦ୍ଧିର ଘୋଷଣା ଫେରାଇ ନିଆଯିବ ନାହିଁ ।

ରେଗୁ୍ୟଲେଶନ : ଏହି ସରଳ ଶବ୍ଦର ଅର୍ଥ ଏଥିପାଇଁ ବୁଝିବା ଆବଶ୍ୟକ ଅଟେ ଯେ ଅଧିକାଂଶ ଲୋକ ରେଗୁ୍ୟଲେଶନ କୁ ନିୟନ୍ତ୍ରଣ (କଣ୍ଟ୍ରୋଲ) ମାନନ୍ତି, ଯେତେବେଳେ କି ବାସ୍ତବରେ ରେଗୁ୍ୟଲେଶନ ନିୟନ୍ତ୍ରଣ ଅଟେ । ଏହି ଦୁଇଟିର ଭୂମିକା ଏକାପରି ଲାଗେ । ପରନ୍ତୁ ବାସ୍ତବରେ ଏହା ଅଲଗା ଅଟେ । କଣ୍ଟ୍ରୋଲରେ ସ୍ୱାମୀତ୍ୱର ଭାବ ଥାଏ, ଯେତେବେଳେ କି ନିୟମରେ ନିୟମର ପାଳନ କରାଇବାର ଲକ୍ଷ୍ୟ ଥାଏ । ସେବୀ ନାମକ ପୁଞ୍ଜି ବଜାରର ନିୟାମକ ସଂସ୍ଥା ଶେୟାର ବଜାର, ଶେୟାର ବ୍ରୋକର, ମ୍ୟୁଚୁଆଲ ଫଣ୍ଡ ଆଦିର ନିୟମ ପ୍ରସ୍ତୁତ କରେ । ଏହି ସମ୍ପର୍କିତ ହସ୍ତୀମାନଙ୍କ ଦ୍ୱାରା ନିୟମଗୁଡ଼ିକୁ ପାଳନ କରାଇବାର ଜବାବର ପାଳନ କରାଇବା ନିୟନ୍ତ୍ରଣ ଅଟେ ।

ରିଷ୍ଟ୍ରକ୍ଚରିଙ୍ଗ : ସାମାନ୍ୟ ଅର୍ଥରେ ଏହାର ଅର୍ଥ ହେଉଛି ପୁନର୍ଗଠନ । କର୍ପୋରେଟ ଭାଷାରେ କୌଣସି କମ୍ପାନୀ ନିର୍ଦ୍ଦିଷ୍ଟ ଉଦ୍ଦେଶ୍ୟର ସହିତ ନିଜ କ୍ଷତିକୁ କମାଇବା ପାଇଁ ବା ଲାଭ ବଢ଼ାଇବା ପାଇଁ ପ୍ରୟାସ ସ୍ୱରୂପ ଯାହା କିଛି ପରିବର୍ତ୍ତନ କରେ ତାକୁ ରିଷ୍ଟ୍ରକଚରିଙ୍ଗ କୁହାଯାଏ । ନିବେଶକମାନଙ୍କୁ କମ୍ପାନୀମାନଙ୍କ ଦ୍ୱାରା ଉଠାଯାଇଥିବା ଏହି ପ୍ରକାରର

ପଦକ୍ଷେପକୁ ଧ୍ୟାନର ସହିତ ଅଧ୍ୟୟନ କରିବା ଉଚିତ୍ । ଏହାର ମୁଖ୍ୟ ଉଦ୍ଦେଶ୍ୟ ହେଉଛି କମ୍ପାନୀର ସ୍ଥିତି ସୁଧାରିବା ।

ରିହାବିଲାଇଜେଶନ ବା ରିଭାଇବାଲ : ଯେଉଁ କମ୍ପାନୀ କାଙ୍ଗାଳ ହୋଇ ବେମାର ପଡ଼ିଛି ତାର ପୁନରୁଦ୍ଧାରର ସମ୍ଭାବନା ଥିଲେ ଏହାର ପ୍ରୟାସ ଆରମ୍ଭ କରି ଦିଆଯାଏ । ଏଥିପାଇଁ ବୀଆଇଏଫଆର ନିଜ ମତ ବ୍ୟକ୍ତ କରନ୍ତି ତଥା କମ୍ପାନୀର ବ୍ୟବସ୍ଥାକୁ ଏପରି କରିବା ପାଇଁ ଉଚିତ୍ ସମ୍ପର୍କ ଦିଅନ୍ତି । ଏପରି କମ୍ପାନୀମାନଙ୍କର ପୁନରୁଦ୍ଧାର ପ୍ରକ୍ରିୟା ଉପରେ ନିବେଶକମାନଙ୍କର ଧ୍ୟାନ ରଖିବା ଉଚିତ୍ ଓ ତାକୁ ଆଧାର କରି ନିବେଶ କରିବା ଉଚିତ୍ । ଏପରି କମ୍ପାନୀମାନଙ୍କର ମୂଲ୍ୟ ବହୁତ କମିଯାଏ ଓ ସେଥିରେ ସଉଦା ନାମକୁ ମାତ୍ର ହୁଏ । କିନ୍ତୁ ଯଦି କୌଣସି ମଜଭୂତ ଗ୍ରୁପ ଏପରି କମ୍ପାନୀକୁ ସମ୍ଭାଳିବା ପାଇଁ ପ୍ରସ୍ତୁତ ହୋଇଯିବେ ତେବେ କମ୍ପାନୀର ଶେୟାର ରିକଭରି ହୋଇପାରେ । ଏପରି କମ୍ପାନୀମାନଙ୍କରେ ଯେଉଁଠାରେ ନିବେଶ ବିପଦପୂର୍ଣ୍ଣ ସେଠାରେ ଲାଭର ସମ୍ଭାବନା ମଧ୍ୟ ଥାଏ ।

ରେଟିଙ୍ଗ : କମ୍ପାନୀର ବିତ୍ତୀୟ ପରିଣାମ, ଟ୍ରାକ ରେକର୍ଡ ଆଦିକୁ ଆଧାର କରି କମ୍ପାନୀର ସୁରକ୍ଷା ବା କମ୍ପାନୀମାନଙ୍କୁ ରେଟିଙ୍ଗ ପ୍ରଦାନ କରାଯାଏ, ଯାହା କମ୍ପାନୀର ଜମା ଏବଂ ପାତ୍ରତାର ସ୍ତର ଦର୍ଶାଏ । କମ୍ପାନୀ ବା ସଂସ୍ଥାଗୁଡ଼ିକ ଦେଶର ସମଗ୍ର ଆର୍ଥିକ ସ୍ଥିତିକୁ ଆଧାର କରି ସମ୍ବନ୍ଧିତ ରାଷ୍ଟ୍ରକୁ ମଧ୍ୟ ରେଟିଙ୍ଗ ପ୍ରଦାନ କରନ୍ତି । ଉଦାହରଣ ସ୍ୱରୂପ ଷ୍ଟାଣ୍ଡାର୍ଡ ଏବଂ ପୁଅର (ଏସ ଏଣ୍ଡ ପୀ) ମୂଡୀଜ ପର ସଂସ୍ଥା ଦେଶର ସମଗ୍ର ଆର୍ଥିକ ସ୍ଥିତିକୁ ଆପଗ୍ରେଡ ବା ଡାଉନଗ୍ରେଡ କରାଯାଏ । କୌଣସି ଦେଶର ରେଟିଙ୍ଗ ଉଚ୍ଚା ବା ଭଲ ହେବାର କାରଣ ହେଉଛି ବିଶ୍ୱର ଅନ୍ୟ ଦେଶର ନିବେଶକ ଉକ୍ତ ଦେଶର ଉଦ୍ୟୋଗରେ ନିବେଶ କରିବା ପାଇଁ ପ୍ରେରିତ ହୁଅନ୍ତି ।

ସର୍କିଟ ବ୍ରେକର : ମାର୍କେଟ ଫିଲ୍ଟର ସ୍କ୍ରିପ ଉପରେ ଲାଗୁ ହୁଏ, ଯେତେବେଳେ କି ବଜାରର ଇଣ୍ଡେକ୍ସ ଉପରେ ସର୍କିଟ ବ୍ରେକର ଲାଗୁ ହୁଏ । ଇଣ୍ଡେକ୍ସ ଦିନରେ କେତେ ଅଙ୍କ ବା ପ୍ରତିଶତ ବଢ଼ି ବା କମି ପାରିବ ଏହାର ମର୍ଯ୍ୟାଦାକୁ ନିୟନ୍ତ୍ରିତ ରଖିବା ପାଇଁ ମାର୍କେଟ ବ୍ରେକର ଲାଗୁ କରାଯାଏ । ଆପଣ କେତେ ଥର ଶୁଣିଥିବେ ଯେ ସେନସେକ୍ସ ବା ନିଫ୍ଟୀ ନିଶ୍ଚିତ ପ୍ରତିଶତ କମିବା କାରଣରୁ ବଜାର କିଛି ସମୟ ପାଇଁ ବନ୍ଦ କରିବାକୁ ପଡ଼ିଲା । ମାର୍କେଟ ବ୍ରେକରର ଉପଯୋଗ ବଜାରକୁ ଷଣ୍ଢ ଓ ଭାଲୁ ର ହାତରୁ ବଞ୍ଚାଇବା ପାଇଁ କରାଯାଏ । ଯାହା ଫଳରେ କି ଗୋଟିଏ ଦିନରେ ଭାରୀ ମାତ୍ରାରେ ବୃଦ୍ଧି-ହ୍ରାସ ହୋଇ ପାରିବ ନାହିଁ । ସମୟ ସମୟରେ ମାର୍କେଟ ବ୍ରେକରର ସୀମାରେ ପରିବର୍ତ୍ତନ କରି ଦିଆଯାଏ ।

ମାର୍କେଟ ଫିଲ୍ଟର : କୌଣସି ବି ସ୍କ୍ରିପର ମୂଲ୍ୟ ଗୋଟିଏ ଦିନରେ ଅନବାଶ୍ୟକ ରୂପେ କମିବ ବା ବଢ଼ିବ ନାହିଁ ଅଥବା ଅପରେଟରର ଖେଳାଳୀ ଏପରି କରି ପାରିବ ନାହିଁ, ସେଥିପାଇଁ ଷ୍ଟକ ଏକ୍ସଚେଞ୍ଜ ପ୍ରତ୍ୟେକ ସ୍କ୍ରିପର ହ୍ରାସ-ବୃଦ୍ଧି ଉପେର (ଚଞ୍ଚଳତା) ଉପରେ ଆଙ୍କୁଶ ରଖିବା ପାଇଁ ମାର୍କେଟ ଫିଲ୍ଟରର ପ୍ରଣାଳୀ ପ୍ରୟୋଗ କରନ୍ତି । ଶେୟାରର ମୂଲ୍ୟ ସହିତ କେହି ନିରଙ୍କୁଶ ହୋଇ ବ୍ୟଙ୍ଗ କରି ନପାରିବେ ଏହି ଉଦ୍ଦେଶ୍ୟରେ ଶେୟାର ବଜାର ବିବିଧ ମାର୍କେଟ ଫିଲ୍ଟର ନିର୍ଦ୍ଧାରିତ କରେ, ଯାହା କି ୨୦ପ୍ରତିଶତ ରେଞ୍ଜରେ ଥାଏ । ଯେଉଁ ସ୍କ୍ରିପ ଯେତେ ଅଧିକ ଚଞ୍ଚଳ ହୋଇଥାଏ ତାକୁ ଅଙ୍କୁଶରେ ରଖିବା ପାଇଁ କମ ପ୍ରତିଶତ ଦ୍ୱାରା ମାର୍କେଟ ଫିଲ୍ଟର ଲାଗୁ କରାଯାଏ, ଯେତେବେଳେ କି କମ ଚଞ୍ଚଳତା ବିଶିଷ୍ଟ ସ୍କ୍ରିପ ଉପରେ ମାର୍କେଟ ଫିଲ୍ଟରର ପ୍ରତିଶତ ଅଧିକ ହୋଇଥାଏ । ଏକ୍ସଚେଞ୍ଜ ମାର୍କେଟ ଫିଲ୍ଟରର ସୀମାରେ ସମୟ ସମୟରେ ପରିବର୍ତ୍ତନ କରାଯାଏ । ଉଦାହରଣ ସ୍ୱରୂପ ଏବୀସୀ କମ୍ପାନୀ ଉପରେ ଯଦି ୫ ପ୍ରତିଶତ ଦରରେ ମାର୍କେଟ ଫିଲ୍ଟର ଲାଗୁ ହେବ ତେବେ କୌଣସି ଏକ କାର୍ଯ୍ୟ ଦିବସରେ ସେହି କମ୍ପାନୀର ଶେୟାରଗୁଡ଼ିକର ମୂଲ୍ୟ ଅଧିକତମ ୫ ପ୍ରତିଶତ ବଢ଼ିପାରେ ବା ୫ ପ୍ରତିଶତ କମିପାରେ । ଏହା ଠାରୁ ଅଧିକ କମିବା-ବଢ଼ିବା ଉପରେ ସେହି ଦିନ ସଉଦା ହୋଇ ପାରିବ ନାହିଁ । ଏହି ମାର୍କେଟ ଫିଲ୍ଟର ଗୋଟିଏ ଦିନ ପାଇଁ ଲାଗୁ ହୁଏ । ଆସନ୍ତା ଦିନ କାର୍ଯ୍ୟ ଦିବସ ପୁନର୍ବାର ନୂଆ ସଉଦା କରିବାକୁ ଅନୁମତି ମିଳିଯାଏ । କିନ୍ତୁ ସେ ଦିନ ମଧ୍ୟ ତା ଉପରେ ସେହି ମାର୍କେଟ ଫିଲ୍ଟରରେ ଉପର ମାର୍କେଟ ତୀବ୍ରତର ତଥା ଚଳତ୍‌ହୀନତାର ସଙ୍କେତ ଦିଏ । ନିବେଶକ ସ୍କ୍ରିପ ଉପରେ ଲାଗିଥିବା ମାର୍କେଟ ଫିଲ୍ଟରକୁ ଧ୍ୟାନରେ ରଖି ସେହ ସ୍କ୍ରିପ ସମ୍ବନ୍ଧରେ ଅନୁମାନ ଲଗାଇ ପାରିବେ ।

ସର୍କୁଲାର ଟ୍ରେଡିଙ୍ଗ : ଶେୟାର ବଜାରରେ ସେରିୟୋ ବା ଅପରେଟରମାନଙ୍କର ଗୋଟଏି ଏପରି ବର୍ଗ ମଧ୍ୟ ରହିଥାଏ ଯାହା ନିଜ ପସନ୍ଦର ସ୍କ୍ରିପର ପରସ୍ପର ମଧ୍ୟରେ ହିଁ କିଣା ବିକା କରି ତାର ମୂଲ୍ୟକୁ ନିଜର ଇଚ୍ଛିତ ଦେଶକୁ ନେଇ ଯିବାର ପ୍ରୟାସ କରେ । ଏହି ସମୂହର ଲୋକ ପ୍ରଥମରୁ ହିଁ ନିଜ ନିଜ ମଧ୍ୟରେ ଶେୟାରକୁ କିଣି ବିକି ସେହି ଶେୟାର ଉପରେ ବଜାରରେ ବିଶେଷ ଧାରା ପ୍ରସ୍ତୁତ କରିବା ପାଇଁ ପ୍ରୟାସ କରନ୍ତି । ଏହି ପ୍ରକାରର ଟ୍ରେଡିଙ୍ଗକୁ ସର୍କୁଲାର ଟ୍ରେଡିଙ୍ଗ କୁହାଯାଏ । ସାମାନ୍ୟ ନିବେଶକ ପାଇଁ ଏହି ଖେଳ ବୁଝିବା କଠିନ ଅଟେ, କିନ୍ତୁ ନିରନ୍ତର ନିରୀକ୍ଷଣ ଏବଂ ଅନୁଭବକୁ ଆଧାର କରି ଏପରି ଖେଳକୁ ବୁଝାଯାଇ ପାରିବ ଓ ତା ଜାଲରୁ ବଞ୍ଚି ହେବ । ଏକ୍ସଚେଞ୍ଜର ସର୍ଵଲଂସ ବିଭାଗ ମଧ୍ୟ ଏପରି ସଉଦା ଉପରେ ବିଶେଷ ଧ୍ୟାନ ରଖେ ଓ ଏପରି ମାମଲା

ସମ୍ମୁଖକୁ ଆସିଲେ ତା ଉପରେ ଆବଶ୍ୟକୀୟ ଆଇନସଙ୍ଗତ କାର୍ଯ୍ୟବାହୀ ମଧ୍ୟ କରେ । ସାଧାରଣ ନିବେଶକ ଗତିଶୀଳତା ସମୟରେ କୌଣସି ବିଶିଷ୍ଟ ସ୍କ୍ରିପର କିଣିବା ପୂର୍ବରୁ ଏହି କଥାର ବିଶେଷ ଧ୍ୟାନ ରଖିବା ଉଚିତ୍ ଯେ ସେଥିରେ ପ୍ରୟାସ କରାଯାଇ ନାହିଁ ।

ଷ୍ଟପ ଲସ : ପ୍ରଫିଟ ବୁକିଙ୍ଗ ପରି ବଜାରରେ ଲସର ଅର୍ଥାତ୍ କ୍ଷତିର ବୁକିଙ୍ଗ କରିବାକୁ ପଡ଼େ ଯାହାକୁ ଷ୍ଟପ ଲସ କୁହାଯାଏ ତଥା ଉଚିତ୍ ସମୟରେ ଏପରି ନକରି ପାରିବା ଦ୍ୱାରା କ୍ଷତି ବଢ଼ିଚାଲେ । କୌଣସି ଶେୟାର ୪୫ ଟଙ୍କାରେ କିଣିଲେ ଓ ତାର ମୂଲ୍ୟ କମି ୩୫ ଟଙ୍କା ହେଲା ତଥା ଆଗକୁ ମଧ୍ୟ ସେଥିରୁ କମ ହେବାର ଧାରା ଦେଖିବାକୁ ମିଳିଲା ତେବେ ନିବେଶକ ୩୫ ଟଙ୍କାରେ ଶେୟାର ବିକି ନିଜର କ୍ଷତିକୁ ଭରଣା କରିବା ଉଚିତ୍ । ଏପରି ନକରିବା ଦ୍ୱାରା କ୍ଷତିର ପରିମାଣ ବଢ଼ିପାରେ । ପ୍ରତ୍ୟେକ ଦିନ କିଣା ବିକା ସମୟରେ ପ୍ରଫିଟ ବୁକିଙ୍ଗ ଓ ଷ୍ଟପ ଲସର ନୀତିକୁ ଉପଯୋଗ ପ୍ରଚୁର ମାତ୍ରାରେ ହୁଏ । ଷ୍ଟପ ଲସକୁ ଅନ୍ୟ ଭାଷାରେ କହିଲେ ଏହାର ଅର୍ଥ ହେଉଛି କ୍ଷତିକୁ ନିୟନ୍ତ୍ରିତ କରିବା । ନିବେଶକ ଏହି ପ୍ରକାରର ବିଶିଷ୍ଟ ସୂଚନାର ସହିତ ନିଜର ଅର୍ଡର ମଧ୍ୟ ରଖି ପାରିବେ ।

ଷ୍ଟିମ୍ୟୁଲସ ପ୍ୟାକେଜ : ବିଶ୍ୱରେ ଆର୍ଥିକ ମାନ୍ଦା ଅବସ୍ଥା ପରେ ପୂରା ବିଶ୍ୱରେ ଏହି ଶବ୍ଦ ପ୍ରଚଳିତ ହୋଇଗଲା । ମାନ୍ଦା ଅବସ୍ଥାରେ ଉଦ୍ୟୋଗକୁ ଚଳାଇ ରଖିବା ପାଇଁ ଯେତେବେଳେ ସରକାରୀ ସାହାଯ୍ୟ ପ୍ୟାକେଜ ଘୋଷଣା କରନ୍ତି ସେତେବେଳେ ଷ୍ଟିମ୍ୟୁଲସ ପ୍ୟାକେଜ କୁହାଯାଏ । ସାହାଯ୍ୟ ପ୍ୟାକେଜରେ କରରୁ ମୁକ୍ତି, ଅନୁଦାନ ସୁଧ ଛାଡ଼, ଋଣ ଫେରସ୍ତ କରିବାର ନିୟମରୁ ଛାଡ଼ ପରି ଅନେକ ସୁବିଧାର ସମାବେଶ ହୁଏ । ସରକାର ନିଜ ବଜେଟ ଦ୍ୱାରା ଏହି ସୁବିଧା ସେହି ଉଦ୍ୟୋଗକୁ ରକ୍ଷା କରିବା ପାଇଁ ଉପଲବ୍ଧ କରାନ୍ତି । ଏହି ସୁବିଧାଗୁଡ଼ିକ ନିଶ୍ଚିତ ସମୟ ପାଇଁ ଥାଏ, ସ୍ଥାୟୀ ନୁହେଁ । ସେଥିପାଇଁ ଯେବେବି ଏପରି ସାହାଯ୍ୟ ପ୍ୟାକେଜ ଫେରସ୍ତ ନିଆଯାଏ ସେତେବେଳେ ସମ୍ବନ୍ଧିତ ଉଦ୍ୟୋଗରେ ସାମାନ୍ୟ ଅସୁବିଧା ନିଶ୍ଚୟ ଦେଖାଦିଏ ଓ ତାର ପ୍ରଭାବ ସେହି କମ୍ପାନୀର ଶେୟାର ଉପରେ ମଧ୍ୟ ପଡ଼େ । ସରକାର ସାହାଯ୍ୟ ପ୍ୟାକେଜ ଫେରସ୍ତ ନେବା ସମୟରେ ସେହି ଉଦ୍ୟୋଗ ନିଜ ଗୋଡ଼ରେ ଠିଆ ହେବାକୁ ସକ୍ଷମ କି ନାହିଁ ଦେଖନ୍ତି । ସାହାଯ୍ୟ ପ୍ୟାକେଜ ସହିତ ଜଡ଼ିତ ସରକାରୀ ନିର୍ଣ୍ଣୟ ଉକ୍ତ ଉଦ୍ୟୋଗର କମ୍ପାନୀମାନଙ୍କ ପାଇଁ, ଶେୟାର ଧାରକମାନଙ୍କ ପାଇଁ ବହୁତ ସମ୍ବେଦନଶୀଳ ହୁଅନ୍ତି ।

ସେବୀ : ଏହା ପୁଞ୍ଜି ବଜାର ଶେୟାର ବଜାରର ନିୟାମକ ସଂସ୍ଥା ଅଟେ, ଯାହାର ପୂରା ନାମ ସିକ୍ୟୁରିଟୀଜ ଆଣ୍ଡ ଏକ୍ସଚେଞ୍ଜ ବୋର୍ଡ ଅଫ ଇଣ୍ଡିଆ ଅଟେ । ସେବୀର ମୂଳ

ଉଦ୍ଦେଶ୍ୟ ହେଉଛି ପୂଞ୍ଜି ବଜାରର ସାସ୍ଥ୍ୟ ବିକାଶ ଏବଂ ନିବେଶକମାନଙ୍କର ରକ୍ଷଣ । ସେବୀର ଗଠନ ସଂସଦରେ ଗ୍ରହଣ କରାଯାଇଥିବା ପ୍ରସ୍ତାବ ଅନୁସାରେ କରା ଯାଇଛି । ଯାହା ଏକ ସ୍ୱୟଂ ନିୟାମକ ସଂସ୍ଥା ଅଟେ । ଏହାର ନିୟମ ଶେୟାର ବଜାର, ଶେୟାର ଦଲାଲ, ମର୍ଚାଣ୍ଟ ବ୍ରୋକର, ମ୍ୟୁଚୁଆଲ ଫଣ୍ଡ, ପୋର୍ଟଫୋଲିଓ ମ୍ୟାନେଜର ସହିତ ପୁଞ୍ଜି ବଜାର ସହିତ ସମ୍ବନ୍ଧିତ ଅନେକ ମଧ୍ୟସ୍ଥଙ୍କ ଉପରେ ଲାଗୁ ହୁଏ ।

ସେଟ ଅର୍ଥାତ୍ ସିକ୍ୟୁରିଟୀଜ ଅପୀଲେଟ ଟ୍ରିବ୍ୟୁନାଲ (ଏସ ଏ ଟି) : ଏହା ସେବୀ ସହିତ ସମ୍ବନ୍ଧ ରଖୁଥିବା ଏକ ନ୍ୟାୟାଳୟ ସହିତ ସମାନ ଜ୍ୟୁଡିସରି ବୋର୍ଡ ଅଟେ । ସେବୀର ଆଦେଶ ଆଗରେ ସେଟରେ ଅପିଲ କରାଯାଇ ପାରିବ । ସେଟର ଆଦେଶ ସେବୀକୁ ମାନିବାକୁ ପଡ଼ିବ ବା ସେବୀ ସେଟ ଆଗରେ ମଧ୍ୟ ଅପିଲ କରି ପାରିବ । ଯେପରି ଇନକମ ଟ୍ୟାକ୍ସ ସାମ୍ନାରେ ଅପିଲ କରିବାକୁ ଯିବା ପାଇଁ ଇନ୍‌କମ ଟ୍ୟାକ୍ସ ଅପଲେଟ ଟ୍ରିବ୍ୟୁନାଲ ଥାଏ, ସେହିପରି ସେଟ ଏକ ଟ୍ରିବ୍ୟୁନାଲ ଅଟେ ।

ସ୍ୱୀଟ (ସ୍ୱେଟ) ଇକ୍ୱିଟୀ : ଆଇପୀଏଲ ମ୍ୟାଚ ବିବାଦ ସମୟରେ ଏହି ଶବ୍ଦ ଟିକେ ଚର୍ଚ୍ଚାରେ ଆସିଥିଲା, କିନ୍ତୁ ଶେୟାର ବଜାର ଓ ଆର୍ଥିକ ଜଗତରେ ଏହି ଶବ୍ଦ ବର୍ଷ ବର୍ଷ ହେବ ପ୍ରଚଳିତ ହେଉଛି । କମ୍ପାନୀ ଯେତେବେଳେ ନିଜ କର୍ମଚାରୀମାନଙ୍କୁ ଓ ନିବେଶକମାନଙ୍କୁ ରିହାତୀ ଦରରେ ଇକ୍ୱିଟୀ ଶେୟାର ଦିଏ ସେତେବେଳେ ଏପରି ଶେୟାରକୁ ସ୍ୱୀଟ ଶେୟାର କୁହାଯାଏ । ସାଧାରଣତଃ ଏହି ସ୍ୱୀଟ (ସ୍ୱେଟ) ଇକ୍ୱିଟୀ ଶେୟାର କର୍ମଚାରୀମାନଙ୍କୁ ଓ ନିବେଶକମାନଙ୍କୁ ସେମାନଙ୍କ ଦ୍ୱାରା କମ୍ପାନୀର ହିତ ପାଇଁ କରାଯାଇଥିବା ମହତ୍ତ୍ୱପୂର୍ଣ୍ଣ ଯୋଗଦାନର ବଦଳରେ ଦିଆଯାଏ । କେବେ କେବେ ଏହି ଶେୟାର ବିଲକୁଲ ନିଃଶୁଳ୍କ ମଧ୍ୟ ଦିଆଯାଏ ।

ସିକ କମ୍ପାନୀ : ବେମାର କମ୍ପାନୀ ବା ଖରାପ କମ୍ପାନୀକୁ ସିକ କମ୍ପାନୀ କୁହାଯାଏ । କମ୍ପାନୀ ଅଧିନିୟମରେ ବେମାର କମ୍ପାନୀର ବ୍ୟାଖ୍ୟା କରାଯାଇଛି । ଯେଉଁ ଅନୁସାରେ କମ୍ପାନୀର ନେଟଓ୍ୱର୍ଥ ସମାପ୍ତ ହୋଇଯାଇଛି ଅର୍ଥାତ୍ ଯେଉଁ କମ୍ପାନୀର ସଞ୍ଚିତ କ୍ଷତି ବଢ଼ି ତାର ନେଟଓ୍ୱର୍ଥରୁ ଅଧିକ ହୋଇଯାଇଛି ତାକୁ ବେମାର କମ୍ପାନୀ ମାନି ନିଆଯାଏ ଓ ଏପରି କମ୍ପାନୀକୁ ବେମାର କମ୍ପାନୀ କୁହାଯାଏ । ଏପରି କମ୍ପାନୀର ଉପଚାର ହୋଇ ପାରିବ । ଯାହା ଉପରେ ପ୍ରମୋଟରର କମ୍ପାନୀର ଅନ୍ୟ ଧନର ନିବେଶ କରାଯାଏ, ଅନ୍ୟ ପ୍ରମୋଟରମାନଙ୍କୁ ସହଯୋଗ କରାଯାଏ, ଯାହାଦ୍ୱାରା ସେହି କମ୍ପାନୀ ବେମାରୀ ଅବସ୍ଥାରୁ ବାହରକୁ ଆସି ପାରିବ । ବେମାର କମ୍ପାନୀର ବିଆଇଏଫଆର (ବୋର୍ଡ ଫର ଇଣ୍ଡଷ୍ଟ୍ରିୟାଲ ଆଣ୍ଡ ଫାଇନେନ୍ସିଆଲ ରିକନଷ୍ଟ୍ରକଶନ) ରେ ସୂଚୀବଦ୍ଧ

କରିବାକୁ ହୋଇଥାଏ । ଏହି ବୋର୍ଡ କମ୍ପାନୀର ସ୍ଥିତିର ଜାଞ୍ଚ କରି ତାର ଉପଚାର ପାଇଁ ପରାମର୍ଶ ଦିଅନ୍ତି । ଯଦି ତାହା ସୁଧୁରିବା ପରି ଜଣା ନଯାଏ ତେବେ ଏପରି ଅବସ୍ଥାରେ କମ୍ପାନୀକୁ ୱାଇଣ୍ଡ ଅପ (can) କରିବାକୁ ପରାମର୍ଶ ଦିଆଯାଏ । ନିବେଶକମାନଙ୍କୁ ଏହିପରି କମ୍ପାନୀମାନଙ୍କ ଉପରେ ପୁନର୍ବାର ନଜର ରଖିବା ଉଚିତ୍ । ଯଦି ଏହି କମ୍ପାନୀ ସୁଧୁରିବାର ସମ୍ଭାବନା ଦେଖାଦିଏ ତେବେ ସେହି କମ୍ପାନୀର ଶେୟାର କମ ମୂଲ୍ୟରେ କିଣିବା ଉଚିତ୍ ଓ ଯଦି କମ୍ପାନୀ ବନ୍ଦ ହେବା ପରି ଲାଗୁଛି ତେବେ ନିଜ ଶେୟାର ବିକି ଦେବା ଉଚିତ୍ ।

ସେଲିଙ୍ଗ ପ୍ରେସର : ଶେୟାର ବଜାରରେ ଏହି ଶବ୍ଦ ପ୍ରଚଳିତ ହେବା ସହିତ ବ୍ୟସ୍ତତା ଖେଳାଇ ଯାଏ । ଏହାର ଅର୍ଥ ହେଉଛି ଚାପ । ଯେତେବେଳେ ଶେୟାର ବଜାରରେ ନିରନ୍ତର ବା ବଡ଼ ମାତ୍ରାରେ ବିକ୍ରିବଟା ହୁଏ ସେତେବେଳେ ଏପରି ସ୍ଥିତିକୁ ସେଲିଙ୍ଗ ପ୍ରେସର କୁହାଯାଏ । ଏହା ଦ୍ୱାରା ବଜାର ମାନ୍ଦା ଅବସ୍ଥାକୁ ଯାଏ । ସେଲିଙ୍ଗ ପ୍ରେସର ପୂରା ବଜାରର ମଧ୍ୟ ହୋଇପାରେ ବା ଏଫ ଆଇ ଆଇ ବା ମ୍ୟୁଚୁଆଲ ଫଣ୍ଡ ପରି ସମୂହର ମଧ୍ୟ ହୋଇପାରେ । ଯେତେବେଳେ କୌଣସି ଗୋଟିଏ ବର୍ଗ ଦ୍ୱାରା ବିକ୍ରିବଟାର ଚାପ ପଡ଼େ ସେତେବେଳେ ଅଧିକ ଚିନ୍ତାର ଆବଶ୍ୟକତା ନାହିଁ, କିନ୍ତୁ ଯେତେବେଳେ ଏହି ଚାପ ସମସ୍ତ ବର୍ଗ ମଧ୍ୟରେ ହେବ ସେତେବେଳେ ସ୍ଥିତି ଚିନ୍ତାଦାୟକ ହେବ ।

ଶେୟାରହୋଲ୍ଡିଙ୍ଗ ପ୍ୟାଟର୍ଣ୍ଣ : ଏହି ଶବ୍ଦ ନିବେଶକମାନଙ୍କ ମଧ୍ୟରେ ଏହାର ମହତ୍ତ୍ୱ ଅଧିକ ଅଟେ । ପ୍ରତ୍ୟେକ କମ୍ପାନୀର ଶେୟାର ହୋଲ୍ଡିଙ୍ଗ ପ୍ୟାଟର୍ଣ୍ଣ ଅଛି । ଏହାର ଅର୍ଥ ହେଉଛି ଯେ ସେହି କମ୍ପାନୀର ଶେୟାର ପୁଞ୍ଜୀରେ କେଉଁ ବର୍ଗର କେତେ ଶେୟାର ଅଛି, ଏହାର ସୂଚନା ଶେୟାରହୋଲ୍ଡିଙ୍ଗ ପ୍ୟାଟର୍ଣ୍ଣ ରୂପେ ଜଣାଶୁଣା । ଏହାକୁ ଆଧାର କରି କମ୍ପାନୀର ମୂଲ୍ୟାଙ୍କନ ମଧ୍ୟ କରାଯାଏ । କୌଣସି କମ୍ପାନୀରେ ଅଲଗା ଅଲଗା ଶେୟାରଧାରକ ଥାନ୍ତି, ଯେଉଁଥିରେ କମ୍ପାନୀର ପ୍ରମୋଟରଙ୍କ ଛଡ଼ା ସାର୍ବଜନିକ ଜନତା, ବିଦେଶୀ ସଂସ୍ଥାଗତ (ଏଫ ଆଇ ଆଇ), ମ୍ୟୁଚୁଆଲ ଫଣ୍ଡ, ଘରୋଇ ସଂସ୍ଥାଗତ ନିବେଶକ (ଯେଉଁଥିରେ ବୀମା କମ୍ପାନୀ ବ୍ୟାଙ୍କ ଆଦିଙ୍କର ସମାବେଶ ଥାଏ), ଏନଆରଆଇ (ବିଦେଶୀ ଭାରତୀୟ) ଆଦି ଥାନ୍ତି । ସାମାନ୍ୟତଃ ଯେଉଁ କମ୍ପାନୀର ଶେୟାର ଧାରୀଙ୍କ ସଂଖ୍ୟା ଅଧିକ ଥାଏ ତାକୁ ମଜଭୂତ୍ କମ୍ପାନୀ କୁହାଯାଏ, କାରଣ ପ୍ରମୋଟରମାନଙ୍କ ଭାଗ ଅଧିକ ହୋଇଥିବାରୁ ତାର ବିକାଶ ପାଇଁ ଅଧିକ ସକ୍ରିୟ ଏବଂ ଗମ୍ଭୀର ରୁହନ୍ତି, ଏପରି ମନେକରାଯାଏ । ଯେଉଁ କମ୍ପାନୀର ଶେୟାରଧାରୀରେ ଜନତାଙ୍କର ଭାଗ କମ ହୋଇଥାଏ ବଜାରରେ ତାର ଶେୟାର କମ ରୁହେ, ଯାହାଦ୍ୱାରା ବଜାରରେ ଏହାର ଆବଶ୍ୟକତା ବଢ଼ିବା ଦ୍ୱାରା ମୂଲ୍ୟ ବଢ଼ିବାର ସମ୍ଭାବନା ଅଧିକ ଥାଏ । ଏହିପରି ଏଫ

ଆଇ ଆଇ, ବିତ୍ତୀୟ ସଂସ୍ଥା ଓ ମ୍ୟୁଚୁଆଲ ଫଣ୍ଡର ଶେୟାରଧାରୀ ଅଧିକ ଥିବା କମ୍ପାନୀମାନଙ୍କୁ ମଧ୍ୟ ଭଲ ମନେକରାଯାଏ, କାରଣ ସେହି କମ୍ପାନୀମାନଙ୍କର ଫଣ୍ଡାମେଣ୍ଟାଲ ମଜଭୂତ୍ ଆଧାର ଉପରେ ଏହି ବିତ୍ତ ବିଶେଷଜ୍ଞମାନେ ଏଥିରେ ନିବେଶ କରିଥିବେ, ଏପରି ଧରି ନିଆଯାଇ ପାରେ । ଏପରି କମ୍ପାନୀର ଶେୟାର ହୋଲ୍ଡିଙ୍ଗ ପ୍ୟାଟର୍ଣ୍ଣକୁ ଦେଖି ସେହି କମ୍ପାନୀର ସ୍ୱାସ୍ଥ୍ୟ ବିଷୟରେ ସହଜରେ ଅନୁମାନ କରାଯାଇ ପାରିବ । ପ୍ରତ୍ୟେକ କମ୍ପାନୀର ନିଜର ୱେବସାଇଟ ବା ଶେୟାର ବଜାରର ୱେବସାଟରେ ପ୍ରତ୍ୟେକ କମ୍ପାନୀର ଶେୟାରହୋଲ୍ଡିଙ୍ଗ ପ୍ୟାଟର୍ଣ୍ଣ ଉପଲବ୍ଧ ଥାଏ । ନିବେଶକ ନିବେଶ କରିବା ପୂର୍ବରୁ କମ୍ପାନୀର ଶେୟାର ହୋଲ୍ଡିଙ୍ଗ ପ୍ୟାଟର୍ଣ୍ଣକୁ ଦେଖି ନିଅନ୍ତୁ । ଏପରି ପରାମର୍ଶ ଦିଆଯାଏ ।

ଶର୍ଟ କଭରିଙ୍ଗ : ଶର୍ଟ ସେଲ୍ସ (ବନେଇ ଚୁନେଇ ବିକିବା) ଶବ୍ଦର ଚର୍ଚ୍ଚା ମୁଁ ପୂର୍ବରୁ କରିଛି । ଏଥର ଏଥିରୁ ସୃଷ୍ଟି ହୋଇଥିବା ଅନ୍ୟ ଶବ୍ଦ ଶର୍ଟ କଭରିଙ୍ଗକୁ ବୁଝିବା । ବଜାର ଯେତେବେଳେ ହ୍ରାସ ହେବ ସେହି ସମୟରେ ଭାଲୁ ହାତରେ ଶେୟାର ନଥାଇ ମଧ୍ୟ ତାକୁ ବିକ୍ରୀ କରି ଦିଅନ୍ତି, ଯାହା ଦ୍ୱାରା ଯଦି ବଜାର ସେମାନଙ୍କ ଧାରଣା ଅନୁସାରେ ଆହୁରି ହ୍ରାସ ହୁଏ ତେବେ ସେହି ହ୍ରାସ ମୂଲ୍ୟ ଉପରେ ଶେୟାର କିଣି ତାର ଡେଲିଭରି ଦେଇ ଦିଅନ୍ତି ଅଥବା ସଉଦାକୁ ମୂଲ୍ୟ ଅନ୍ତର ସହିତ ସମାନ କରି ଦିଅନ୍ତି । ଏହିପରି ଯେତେବେଳେ ବଜାରରେ ଅଧିକାଂଶ କାରବାର ଖରାପ ବିକ୍ରୀ କରି, ପରେ ଶେୟାରକୁ କିଣିଲେ ଅର୍ଥାତ୍ ଶର୍ଟ ସେଲ୍ସ କରିବା ପରେ କିଣିଲେ ତେବେ ଏପରି ଅବସ୍ଥାକୁ ଶର୍ଟ କଭରିଙ୍ଗ କୁହାଯାଏ । ଶେୟାର ବଜାର ସମ୍ବନ୍ଧିତ ଏହି ଶବ୍ଦର ଖବର କାଗଜରେ ବା ଦୈନିକ ମାର୍କେଟ ରିପୋର୍ଟରେ ବହୁତ ଉପଯୋଗ ହୁଏ । ଶର୍ଟ କଭରିଙ୍ଗ କାରଣରୁ ବଜାର ହ୍ରାସ ହେବାରୁ ବା ରିକଭର ହେବାର ଶୁଣିବାକୁ ମିଳେ । ଏହି ପ୍ରକାର ଶର୍ଟ କଭରିଙ୍ଗ ହ୍ରାସ ହେଉଥିବା ବଜାରକୁ ରୋକିବାର କାମ କରେ ।

ଶେୟାର ବଜାରରେ ଡିସକାଉଣ୍ଟ : ଶେୟାର ବଜାରରେ ଡିସକାଉଣ୍ଟର ଅନ୍ୟ ଅର୍ଥ ବି ଅଛି । ମୂଲ୍ୟ ତାର ମୂଳ ମୂଲ୍ୟ ଠାରୁ ତଳକୁ ଚାଲିଯାଏ । ସେତେବେଳେ ଏହାକୁ ଡିସକାଉଣ୍ଟ କୁହାଯାଏ । ଏହାକୁ ବିଲୋ ପାର, ସମମୂଲ୍ୟ ଠାରୁ କମ ମଧ୍ୟ କୁହାଯାଏ । ଅନ୍ୟ ଦିଗରେ କୌଣସ କମ୍ପାନୀର ଶେୟାରକୁ ସମ୍ଭାବିତ ମୂଲ୍ୟ ଠାରୁ କମ୍ ଚାଲୁଥିବ ତେବେ ତାକୁ ବି ଶେୟାର ଡିସକାଉଣ୍ଟରେ ମିଳୁଛି ବୋଲି କୁହାଯାଏ ।

ଏହା ହେଉଛି ଶେୟାରର ମୂଲ୍ୟରେ ଡିସକାଉଣ୍ଟର କଥା । ଅନ୍ୟ ଦିଗରେ ଶେୟାର ବଜାରରେ ଅନେକ ଏପରି ଘଟଣାମାନ ଏବଂ ସମାଚାର ଥାଏ ଯେଉଁଠାରେ ଏହି ଶବ୍ଦର ଉପଯୋଗ କରାଯାଏ । କୌଣସି ଘଟଣା ଘଟିବାର ସମ୍ଭାବନା ମାତ୍ରେ ବଜାର ଉପରେ

ତାର ପ୍ରଭାବ ପଡ଼ିଯାଏ ଓ ସେହି ଘଟଣା ବାସ୍ତବରେ ଘଟିବା ପରେ ତାର ଖାସ୍ ପ୍ରଭାବ ବଜାର ଉପରେ ନ ପଡ଼ିଲେ କୁହାଯାଏ ଯେ ସେହି ଘଟଣା ଡିସକାଉଣ୍ଟ ହୋଇଗଲା । ଉଦାହରଣ ସ୍ୱରୂପ ରିଜର୍ଭ ବ୍ୟାଙ୍କର ଘୋଷଣା ମିଳିବାର ସମ୍ଭାବନା ଦ୍ୱାରା ବଜାର ଉପରେ ତାହାର ପ୍ରଭାବ ପଡ଼ିଯିବ ଓ ସତରେ ଘୋଷଣା ଦେଖା ନ ଦେବ ତେବେ କୁହାଯାଏ ଯେ ରିଜର୍ଭ ବ୍ୟାଙ୍କର ଘୋଷଣାଗୁଡ଼ିକ ଡିସକାଉଣ୍ଟ ହୋଇଯାଇଛି ।

ଟପ ଓ ବଟମ : ଶେୟାର ବଜାରରେ ଯେତେବେଳେ ବି କୌଣସି ଶେୟାର ବା ସୂଚକାଙ୍କ ନିଜର ଉଚ୍ଚତମ ସ୍ତର ଉପରେ ପହଞ୍ଚେ ସେତେବେଳେ କୁହାଯାଏ ଯେ ଉକ୍ତ ଶେୟାର ବା ଇଣ୍ଡେକ୍ସ ନିଜର ଟପ ପ୍ରସ୍ତୁତ କରିଛି । ଏହିପରି ତଳ ସ୍ତରରେ ହେବାକୁ ବଟମ କୁହାଯାଏ । ଏହି ଟପ ବା ବଟମ ସମୟ ଅନ୍ତରାଳରେ ନିର୍ଧାରିତ ହୁଏ । ଉଦାହରଣ ସ୍ୱରୂପ ସେନସେକ୍ସରେ ୨୦୦୪ ରେ ବଟମ କୁହାଯାଏ । ୧୭୫୦୦ର ଟପ ଓ ୭୬୦୦୦ ବଟମ ପ୍ରସ୍ତୁତ କଲା ।

ଟର୍ଣ୍ଣ ଆରାଉଣ୍ଡ : ଯେତେବେଳେ କୌଣସି କମ୍ପାନୀ କ୍ଷତିରୁ ବାହାରକୁ ଆସି ଲାଭ କରିବାକୁ ଲାଗନ୍ତି ବା ବହୁତ କ୍ଷତି ଦର୍ଶାଉଥିବା କମ୍ପାନୀ ରୁ କ୍ଷତି ନାମକୁ ମାତ୍ର ରୁହେ ତେବେ ଏପରି କମ୍ପାନୀକୁ ଟର୍ଣ୍ଣଆରାଉଣ୍ଡ କମ୍ପାନୀ କୁହାଯାଏ । ନିବେଶକମାନେ ଏପରି କମ୍ପାନୀ ଖୋଜିବା ଉଚିତ୍ । କାରଣ ଏପରି କମ୍ପାନୀ ଆଗାମୀ ସମୟରେ ଲାଭର ଆଶା ଅଧିକ ଯାହା ଦ୍ୱାରା ତାର ମୂଲ୍ୟ ବଢ଼ିବାର ସମ୍ଭାବନା ବଢ଼ିଯାଏ । ବ୍ୟାପାରିକ ପତ୍ରିକା, ରିସର୍ଚ୍ଚ ସମ୍ଭାବନା ବଢ଼ିଯାଏ । ବ୍ୟାପାରିକ ପତ୍ରିକା, ରିସର୍ଚ୍ଚ ଏଜେନ୍ସି, ଷ୍ଟକ ଏକ୍ସଚେଞ୍ଜର ୱେବସାଇଟ ନିରନ୍ତର ଅବଲୋକନ କରି ଏହି ପ୍ରକାରର କମ୍ପାନୀ ଚିହ୍ନଟ କରାଯାଇ ପାରିବ । କେତେ ଥର କୌଣସି ନିଶ୍ଚିତ ଉଦ୍ୟୋଗରେ ମାନ୍ଦା ଅବସ୍ଥାର ସମାପ୍ତ ହେବା ପରେ ସେହି କ୍ଷେତ୍ର ସହିତ ସମ୍ପର୍କିତ କମ୍ପାନୀ ଟର୍ଣ୍ଣ ଆରାଉଣ୍ଡ ହୋଇଯାଏ । ଏହିପରି କେତେକ ସମୟରେ ପୂରା ବଜାର ମଧ ଟର୍ଣ୍ଣ ଆରାଉଣ୍ଡ ହୋଇଯାଏ, ଯେଉଁଥିରେ ବଜାର ନିରନ୍ତର ହ୍ରାସ ହେବା ଜନିତ ନକରାତ୍ମକ ଧାରାରୁ ବାହାରି ସକରାତ୍ମକ ଆଡ଼କୁ ପ୍ରସ୍ଥାନ କରେ ।

ଟେକ ଓଭର : ଯେତେବେଳେ କୌଣସି ଏକ କମ୍ପାନୀର ଅଧିଗ୍ରହଣ କରେ ସେତେବେଳେ ଏହାକୁ ଟେକଓଭର କୁହାଯାଏ । କର୍ପୋରେଟ କ୍ଷେତ୍ରରେ ବଡ଼ କମ୍ପାନୀମାନେ ନିଜ ପରି କାରବାର କରୁଥିବା ଛୋଟ କିନ୍ତୁ ଭଲ କମ୍ପାନୀମାନଙ୍କର ଟେକଓଭର କରି ନିଜେ ଆଗକୁ ବଢ଼ନ୍ତି । ନିଜେ କିଛି ସମୟ ପୂର୍ବେ ଟାଟା ଷ୍ଟୀଲ କ୍ଷେତ୍ରରେ ଟାଟା ଷ୍ଟୀଲ ଦ୍ୱାରା ବିଦେଶୀ କମ୍ପାନୀ କୋରସର ଅଧିଗ୍ରହଣ କଥା ଶୁଣିଥିବେ । ଏବେ ସତରେ ଫୋର୍ଟିସ ହେଲ୍‌ଥ କେୟାର ବିଦେଶୀ କମ୍ପାନୀ ପାର୍କୱେର ମେଜରୀଟୀ ଭାଗ ଅଧିଗ୍ରହଣ କରିଛି । ଭାରତୀ ଏୟାରଟେଲ ଆଫ୍ରିକାର ଏକ କମ୍ପାନୀର ଅଧିଗ୍ରହଣ

କରି ଚର୍ଚ୍ଚାରେ ରହିଛି । କୌଣସି ବି କମ୍ପାନୀ ଯେତେବେଳେ ଅନ୍ୟ କମ୍ପାନୀର ଟେକଓଭର କରେ ସେତେବେଳେ ତାର ସ୍ୱାମୀତ୍ୱ ନିୟନ୍ତ୍ରଣ ନିଜ ହାତକୁ ନେଇନିଏ, ଯେଉଁ କାରଣ ଏହି ଟେକଓଭର ସେୟାର ଧାରକ ଏବଂ ନିବେଶକ ପାଇଁ ସମ୍ବେଦନଶୀଳ ଓ ମହତ୍ତ୍ୱପୂର୍ଣ୍ଣ ହୋଇଯାଏ । ଯେତେବେଳେ କୌଣସି ମଜଭୂତ ଓ ସମର୍ଥ କମ୍ପାନୀ କୌଣସି ଅନ୍ୟ କମଜୋର କମ୍ପାନୀର ଅଧିଗ୍ରହଣ କରେ ସେତେବେଳେ କମଜୋର କମ୍ପାନୀର ଶେୟାର ଧାରକ ଖୁସୀ ହୋଇଯାନ୍ତି, ଯେତେବେଳେ କି ଅଧିଗ୍ରହଣ କରିବା ବାଲା କମ୍ପାନୀର ଶେୟାର ଧାରକ ଭାବନ୍ତି ଯେ ଏହା ଦ୍ୱାରା ତାଙ୍କ କମ୍ପାନୀର ବୋଝ ନ ବଢ଼ିଲେ ଭଲ ।

ଟେକଓଭର ପରସ୍ପର ସହମତ ଦ୍ୱାରା ମଧ୍ୟ ହୋଇଥାଏ ତଥା ବଜାରର ବ୍ୟୁହରଚନା ସହିତ ଚାଲାକିର ସହିତ ମଧ୍ୟ କରାଯାଏ, ଯେଉଁଥିରେ ଅନେକ ଥର ଯେଉଁ କମ୍ପାନୀର ଟେକଓଭର କରାଯାଏ, ସେହି କମ୍ପାନୀର ମ୍ୟାନେଜମେଣ୍ଟକୁ ଅନ୍ଧାର ମଧ୍ୟରେ ମଧ୍ୟ ରଖାଯାଏ । ଏହି ଧରଣର ଟେକଓଭର ପ୍ରହାରର ଅନେକ କାହାଣୀ କର୍ପୋରେଟ ଇତିହାସରେ ଲେଖାଯାଇଛି । ଏପରି ଟେକଓଭରକୁ ହୋଷ୍ଟାଇଲ ଟେକଓଭର କୁହାଯାଏ । ଏହି ବିଷୟରେ ଜଟିଳତା ଜଣେ ଶେୟାର ଧାରକର ସୁରକ୍ଷା ଏବଂ ହିତର ବିଭିନ୍ନ ପୁଞ୍ଜିକୁ ଧ୍ୟାନରେ ରଖି ସେବୀ ଟେକଓଭର ରେଗୁଲେଶନ ପ୍ରସ୍ତୁତ କରିଛନ୍ତି ଓ ସମୟ ସମୟରେ ଆବଶ୍ୟକତା ଅନୁସାରେ ସେଥିରେ ସୁଧାର ମଧ୍ୟ ଅଣାଯାଏ । ନିବେଶକମାନଙ୍କର କର୍ପୋରେଟ ଟେକଓଭରର କାହାଣୀ ଉପରେ ନଜର ରଖିବା ଉଚିତ୍, କାରଣ ଆଗାମୀ ବର୍ଷମାନଙ୍କରେ ଏପରି କାହାଣୀ ବଢ଼ିବାର ସମ୍ଭାବନା ଅଛି । ଭାରୀ ପ୍ରତିଦ୍ୱନ୍ଦିତାରେ ଟିକି ନପାରିବା ଭଳି ଛୋଟ ଓ ମଧ୍ୟମ ଧରଣର କମ୍ପାନୀମାନଙ୍କୁ ବିଶାଳକାୟ କମ୍ପାନୀ ଯଦି ଟେକଓଭର କରିନେବ ତେବେ ଏପରି ଅବସ୍ଥାରେ ସେହି ଛୋଟ କମ୍ପାନୀମାନଙ୍କର ଭାଗ୍ୟ ବଦଳିଯାଏ, ଯହାର ପ୍ରଭାବ ଦୁଇଟି କମ୍ପାନୀର ଶେୟାର ମୂଲ୍ୟ ଉପରେ ପଡ଼େ ।

ଟାର୍ଗେଟ : ଏହାର ସରଳ ଅର୍ଥ ହେଉଛି ଲକ୍ଷ୍ୟ । ଶେୟାର ବଜାରରେ ଟାର୍ଗେଟ ଶବ୍ଦର ଉପଯୋଗ ଶେୟାରର ମୂଲ୍ୟ ସଂଦର୍ଭରେ ବହୁଳ ଭାବେ ବ୍ୟବହାର କରାଯାଏ । ବିଶେଷତଃ ଆନାଲିଷ୍ଟ ନିଜ ରିପୋର୍ଟରେ ଏହି ଶବ୍ଦର ବ୍ୟବହାର କରନ୍ତି । ଉଦାହରଣ ସ୍ୱରୂପ ଗୋଟିଏ କମ୍ପାନୀର ଶେୟାରର ମୂଲ୍ୟ ଆଗାମୀ ତିନି ମାସରେ ବା କିଛି ମାସରେ ୫୦୦ ଟଙ୍କା ପର୍ଯ୍ୟନ୍ତ ପହଞ୍ଚିବାର ଟାର୍ଗେଟ ଅଛି । ଏହି ଟାର୍ଗେଟ ଅର୍ଥାତ୍ ଲକ୍ଷ୍ୟ ପାଇଁ ଏନଲିଷ୍ଟ ହୋଇଥିବା ବିଭିନ୍ନ କାରଣ ବି ଜଣାଇ ଦିଅନ୍ତି । ଟାର୍ଗେଟ ମୂଲ୍ୟ ଶର୍ଟ ଟର୍ମ ପାଇଁ ଅଧିକ ବ୍ୟବହାର କରାଯାଏ ଓ ସେଥିରେ ପରିସ୍ଥିତିମାନଙ୍କ ଅନୁସାରେ ସମୟ ସମୟରେ ପରିବର୍ତ୍ତନ ମଧ୍ୟ କରାଯାଏ । ଏଠାରେ ଏହି କଥାର ବିଶେଷ ଧ୍ୟାନ ରଖିବା ଉଚିତ୍ ଯେ ଯେତେବେଳେ କୌଣସି ଏନଲିଷ୍ଟ କୌଣସି ଶେୟାରର ଟାର୍ଗେଟ ମୂଲ୍ୟ ଜଣାଇଦିଏ ସେତେବେଳେ ତାକୁ ଆଧାର କରି ଆଖି ବନ୍ଦ କରି ନିବେଶ କରିବା ଉଚିତ୍ ନୁହେଁ । ବଜାରରେ ବୃଦ୍ଧି ସମୟରେ ଟାର୍ଗେଟ ପୂରା ହେଲେ ମଧ୍ୟ ସର୍ବଦା ଏପରି ହେବ, ଏହା ଜରୁରୀ ନୁହେଁ ।

ଟ୍ରୀଗର : ଏହି ଶବ୍ଦ ଟିକେ ସମ୍ବେଦନଶୀଳ ଅଟେ ଏହାର ସିଧାସାଧା ଅର୍ଥ ହେଉଛି ବଜାରର ଚାଲାକ ବଳ ବା ଡ୍ରାଇଭର । ବଜାରର ଭାଷାରେ କୁହାଗଲେ ମାର୍କେଟକୁ ଉଚ୍ଚକୁ ନେଇଯିବା ପାଇଁ କୌଣସି ଟ୍ରୀଗରର ଆବଶ୍ୟକତା ପଡ଼େ । ଶେୟାର ବଜାର ଏକ ବା ଅନେକ କାରକ ତତ୍ତ୍ୱମାନଙ୍କ ଆଧାର ଉପରେ ସଂଚାଳିତ ହୋଇଥାଏ । ତାର ଗତି ଉପରକୁ ବା ତଳକୁ ହୋଇପାରେ । ପରନ୍ତୁ ବଜାରକୁ ବେଗ ଦେବା ପାଇଁ ଟ୍ରୀଗର ପଏଣ୍ଟ ଆବଶ୍ୟକ ଅଛି ଉଦାହରଣ ସ୍ୱରୂପ ସରକାର ଯେତେବେଳେ କୌଣସି ଉଦାର ଓ ପ୍ରୋତ୍ସାହନ ମୂଳକ ନୀତି ଅବଲମ୍ବନ କରନ୍ତି ସେତେବେଳେ ବଜାରକୁ ଉପରକୁ ଯିବା ପାଇଁ ଟ୍ରୀଗର ମିଳିଯାଏ ଅଥବା ରିଲାଏନ୍ସ ପରି ବିଶାଳ କମ୍ପାନୀର ପରିଣାମ ଯଦି ଅଧିକ ଉତ୍ସାହ ବର୍ଦ୍ଧକ ଜଣାଯାଏ ତେବେ ଏହା ବଜାରକୁ ଉପରକୁ ନେଇଯିବା ପାଇଁ ଟ୍ରୀଗରର ଲକ୍ଷଣ ଅଟେ । ରିଜର୍ଭ ବ୍ୟାଙ୍କର ଋଣ ନୀତି ଅତ୍ୟଧିକ ପ୍ରୋତ୍ସାହନ ଦେଉଥିଲା, ଯାହା ଦ୍ୱାରା ବଜାରକୁ ଉପରକୁ ଯିବାର ଟ୍ରୀଗର ମିଳି ଯାଉଥିଲା । ଏହିପରି ଶେୟାର ବଜାରର ଚାଲକୁ ବେଗ ଦେଉଥିବା କାରକ ତତ୍ତ୍ୱକୁ ଟ୍ରୀଗର କୁହାଯାଏ, କାରଣ ଏହାକୁ ପଢ଼ି ଆପଣ ଲାଭାନ୍ୱିତ ହୁଅନ୍ତି ।

ୟୁସୀସୀ (ୟୁନିକ କ୍ଲାଇଣ୍ଟ କୋଡ) : ଶେୟାର ଦଲାଲମାନଙ୍କ ପାଖରେ ନିଜର ପଞ୍ଜିକରଣ କରାଉଥିବା ପ୍ରତ୍ୟେକ ଗ୍ରାହକଙ୍କୁ ଗୋଟିଏ କାର୍ଡ ନମ୍ବର ଦିଆଯାଏ । ବ୍ରୋକର ପାଖରେ ଶେୟାରର ସଉଦା ଲେଖାଇବା ସମୟରେ ଗ୍ରାହକାମାନଙ୍କୁ ଏହି କୋଡ଼ ନମ୍ବର କହିବାକୁ ପଡ଼େ ।

ୟୁଲିପ : ଅପ୍ରେଲ ମାସରେ ଏହି ନାମ ବିବାଦ ମଧ୍ୟକୁ ଚାଲି ଆସିଥିଲା । ୟୁଲିପର ପୂରା ନାମ ହେଉଛି ୟୁନିଟ ଲିଙ୍କଡ ଇନ୍ସ୍ୟୋରେନ୍ସ ପ୍ଲାନ ଅର୍ଥାତ୍ ଏକ ଏପରି ନିବେଶ ଯେଉଁଥିରେ ନିବେଶ କରିବା ଦ୍ୱାରା ବ୍ୟକ୍ତିର ଜୀବନ ବୀମା ମଧ୍ୟ ହୋଇଯାଏ । ତା ଦ୍ୱାରା କରାଯାଇଥିବା ନିବେଶର ସିକ୍ୟୁରଟୀଜ ମାର୍କେଟରେ ପ୍ରବେଶ କରାଯାଏ, ଯାହା ଦ୍ୱାରା ତାକୁ ପ୍ରତିଭୂତି ବଜାରର ଏକ୍ସପୋଜର ମଧ୍ୟ ମିଳିଯାଏ । ଏବେ ଆମେ ଏହାର ବିବାଦ କଥା ଆରମ୍ଭ କରିବା । ୟୁଲିପ ଗୋଟିଏ ମ୍ୟୁଚୁଆଲ ଫଣ୍ଡ ପରି ସ୍କିମ ଅଟେ ଯାହା ନିବେଶ ସହିତ ବୀମାର ଲାଭ ଅଫର କରେ । ଏଠାରେ ଏହା ସ୍ପଷ୍ଟ କରିବା ଜରୁରୀ ଅଟେ ଯେ ନିବେଶକମାନଙ୍କୁ ବୀମା ପ୍ରଡକ୍ଟରେ ବୀମାର ପ୍ରଣାଳୀ ଦ୍ୱାରା ହିଁ ନିବେଶ କରିବା ଉଚିତ୍ । ଯେଉଁ ବ୍ୟକ୍ତି ସତରେ ନିଜ ପରିବାରର ହିତ ପାଇଁ ନିଜ ଜୀବନକୁ ବୀମା ଦ୍ୱାରା ସୁରକ୍ଷା କରିବାକୁ ଚାହେଁ ତାର ନିବେଶରେ ବୀମାର ମାତ୍ରା ଅଧିକ ରାଶି ବାଲା ଯୋଜନା ମାନଙ୍କର ସମାବେଶ ହେବା ଉଚିତ୍ । ୟୁଲିପରେ ବୀମାର ଭାଗ ବହୁତ କମ ହୋଇଥାଏ ଓ ସିକ୍ୟୁରିଟୀଜରେ ନିବେଶର ଭାଗ ବହୁତ ଉଚ୍ଚ ଅଟେ । ୟୁଲିପ ହେଉ ବା ଏପରି ଅନ୍ୟ କୌଣସି ଯୋଜନା ହେଉ ନିବେଶକ ଏହି ଯୋଜନାଗୁଡ଼ିକୁ ଭଲଭାବେ ପଢ଼ି ନିଜ ଆବଶ୍ୟକତା ଅନୁଯାୟୀ ଏହାକୁ ବାଛନ୍ତୁ ।

❑❑❑